히브리서: 해석과 설교

# 영문 밖으로 예수께 나아가자

- 히브리서 13:13 -

장 동 수 지음

침례신학대학교 출판부

# 차 례

# 저자 서문

신약성경에는 많은 설교들이 들어있지만, 40-50분 동안 이어지는 한 편의 설교로서 전해진 대로의 모습을 보여주며 남아 있는 것은 히브리서가 유일다고 봅니다. 본서의 마지막에 실려 있는 부록 II에서 논의된 대로, 필자는 히브리서를 장엄한 서론(히브리서 1:1-2:4)과 감동적인 결론(히브리서 13장)을 처음과 끝에 두고 그 가운데에 일곱 편의 작은 성경강해와 권면으로 이루어진 40-50분짜리 설교라고 생각합니다. 히브리서는 다음과 같이 교차대구법을 형성하기도 하고 반원을 평지에 엎어놓은 구조가 되기도 합니다.

설교의 서론: 히 1:1-2:4(구약의 일곱 말씀의 연쇄인용을 통하여)
제 1 강해: 히 2:5-18(시 8:4-6에 대하여-시 22:22; 사 8:17-18과 함께)
제 2 강해: 히 3:1-4:16(시 95:7-11에 대하여-창 2:2와 함께)
제 3 강해: 히 5:1-7:28(시 110:4에 대하여-창 14:17-20과 함께)
제 4 강해: 히 8:1-10:25(렘 31:31-34에 대하여-시 40:6-8과 함께)
제 5 강해: 히 10:26-11:40(합 2:3하-4에 대하여)
제 6 강해: 히 12:1-13(잠 3:11-12에 대하여)
제 7 강해: 히 12:14-29(출 19:12-13의 시내 산과 시온 산에 대하여)
설교의 결론: 히 13:1-23(구약의 두 말씀 인용과 암시들을 통하여)

이렇게 서론(히브리서 1:1-2:4)과 결론(히브리서 13장)처럼 각각 대조가 되는 일곱 개의 작은 강해들이 독립적으로 강조되면서 동시에 각각의 부분들이 장엄한 서론에서 정점을 향하여 올라가기도 하고 또한 감동적인 결론을 향하여 내려오기도 합니다. 히브리서 설교의 정점으로도 볼 수 있는 중앙에 자리잡은 제4강해(히 8:1-10:25)는 히브리서의 중심 부분을 차지하면서 새 언약과 옛 언약, 영원한 대제사장과 한시적인 대제사장, 하늘 성소와 그 그림자인 지상의 성소, 그리고 자신의 몸을 드리신 예수님의 영원한 제사와 짐승을 드리는 제사 간의 강렬한 대비가 이루어집니다.

본서는 모두 아홉 개의 장(chapter)과 두 개의 부록(appendix)으로 구성되었습니다. 앞에 제시한 구조를 따라서 설교의 서론(1장)과 결론(9장), 그리고 일곱 개의 작은 강해들이 각각 한 장씩 2장부터 8장까지 일곱 개의 장을 형성합니다. 마지막에 수록한 두 개의 부록은 히브리서의 개관적인 내용과 구조에 관계된 내용입니다. 이 두 종류의 부록은 필자가 이미 다른 곳에 게제 한 글들을 약간 수정하여 수록한 것입니다. 그래서 본서를 읽을 때, 이 두 종류의 부록을 먼저 읽고 다시 처음으로 돌아와 읽기 시작하면 좋을 수도 있습니다. 처음 아홉 개 장의 구조는 일관되게 세 부분으로 이루어졌습니다. 즉, I) "구조 분석," II) "본문 해설," 그리고  III) "개인 묵상이나 그룹 토론(설교 구상)을 위한 질문"입니다. 그래서 본서가 개인적으로 읽어 유익을 얻을 뿐만 아니라 그룹 성경공부나 설교 구상에도 도움이 될 수 있기를 바랍니다. 헬라어 원어를 괄호 속에 넣고 해석하려고 노력하였기 때문에, 헬라어를 알고 있는 분이나 그렇지 않은 분들에게 모두 도움이 될 것입니다.

히브리서를 통하여 도전받고 감격하며 성도들과 학생들에게 가르쳐온 지 벌써 20여 년이 흘렀지만, 지금도 여전히 히브리서는 하늘의 강단에서 필자의 심령 속에 메아리치는 하나님의 생생한 말씀입니다. 히브리서 11장에 열거된 수많은 믿음의 영웅들을 감동시켰던 하나님의 음성처럼, 히브리서의 설교는 지난 2,000년간 구름 같은 허다한 주님의 사람들을 감동시켜왔던 하나님의 말씀이었음이 틀림없습니다. 아무쪼록 오늘 이곳에서 히브리서를 묵상하며 졸저를 읽어가는 모든 분들에게도 하나님의 음성이 들려져서 "저 영문 밖으로 그리스도의 능욕을 지고 그 분께 나아가는"(히브리서 13:13) 이 시대의 선두주자들의 행렬이 이어지기를 기원합니다.

2008년 정초에

하기동 동산에서

장 동 수

제 1 장

# 설교의 서론(히 1:1-2:4): "말씀하시는 하나님"

**설교의 서론: 히 1:1–2:4**(구약의 일곱 말씀의 연쇄인용을 통하여)
제 1 강해: 히 2:5–18(시 8:4–6에 대하여–시 22:22; 사 8:17–18과 함께)
제 2 강해: 히 3:1–4:16(시 95:7–11에 대하여–창 2:2와 함께)
제 3 강해: 히 5:1–7:28(시 110:4에 대하여–창 14:17–20과 함께)
제 4 강해: 히 8:1–10:25(렘 31:31–34에 대하여–시 40:6–8과 함께)
제 5 강해: 히 10:26–11:40(합 2:3하–4에 대하여)
제 6 강해: 히 12:1–13(잠 3:11–12에 대하여)
제 7 강해: 히 12:14–29(출 19:12–13의 시내 산과 시온 산에 대하여)
설교의 결론: 히 13:1–23(구약의 두 말씀 인용과 암시들을 통하여)

히브리서는 설교처럼 시작되고 진행되다가 마지막에만 서신처럼 끝난다. 히브리서에는 서신에서 일반적으로 나타나는 서두 부분(발신자, 수신자, 안부, 감사, 기도)이 전혀 없다. 그래서 히브리서를 한편의 긴 설교로 볼 경우, 히브리서 1장의 처음 네 절을 흔히 이 설교의 서론으로 본다. 하지만 본서의 부록 II에서 볼 수 있듯이, 설교 구성의 전체적인 구도 속에서 히브리서 첫 장에서 2장 4절까지를 전체 설교의 서론으로 보면 좋다. 우선, 히브리서 전체를 45분 혹은 50분짜리 설교나 연설로 볼 때 3–4분 정도 길이의 서론이 적절하고, 히브리서 1:1–2:4

가 그 정도의 길이가 된다.[1] 그리고 이 단락의 처음과 끝을 구성하게 되는 두 문단은(히 1:1-4 및 2:2-4) 각각 하나의 긴 압축 문장이라는 공통점 이외에,[2] 두 문단 사이에 공히 "하나님, 아들, 우리, 말씀, 천사" 등의 어휘뿐만 아니라 주제상의 공통점이 존재하여 이 두 문단이 일종의 묶음쇄(inclusio) 구조를 형성한다. 또한 중간에 자리잡고 있는 문단(히 1:5-14)은 서론의 서론에서(히 1:1-4) 선포된 내용을 증명하기 위하여 긴장감 속에서 이루어지는 구약성경의 연쇄인용이라는 점에서 긴밀한 연결점이 형성된다. 이 서론은 히브리서 저자가 청중과 동일시하면서("우리" 라는 단어를 사용함으로써) 앞으로 말하고자 하는 내용의 핵심을 포함하고 있을 뿐만 아니라 그 내용에 대하여 청중의 주의를 집중시키는 역할을 한다.

## I. 구조 분석

히브리서는 바울서신들과 같은 편지 형식과는 판이하게 달리 아무런 시작인사도 없이 초대교회의 설교형식으로 시작된다. 히브리서 설교의 서론을 구성하고 있는 본 문단의 첫 부분(히 1:1-4)과 마지막 부분(히 2:2-4)은 각각 긴 한 문장으로 구성된 압축 문장이다. 그리고 히브리서 1:5-14는 구약의 일곱 말씀의 연쇄인용(5-13절)과 결론적 진술(14절)로 구성된다. 그러므로 이 설교의 서론(히 1:1-2:4)을 히브리서 전체 설교 속의 한 작은 설교의 모델로 본다면, 히브리서 1:1-4는 서론, 히브리서 1:5-14는 성경인용과 해설 및 결론(14절), 그리고 히브리서 2:1-4는 권면으로 이루어진 셈이 된다. 이해를 돕기 위하여 각 부분의 구조를 차례로 살펴본다.

## 1. 히브리서 1:1-4의 구조

압축된 한 문장인 1-4절의 주어는 하나님이고, 2절 후반부터 4절까지는 2절 중간에 나오는 아들에 대한 묘사로 구성된다. 히브리서의 서론 중의 서론인 1장 1-4절은 설교 혹은 연설의 다양한 특징을 지니고 있다.[3] 원문으로 보면, 이 문단의 처음 세 단어("여러 부분"과 "여러 모양" 그리고 "옛적에"에 해당되는 헬라어 단어)는 모두 "피"(π)음으로 시작하는 부사이며(Πολυμερῶς καὶ πολυτρόπως πάλαι), 곧 이어서 동일한 "피"음으로 시작되는 단어 둘("조상들"과 "선지자들"에 해당하는 헬라어 단어)이 더 나온다(πατράσιν ἐν τοῖς προφήταις, 1절). 이것은 발성이나 청취 시에 효과를 극대화시키는 두운법(alliteration)이다. 이뿐 아니라 히브리서 저자는 1절과 2절을 의미상의 평행구절로 구성하였고("하나님이 말씀하셨다"- "옛적에" 대 "이 모든 날 마지막에," "선지자들을 통하여" 대 "아들을 통하여," "우리 조상들에게" 대 "우리에게"), 4절에서는 어순을 다양화하고 있다. 그리고 네 행으로 이루어진 그리스도 찬양시와 흡사한 3절에는 세 개의 분사와 한 개의 정동사가 사용되었고, 음성상의 평행구절이 있다(헬라어 원문으로 "그(의) 본체의"와 "그의 능력의" 라는 어구).

히브리서 1:1-4는 전체적으로 다음과 같이 교차대구구조로 보기도 한다. 이러한 구조로 보면 처음과 끝의 AA'는 아들을 통한 최고의 계시라는 주제를 강조하고, 중간의 핵심은(BCC'B') 아들의 어떠함을 강조해주는 역할을 한다:

A 옛적에 선지자들을 통하여 여러 부분과 여러 모양으로 우리 조상들에게 말씀하신 하나님이 이 모든 날 마지막에는 아들을 통하여 우리에게 말씀하셨으니(1-2상)

B 이 아들을 만유의 상속자로 세우시고(2중)

C 또 그로 말미암아 모든 세계를 지으셨느니라(2하)

C' 이는 하나님의 영광의 광채시요 그 본체의 형상이시라 그의 능력의 말씀으로 만물을 붙드시며(3상중)

B' 죄를 정결하게 하는 일을 하시고 높은 곳에 계신 지극히 크신 이의 우편에 앉으셨느니라(3하)

A' 그가 천사보다 훨씬 뛰어남은 그들보다 더욱 아름다운 이름을 기업으로 얻으심이니(4)

## 2. 히브리서 1:5-14의 구조

서론의 서론에 이어 나오는 히브리서 1:5-14는 구약의 일곱 말씀 인용과(5-13절) 질문으로 표현된 결론적 진술(14절)로 구성된다. 이 문단의 구조에 대한 다양한 대안들이 있다. 대표적인 예는 세 가지 정도이다. 첫째는, 인용된 구약의 일곱 말씀을 천사와 연관된 도입부들(5, 7, 13절)을 기점으로 앞에 나오는 아들에 관한 구절(1:2중-3절)과 짝을 이루어 보는 방법이다. 둘째는, 앞 문단과 짝을 짓지 않고 독립적인 교차대구구조로 보는 방법이다. 셋째는, 처음 여섯 말씀을 각 두 말씀씩 묶어서 세 짝을 형성하고 마지막 인용은 결론적 기능을 하는 것으로 보는 방법이다.

첫 번째 예:4)

| | 히브리서 1:1-4 | 히브리서 1:5-14 |
|---|---|---|
| A 상속자로서 하나님의 아들 | 1:2중 | 1:5-6 |
| B 아들의 능력과 신성 | 1:2하-3중 | 1:7-12 |
| C 하나님의 우편으로 올려지신 아들 | 1:3하 | 1:13-14 |

두 번째 예:5)

A 다윗적인 왕으로서의 아들의 지위(시 2:7; 삼하 7:14) (1:5)
　B 하나님으로서의 아들의 지위(신 32:43; 시 104:4) (1:6-7)
　　C 신적이며 다윗적인 왕으로서 아들의 지위(시 45:6-7) (1:8-9)
　B' 하나님으로서의 아들의 지위(시 102:25-27) (1:10-12)
A' 다윗적인 왕으로서의 아들의 지위(시 110:1) (1:13)

세 번째 예:6)

A. 아들 됨(시 2:7; 삼하 7:14): 5절
B. 천사-아들 비교(신 32:43; 시 104:4): 6-7절
C. 아들의 통치의 영원성(시 45:6-7; 시 102:25-27): 8-12절
D. 결론적인 인용(시 110:1)과 마무리 진술: 13절과 14절

이 중에서 첫 번째가 가장 만족스런 대안이다. 히브리서 1:5-14은 4절 후반부에 진술된 내용을 증명하는 역할을 하기 때문에 저자의 의도를 충족시키며 또한 구조적으로도 설득력이 있는 대안이기 때문이다. 구조적으로 히브리서 1:4에 언급된 천사를 지칭하는 도입부가 5, 7, 그리고 13절에서 반복되고 있다는 점이 이 대안의 설득력을 더해준다.

### 3. 히브리서 2:1-4의 구조

히브리서 저자는 이제 성경인용과 간단한 언급으로 이루어진 성경 주해(히 1:5-14)로부터 경고적인 성격도 지니고 있는 실생활에의 권면(히 2:1-4)으로 전환하고 있다. 히브리서 2:1의 명령법과 3절의 수사학적인 질문이 실생활에의 권면임을 보여준다. 본 문단은 1절 그리고 2-4절의 두 문장으로 구성되어 있고, 2-4절은 히브리서 1:1-4와 같이 한 문장으로 구성된 압축문이다.

## II. 본문 해설

히브리서 설교의 서론(히 1:1-2:4)은 내용상 세 부분으로 구성된다. 즉, "아들을 통하여 말씀하신 하나님"(히 1:1-4), "천사보다 뛰어나신 아들"(히 1:5-14), "이 아들을 통해 전해주신 그 큰 구원의 말씀을 우리가 경청해야함"(히 2:1-4)이다.

### 1. 서론의 서론: 하나님께서 아들을 통하여 말씀하셨다(히 1:1-4)

> 1:1 옛적에 선지자들을 통하여 여러 부분과 여러 모양으로 우리 조상들에
> 게 말씀하신 하나님이 2 이 모든 날 마지막에는 아들을 통하여 우리에게
> 말씀하셨으니 이 아들을 만유의 상속자로 세우시고 또 그로 말미암아 모든
> 세계를 지으셨느니라 3 이는 하나님의 영광의 광채시요 그 본체의 형상이
> 시라 그의 능력의 말씀으로 만물을 붙드시며 죄를 정결하게 하는 일을 하
> 시고 높은 곳에 계신 지극히 크신 이의 우편에 앉으셨느니라 4 그가 천사
> 보다 훨씬 뛰어남은 그들보다 더욱 아름다운 이름을 기업으로 얻으심이니.

히브리서의 처음 네 절은 히브리서 설교의 서론 중의 서론이다. 이 네 구절은 위대한 설교의 장엄한 서막이다. 이 서론에서 히브리서 저자는 하나님의 아들의 초월적인 위엄을 보여주는 수단으로서의 계시사건에 초점을 맞춘다. 원문에서 하나의 장문으로 이루어진 이 문단의 전체적인 주어는 하나님이지만, 의미상으로는 첫 부분(1-2상절)의 주어는 하나님이고 두 번째 부분(2중-4절)의 주어는 아들이기 때문에, 의미상의 주어를 따라 "말씀하시는 하나님"(1:1-2상절)과 "아들에 대한 묘사"(1:2중-4절)의 두 부분으로 나누어 볼 수 있다.

### 1) 말씀하시는 하나님(히 1:1-2상)

하나님께서 침묵을 지키신다면 인간의 운명은 참담할 것이다. 그러나 하나님은 역사 속에서 지속적으로 자신의 계시의 말씀, 구속의 말씀, 생명을 주시는 말씀을 주시는 분이시다. 히브리서 저자는 창조, 섭리, 양심을 통하여 주어지는 일반 계시를 말하지 않고, 오히려 두 단계로 주어지는 특별계시에 대하여 말하고 있다. 첫 단계로, 하나님은 선지자들을 통하여 조상들에게 말씀하셨고, 두 번째이자 최종적 단계로, 하나님은 자신의 아들을 통하여 말씀하셨다. 이 두 단계는 각각 구약성경(옛 언약)과 신약성경(새 언약)과 일치한다. 1절과 2절 상반부가 이를 극명하게 보여 준다. 위에서 설명한 대로 이 부분은 다음과 같이 의미상의 평행구절을 이루고 있다(A-A'; B-B'; C-C'; D-D'):

"하나님이 말씀하셨다"(1절과 2절에 말씀하신다는 동사가 각각 분사형과 정동사로 나온다)
(1절: ὁ θεὸς λαλήσας) – (2절상: – ἐλάλησεν)
1절: "옛적에" "선지자들을 통하여" 여러 부분과 여러 모양으로 "(우리)조상들에게"

(πάλαι) (ἐν τοῖς προφήταις) (Πολυμερῶς καὶ πολυτρόπως) (τοῖς πατράσιν)
A(시기) B(대행자) C(다양한 방식들) D(수신자)
2절상: "이 모든 날 마지막에는" "아들을 통하여" ______ "우리에게"
(ἐπ' ἐσχάτου τῶν ἡμερῶν τούτων) (ἐν υἱῷ) (ἡμῖν)
A'(시기) B'(대행자) C'(유일한 방식-암시) D'(수신자)

하나님의 계시는 점진적인데, 덜한 진리에서 더한 진리로, 혹은 덜 가치 있는 것에서 더 가치 있는 것으로, 혹은 미성숙에서 성숙으로 전진하는 것이 아니라, 약속에서 성취로의 전진으로 볼 수 있다. 이점은 히브리서에서 아주 풍성하고 분명하게 나타나고 있다(히 11:40). 첫 단계 계시에서는 다양한 영역과 방법("여러 부분과 여러 모양으로")으로 하나님의 말씀이 주어졌다. 하나님은 오랜 시간동안 수많은 예언자들을 통하여,7) 꿈, 환상, 사건, 상징, 천사, 짐승 등을 매개로 말씀해 오셨다. 하지만 하나님의 아들이 오시기 전까지는 하나님의 말씀이 완전히 말하여진 것은 아니다. 이전에는 약속이 주어진 것이었고, 아들을 통하여 비로소 그 성취가 이루어지게 되었다. 이전에 하나님의 대변인은 그의 종들이었으나, 이제 말씀의 최종적 선포자는 하나님의 아들이시다. "아들을 통하여" 혹은 "아들 안에서"(ἐν υἱῷ) 옛 시대는 끝나고 새 시대가 열렸다. 그래서 우리는 "이 모든 날 마지막에는"(ἐπ' ἐσχάτου τῶν ἡμερῶν τούτων)이라는 표현에서 종말론의 비연속성과 연속성을 동시에 볼 수 있다.

### 2) 하나님의 아들에 대한 묘사(히 1:2중-4)

히브리서 1:2중-4절까지는 하나님의 아들에 대한 묘사이다. 마지막 절(4절)이 5-14절에서 논의될 도입부의 역할을 하고 있다고 본다면, 히브리서 1:2중-3은 아들에 대하여 다음 같이 일곱 가지로 묘사하고 있다.

### (1) 하나님께서 그를 만물의 상속자로 정하셨다

"이 아들을 만유의 상속자로 세우시고"(ὃν ἔθηκεν κληρονόμον πάντων, 히 1:2중)라는 어구에는 히브리서에서 중요하게 사용되는 시편 2:7(히 1:5; 5:5)의 바로 다음 절인 8절("내게 구하라 내가 이방 나라를 네 유업으로 주리니 네 소유가 땅 끝까지 이르리로다")이 암시되고 있다. 하나님의 아들은 이 땅만이 아니라 온 우주와 특히 오는 세상까지 유업으로 받으신 분이다. 이 내용은 히브리서 2:5-9에서 다시 상술되고 있다. 하나님의 아들은 성육신, 고난, 죽으심, 부활을 통과한 마지막 아담으로 모든 만물이 그 발아래 놓이게 되었다(비교. 고전 15:45; 20-28).

### (2) 하나님께서 그를 통하여 세계를 만드셨다

"세계"로 번역된 헬라어 단어는 "아이온"의 복수형(αἰῶνας)으로 그 일차적인 의미는 세대 혹은 시대(age)이지만 공간과 시간을 모두 포함하는 온 세상이나 우주와 그 내용물까지를 의미한다(히 11:3). 하나님께서는 아들을 이 세상의 창조의 대리자로 삼으셨다(요 1:3; 골 1:16). 여기서 우리는 초대교회 기독교인의 찬송이나 신앙고백에서 하나님의 아들 예수 그리스도가 말씀 혹은 하나님의 지혜로 묘사되며 창조의 대리자로 인정되고 있음을 발견한다. 이는 잠언 8:22-31의 지혜(의인화되었고 태초에 전능자와 함께 있었던)와 예수 그리스도를 동일시한 초기 그리스도인의 관행 등에 기초를 두고 있다.

### (3) 그는 하나님의 영광의 광채(광휘)이시다

"영광"(δόξα)이라는 표현은 하나님 자신을 달리 표현하는 개념이었고 그분의 현현 형식이었다(출 24:16; 40:34). 그리고 "광채"(ἀπαύγασμα)로 번역된 헬라어 어휘는 빛의 근원으로부터 비춰지는 빛의 발광을 말하며, 다음에 나오는 "형상"이라는 어휘와 평행구를 형성한다. 아들은 하나님의 능력과 임재가 인간의 경험의 영역으로 들어오게 하는 통로이다. 필로(Philo) 같은 이의 글에서는 이 단어가 신성의 의인화를 표현하지만, 히브리서 저자는 팔레스타인에서 살았고 죽었던 한 인간을 말하고 있다. 그분은 하나님의 영원한 아들이며 최고의 계시이다. 태양의 광선이 이 땅위에 다다르듯이 하나님의 영광스런 빛도 하나님의 아들 안에서 이 땅위의 모든 남녀의 가슴속을 비춘다(요 1:9).

### (4) 그는 하나님의 본체의 형상이시다

이 어구에서 두 가지 어려운 어휘가 나온다. 첫째는 "본체"이고, 둘째는 "형상"이다. 첫째로, "본체"로 번역된 헬라어 어휘 "휘포스타시스"(ὑποστάσις)는 히브리서에서 1:3 말고 3:14와 11:1에도 나오고 있다. 이 어휘는 의미영역이 넓어서 번역하기 힘들기 때문에 한글 성경에는 각각 "본체(본질), 확실한 것(확신), 실상"(실체, 보증) 등으로 번역되었다. 이 어휘는 나타난 것의 이면에 존재하는 "본질적 실체," 용감한 행동의 이면에 존재하는 "확고함" 등을 다 포함하고 있는 어휘로 보아야 한다. 둘째로, "형상"으로 번역된 헬라어 단어 "카락테르"(χαρακτήρ)는 신약성경에서 여기에만 나오는 단어로 소위 "하팍스 레고메논"(hapax legomenon)인데,[8] "속성, 특징, 인물" 등을 의미하는 영어 단어 character와 문자적으로 정확하게 일치하며, 동전의 그림이나 글씨의 음각(형판)을 지칭하는 용어였다.

그러므로 동전의 그림이나 글씨가 음각에 새겨진 것과 동일하듯이 하나님의 아들은 하나님의 속성을 그대로 나타내고 있다. 때로는 "카락테르"(χαρακτήρ)가 "에이콘"(εἰκών)(고후 4:4; 골 1:15)보다 이 사실을 더 잘 나타내준다. 영광이 광채 안에 참으로 있듯이 하나님 되심(본체)도 그 아들 안에 참으로 존재한다. 즉, 하나님의 아들은 하나님의 어떠하심을 보여주는 표상이자 구현(具顯)이다. 그러므로 아들을 보는 것은 하나님을 보는 것이다(참조. 요 1:18; 14:8-9).

### (5) 그는 만물을 그의 능력의 말씀으로 붙들고 계시다

"능력의 말씀"(τῷ ῥήματι τῆς δυνάμεως)이라는 어구는 뒷부분을 히브리어법의 형용사적 속격으로서 보아 "능력이 있는 말씀"으로 번역할 수 있다. 2절에서는 하나님께서 아들을 통하여 말씀하셨다고 기록했는데, 바로 다음절인 여기 3절에서는 아들이 말씀하는 분으로 묘사되었다. 사도 바울도 골로새서 1:17에서 언급하였듯이 창조하신 분이 그 만물을 또한 유지하실 수 있으시다. 분사형으로 사용된 "붙들고 있다"(φέρων)라는 동사는 "유지(보존)하고 있다"는 의미만이 아니라 "인도하고, 다스리다"라는 의미도 있다. 우주만물(τὰ πάντα)은 아들에 의하여 존재하게 되었고, 지금도 유지 보존되고, 인도되며, 다스림을 받고 있다. 히브리서 저자는 아들이 우주의 창조자일뿐만 아니라 유지자이심을 선언한다. 지금까지 사용된 "영광의 광채," "본체의 형상," "능력의 말씀으로 만물을 붙드심" 등의 표현들은 히브리서 저자가 초대교회 찬송시들로부터 인용하였을 가능성을 높여준다.

### (6) 그는 우리의 죄를 정결케 하셨다

3절의 "죄를 정결하게 하는 일을 하시고"(καθαρισμὸν τῶν ἁμαρτιῶν ποιησάμενος)라는 어구는 히브리서에서 최초로 제사장과 연관된 주제가 암시된 곳이다. 하나님의 아들이 백성의 대제사장으로서 다른 이로서는 성취할 수 없는 일을 성취하였음을 선포한다. 이 주제는 히브리서의 중심부에서 가장 많이 강조되고 있다. 이 어구에는 중간태 분사(ποιησάμενος)가 사용됨으로써 행위자의 직접참여가 강조되었을 뿐만 아니라, 중요한 초기 파피루스 사본($P^{46}$)과 베자사본(D)을 위시하여 많은 사본들에는 "그(자신)를 통하여"(δι' ἑαυτοῦ)라는 어구가 더 삽입되어 아들 자신의 역할이나 희생이 더욱 강조되었다. 아들은 친히 성육신, 고난, 죽음, 부활을 통하여 백성의 죄를 정결케 하는 사역을 완성하셨다.

### (7) 그는 지극히 크신 이의 우편에 앉아 계시다

"지극히 크신 이"(개역 개정) 혹은 "위엄"(개역)이라는 헬라어 어휘(μεγαλωσύνη)는 하나님에 대한 완곡한 표현이다. 아들이 하나님 우편에 앉아 계시다는 어구는 히브리서 1:13에 인용될 시편 110:1로부터 왔다(참조. 히 8:1; 엡 4:10; 빌 2:9). "앉아 계시다"(ἐκάθισεν)는 정동사는 지금까지 세 개의 분사로 이어져 온 3절의 주동사이기 때문에, 문법적으로 아들이 하나님의 영광의 광채와 본체의 형상되심과 아들의 만물에 대한 보존사역 및 속죄사역의 행위가 다 이 동사가 속한 "지극히 높은 곳에 하나님 우편에 앉아 계시다"(ἐκάθισεν ἐν δεξιᾷ τῆς μεγαλωσύνης ἐν ὑψηλοῖς)는 어구에 종속되어 있다. 특히 속죄사역과 높이 되심은 시간적으로 그 순서를 말해주고 있다. 하나님 우편에 앉아 계시다는 어구가 뜻하는 것은 모든 사역을 완성하신 아들의 비할 데 없는 권위와 영예이다(참조. 왕상 2:19). 지금까지 시적인 표현으로 구성된 아들에 대한 일곱 가지 묘사는 히브리서 서론의 핵을 이루면서 앞으로 핵심적으로 인용되고 논의될 시편 2편의 왕적인 아들 주제(히 1:2중; 비교. 히 1:5; 5:5)와 시편 110편의 왕적인 제사장 주제(히 1:3하; 비교. 히 1:13; 5:6)를 암시한다.

### (8) 하나님의 아들은 천사보다 뛰어나시다(1:4)

히브리서 서론의 서론 마지막 구절은 하나님의 아들이 천사보다 우월하심을 선언한다. 이 구절은 히브리서 1:1-4의 결론적 진술이면서 동시에 바로 이어서 나오는 히브리서 1장의 내용뿐만 아니라 2장까지의 도입부 역할을 한다. 여기에 나오는 "이름"에 대하여 "주" 혹은 "대제사장" 등이 제안되곤 하지만, 문맥상에서 "아들"이 가장 잘 어울린다. 이름은 본질, 신분, 직위를 뜻한다. 또한 "훨씬 뛰어남"(κρείττων)이라는 어휘는 "더 나은" 혹은 "우월한"으로도 번역될 수 있으며, 히브리서에서 열세 번이나 나오는 중요한 어휘이다. 히브리서에서는 "더 나은" 지위(히 7:7), 소망(히 7:19), 언약(히 7:22; 8:6), 제물(히 9:23; 12:24), 하늘의 유산(히 10:34; 11:16), 구원(히 6:9), 부활(히 11:35; 비교. 히 11:40) 등을 언급하면서, 궁극적으로는 하나님의 아들의 우월성이 중요한 주제 중의 하나가 되고 있다. 하지만 여기서 "더 낫다" 혹은 "우월하다"는 점에 대한 강조는 아들 예수와 비교되는 존재들, 즉 모세나 천사들의 가치를 전면 부인하는 것이 아니라, 비교를 위한 논지 전개의 한 방식으로 이해하여야 한다.

히브리서 서론의 서론 마지막 구절에서 왜 갑자기 천사가 대두되는가 의문이 들 수 있다.[9] 1절과 2절은 구약의 선지자들과 아들의 비교였다. 모세는 율법을 받아 백성에게 전해준 구약시대의 최고의 선지자였고, 천사가 그 매개의 역할을 하였다(행 7:38-39, 53; 갈 3:19). 히브리서 저자도 이 사실을 2장 2절에서 언급하는데, 그는 여기서 새 시대를 여신 아들은 이 천사들보다 뛰어남을 미리 말하고 있다. 이렇게 함으로써 히브리서 1:1-4는 하나님의 최고 계시의 전달자로서 하나님의 아들이 두 가지 측면에서 우월하심을 선포한다. 즉 하나님의 아들은 선지자들보다도 우월하시고, 천사들보다도 우월하시다.

## 2. 천사보다 뛰어나신 아들(히 1:5-14): 구약의 일곱 말씀의 인용

> 1:5 하나님께서 어느 때에 천사 중 누구에게 너는 내 아들이라 오늘 내
> 가 너를 낳았다 하셨으며 또 다시 나는 그에게 아버지가 되고 그는 내게
> 아들이 되리라 하셨느냐 6 또 그가 맏아들을 이끌어 세상에 다시 들어
> 오게 하실 때에 하나님의 모든 천사들은 그에게 경배할지어다 말씀하시
> 며 7 또 천사들에 관하여는 그는 그의 천사들을 바람으로, 그의 사역자
> 들을 불꽃으로 삼으시느니라 하셨으되 8 아들에 관하여는 하나님이여
> 주의 보좌는 영영하며 주의 나라의 규는 공평한 규이니이다 9 주께서
> 의를 사랑하시고 불법을 미워하셨으니 그러므로 하나님 곧 주의 하나님
> 이 즐거움의 기름을 주께 부어 주를 동류들보다 뛰어나게 하셨도다 하
> 였고 10 또 주여 태초에 주께서 땅의 기초를 두셨으며 하늘도 주의 손
> 으로 지으신 바라 11 그것들은 멸망할 것이나 오직 주는 영존할 것이요

그것들은 다 옷과 같이 낡아지리니 12 의복처럼 갈아입을 것이요 그것들은 옷과 같이 변할 것이나 주는 여전하여 연대가 다함이 없으리라 하였으나 13 어느 때에 천사 중 누구에게 내가 네 원수로 네 발등상이 되게 하기까지 너는 내 우편에 앉아 있으라 하셨느냐 14 모든 천사들은 섬기는 영으로서 구원 받을 상속자들을 위하여 섬기라고 보내심이 아니냐.

히브리서 설교의 서론을 구성하는 두 번째 문단(히 1:5–14)에는 서론의 서론 마지막 부분에서 선언한 내용(히 1:4), 즉 하나님의 아들이 천사들보다 뛰어나다는 논지를 증명하기 위하여 구약성경이 연쇄적으로 인용된다. 모두 열두 구절로 구성된 본 문단의 마지막 구절은 결론적 진술이기 때문에, 나머지 열한 구절은 구약성경 인용문 일곱으로 구성된다. 이 일곱의 구약 연쇄인용문 중에서 다섯은 시편(성문서)에서, 하나는 전기 예언서(예언서)에서, 다른 하나는 모세 오경(토라)에서 인용되었다.

본 문단은 구약성경에 대한 일종의 해석이지만 최소한의 연결어구만 있고 성경본문에 대한 구체적인 설명이 없기 때문에 히브리서 2:5 이하부터 나오는 본격적인 성경강해들과는 좀 차이가 있다. 그러나 본 문단은 히브리서 1:1–4의 선언을 강화해주고, 다음에 따라오는 내용(히 2:1–4)인 아들을 통하여 선포된 구원의 말씀을 귀중하게 여기라는 엄중한 경고에 대하여 청중을 준비시키며, 또한 첫 번째 강해인 히브리서 2:5–18에서 논의될 내용의 기반을 닦아준다. 히브리서 1:5–14는 구조에 대한 단락에서 언급한 대로 천사와 연관된 도입부들(5, 7, 13절)을 기점으로 그리고 주제별로 다음과 같이 세 그룹으로 묶어 볼 수 있다: "상속자로서의 하나님의 아들"(5–6절), "아들의 능력과 신성"(7–12절), 그리고 "하나님 우편으로 올려 지신 아들"(13–14절)이다.

### 1) 상속자로서의 하나님의 아들(5-6절): 인용문 1-3(시 2:7; 삼하 7:14; 신 32:43)

첫 번째 그룹은 하나님의 아들 되심(시 2:7; 삼하 7:14)과 그로 인하여 천사보다 뛰어나신 아들임(신 32:43)을 증명하는 세 개의 인용문으로 구성된다. 처음 두 개의 인용문은 "하나님께서 어느 때에 천사 중 누구에게 말하셨느냐?"라는 질문을 도입부로 두고 그 둘 사이는 "그리고 다시"라는 어구로 연결되어 짝을 이룬다.

첫 번째 인용문(5상: 시 2:7)이 속하는 시편 2편은 다윗 왕조의 대관식에 사용되는 시편이었으며, 초대교회는 유대 랍비들처럼 이것을 다윗의 혈통에서 나오는 메시아에 관한 예언으로 해석하여 예수에게서 이 시편이 성취된 것으로 믿었다(비교. 눅 1:32; 행 4:25-26; 13:33; 계 12:5; 19:15). 시편 2:7의 전문은 신약에서 사도행전 13:33과 히브리서 1:5; 5:5에 인용되었고, 모두 부활 이후의 아들을 묘사하는 데 사용되었다. 그리고 시편 2:7의 앞부분은 예수님의 침례시(막 1:11; 마 3:17; 눅 3:22)와 변화산 사건(막 9:7; 마 17:5; 눅 9:35; 벧후 1:17)에서 나온 하늘의 음성에 암시되어 있다. 천사들은 "하나님의 아들들"(sons of God)이라고 집단적으로 지칭되었으나(욥 1:6; 2:1), 여기서 예수님을 지칭하는 것처럼 "하나님의 아들"(Son of God)이라고 단수로 특별하게 명명된 적은 없다.

두 번째 인용문(5하)인 사무엘하 7:14는 나단이 다윗에게 한 계약의 예언이며, 그 내용은 다윗의 후계자는 솔로몬이라는 내용이다. 그러나 이 구절에서 후에 선지자들은 더 위대한 다윗의 아들을 바라보았고(미 5:1-4; 사 9:6; 55:4; 겔 21:27; 슥 9:9), 신구약 중간기에는 메시아에 적용하였으며(쿰란문서인 4QFlor 1:10-11 참조), 히브리서 저자는 예수에게 적용하고 있다.

세 번째 인용문(6절)은 "또 그가 맏아들을 이끌어 세상에 다시 들어오게 하실 때에"라는 어구와 함께 인용된 신명기 32:43(LXX)인데,[10] 그 내용은 천사들은 아들에게 경배하라는 명령이다. 이는 앞에 나온 두 개의 인용문에 대한 논리적인 귀결이다. 여기서 "때"는 문맥상 아들의 성육신이나 재림시가 아니라, 승천 혹은 보좌에 좌정하신 때라고 보아야 한다. "맏아들"이라는 헬라어 "프로토토코스"(πρωτότοκος)는 시편 89:27(LXX 88:28)을 떠오르게 하는데, 신약 이전에는 메시아, 아담, 야곱, 이스라엘 백성(출 4:22) 등을 지칭했으며, 맏아들에 대한 하나님의 특별한 사랑을 강조하는 어휘이다. 또한 맏아들은 왕국의 상속자이다(대하 21:3). 히브리서 저자는 이 어휘를 부활하여 높이 되신 예수에게 적용한다.[11] 이렇게 첫 번째 그룹에 속하는 처음 세 인용문들은 모두 상속자로 인정되신 하나님의 아들을 묘사하고 있다.

### 2) 아들의 능력과 신성(7-12절): 인용문 4-6(시 104:4; 45:6; 102:25-27)

5절과 흡사한 7절의 도입부("또 천사들에 관하여는…")와 함께 구성되는 인용문의 두 번째 그룹은 모두 시편으로부터 왔다. 7절에 나오는 네 번째 인용문인 시편 104:4(LXX 103:4)의 내용은 하나님께서 천사를 바람(영)과 사역자로 삼으셨기 때문에,[12] 천사들은 하나님께 종속된 존재임을 밝힌다.

"아들에 관하여"라는 언급과 함께 8-9절에 다섯 번째 인용된 시편 45:6-7은 근본적으로 하나님과 동일하신 아들에 관한 내용이다.

즉, 아들은 하나님과 동등하며 영원한 존재이지만, 천사는 잠정적인 존재임을 부각시킨다. 모든 것, 즉 천사까지도 창조된 것이며 시간에 매여 있고 낡아지는 것이나 하나님의 아들의 보좌는 영원하다. 원래 시편 45편은 왕실의 결혼식을 묘사한 시편이었는데, 후대에는 메시아에 관한 노래로 받아들여졌다.

"그리고"라는 접속사만 하나 더해지면서 10-12절에 여섯 번째로 인용된 시편 102:25-27은 다섯 번째 인용과 흡사하게 아들은 영원하신 하나님과 동등 되시며 창조주이심을 선언한다. 인용문의 두 번째 그룹의 요지는 아들의 우월성이다. 천사들은 잠정적인 피조물일 뿐만 아니라 하나님의 심부름꾼으로 그분께 종속된 존재임에 반하여, 아들은 하나님과 동등한 능력과 신성을 지닌 분이시다.

### 3) 하나님 우편으로 올려지신 아들(13-14절): 인용문 7(시 110:1)과 마무리 진술

13절에 "어느 때에 천사 중 누구에게"라는 어구와 함께 인용된 마지막 인용문은 시편 110:1이다. 첫 번째 인용문인 시편 2편과 같이 마지막 인용문인 시편 110편도 왕의 대관식에서 사용되던 시이다. 신약에서는 이 두 시편이 모두 일관되게 메시아적으로 해석되어 그리스도에게 적용되고 있다.

질문으로 구성된 마무리 진술인 14절은 7절에서 인용된 시 104:4에 대한 일종의 주석의 역할을 하면서, 아무리 높은 천사라도 하나님의 우편에 앉으라고 초대받은 천사는 없고, 높든지 낮든지 모두 섬기는 영으로서 "구원을 상속받을 자들을 위하여"(διὰ τοὺς μέλλοντας κληρονομεῖν σωτηρίαν) 섬기기 위해 창조되었다고 선언한다. 그러므로 천사들은 아들과는 비교상대가 아니다.

여기서 사용된 "구원"(σωτηρία)은 히브리서 1:5-14와 2:1-4를 이어주는 연결어로, 믿는 자들이 종국에 받게 될 종말론적인 구원(롬 13:11; 벧전 1:15)을 의미한다. 히브리서의 구조의 두드러진 특징 중의 하나는 문단과 문단 사이를 소위 "연결어(들)"(hook word[s])이 잇는다는 점이다.13) 또 다른 예를 들면, 본 단락(히 1:1-2:4)의 1장 4절에 나오는 "천사"라는 어휘는 히브리서 1:5-14 전반에 걸쳐서 반복되다가(5, 6, 7×2, 13절), 새로운 소문단인 히브리서 2:1-4에서도(2절) 출현함으로써 소문단들을 연결해주는 연결어휘로 사용되고 있다.

## 3. 이 큰 구원의 말씀을 가볍게 여겨서는 안 된다: 첫 번째 경고(히 2:1-4)

> 2:1 그러므로 우리는 들은 것에 더욱 유념함으로 우리가 흘러 떠내려가지 않도록 함이 마땅하니라 2 천사들을 통하여 하신 말씀이 견고하게 되어 모든 범죄함과 순종하지 아니함이 공정한 보응을 받았거든 3 우리가 이같이 큰 구원을 등한히 여기면 어찌 그 보응을 피하리요 이 구원은 처음에 주로 말씀하신 바요 들은 자들이 우리에게 확증한 바니 4 하나님도 표적들과 기사들과 여러 가지 능력과 및 자기의 뜻을 따라 성령이 나누어 주신 것으로써 그들과 함께 증언하셨느니라.

히브리서 2:1-4는 히브리서에 나오는 경고들 중 첫 번째 것으로, 아들을 통하여 전해진 말씀을 무시할 위험에 대한 경고이다. 이 엄중한 경고와 앞에 나왔던 구약성경의 연쇄적인 인용문단(히 1:5-14)과의 긴밀한 관계는 성경주해 자체가 히브리서 저자의 목적이 아님을 보여주고 있다. 시험 속에 있는 회중을 향한 형제애적인 섬김이 그 목적이다. 히브리서 저자는 설교자이면서 이 권면과 경고에 자신도 포함시켜서[14] 감동적으로 청중들과 자신을 동일시하고 있다.

1절은 히브리서에서 처음 나오는 금지 명령문이다. 히브리서 저자는 본 절의 시작에서 "이러므로"(Διὰ τοῦτο)라는 접속어를 사용함으로써 이제까지(히 1:4-14) 아들이 천사보다 뛰어나심을 강조한 주된 이유가 무엇인지를 최대한 활용한다. 이 문단에서 히브리서 저자는 복음을 듣고 신앙고백을 한 이들이 그 신앙을 저버리려는 유혹에 굴복할 때 오는 비참함이 더 심할 것이라고 경고하고 있다. 1절에서 "흘러 떠내려가다"(παραρυῶμεν)는 동사는 배와 관련된 용어인데(참조. 히 6:19), 잠언 3:23("지혜와 근신을 네 눈앞에서 떠나지 말게 하라")의 칠십인 역과 동일한 단어가 사용되었다.

2-4절은 논리적인 설득을 위한 하나의 장문이다. 2절은 시내 산에서 주어진 율법에 수반된 주의사항도 엄하고 피할 수 없었던 것임을 상기시킨다. 이 율법이 천사를 매개로 하여 주어졌다는 사실은 구약에 기록되어 있지 않으나 신약에서는 두 구절에서 언급되었다(갈 3:19; 행 7:53). 하나님의 이전 계시, 즉 시내 산에서 주어진 율법은 천사를 통하여 주어졌고, 마지막 계시는 아들을 통하여 주어졌다. 그러므로 마지막 계시를 더 중하게 여겨야 한다. 히브리서 저자는 3절에서 이 더 큰 구원이 천사가 아니라 하나님의 아들, 즉 주를 통하여 직접 선포되었다고 상기시킨다. 물론 구원은 선지자들을 통해서도 선포되었으나, 아들이 오기 전까지는 약속으로만 주어졌다. 그러나 아들

이 오자 그 일이 성취되었다(참조. 막 1:14-15; 이사야서 61:1이하를 인용한 누가복음 4:18-21). 히브리서 저자나 독자(청자)들은 주님의 입술로 이 말씀을 듣지는 못하였을 것이나, 주로부터 직접 들은 이들을 의존하고 있다. 4절에서는, 그들의 증거에 이적과 기사와 표적이 동반되었음을 설명한다. 이는 하나님의 확증의 표시였다. 이는 또한 예수님의 사역의 표지(행 2:22)였고 오순절 이후 사도들의 사역의 표지였다(행 2:43). 복음이 전해질 때 동반되는 이러한 이적과 기사와 표적은 성령의 역사로서 초대교회에서는 널리 알려진 일반적인 경험이었다(갈 3:5; 벧전 1:12).

## III. 개인 묵상이나 그룹 토론(설교 구상)을 위한 질문

1. 히브리서의 서두를 히브리서 1:1-4로 보는 것과 1:1-2:4로 보는 것 사이에는 어떤 장단점이 존재하는가?
2. 히브리서 저자는 자신의 설교의 서론에서 무엇을 말하려고 하였는가?
3. 히브리서 서론부에서 본인에게 주는 감명깊은 점은 무엇인가?
4. 하나님의 아들이 천사보다 어떻게 뛰어나신가?
5. 우리에게 주신 복음, 즉 구원의 말씀은 왜 그리고 얼마나 중요한가?

# 부설(Excursus) I

## 천사: "앙겔로스"(ἄγγελος)

신약성경에서 천사 즉 "앙겔로스"(ἄγγελος)라는 어휘는 모두 175번 등장하는데, 주로 공관복음서(51번),15) 사도행전(21번), 그리고 계시록(67번)에 몰려 있고, 주로 하늘의 하나님의 사자(심부름꾼)를 지칭하며 오직 세 번 정도만 인간 심부름꾼을 의미한다(눅 7:24; 9:52; 약 2:25). 이 두 가지 뜻은 당시 세속사회에서도 동일하였다. 그러나 신약의 천사에 대한 용례는 구약과 신구약 중간기의 관행에 기초를 두고 있다. 히브리서에서 천사의 등장은 많은 의문을 일으킨다. 그래서 히브리서와 천사에 대한 이해를 돕기 위하여 본 부설을 마련하였다.16)

오늘날에도 초대교회 당시의 사두개인들처럼 영적인 세계와 천사의 존재를 부인하는 이들이 있지만, 성경은 천사들의 존재와 그들의 인격성을 확언한다(삼하 4:20, 마 24:36, 유 6, 계 14:10). 천사들은 영적 존재여서(엡 6:12. 히 1:14), 어떤 때는 물리적 형태를 취하기도 하지만, 살과 뼈도 없고 볼 수도 없다(눅 24:39; 골 1:16). 어떤 천사들은 거룩하고 선하며 선택받은 존재이지만(막 8:38, 눅 9:26, 고후 11:14, 딤전 5:21, 계 14:10), 본래 위치에서 벗어남으로 악한 존재가 되기도 하였다(요 8:44, 벧후 2:4, 유 6).

천사들의 계급 혹은 부류로는 1) 하나님의 능력과 존엄과 영광을 선포하며, 에덴동산에서나 성막과 성전에서나 지상에 하나님께서 임하실 때에 하나님의 거룩성을 호위하는 그룹(창 3:24, 출 25:18, 삼하 22:11, 시 18:10, 99:1, 사 37:16); 2) 하늘 보좌를 옹위하여 수종 들며, 하나님을 찬송하고 그 명령을 준행할 준비를 하며, 화해의 목적을 수행하여 인간으로 하여금 하나님께 올바로 접근하도록 준비시키는 스랍(사 6:2-3, 6); 3) 하나님의 계시를 인간에게 전달하고 그 계시를 해석해 주는 가브리엘(단 8:16, 9:21, 눅 1:19, 26); 4) 이스라엘을 돕고(단 12:1) 하나님의 백성의 대적을 대항하여 여호와의 전투를 대행하는 용감한 전사(戰士) 미가엘(단 10:13, 21, 유 9, 계 12:7) 등이 있다. 이외에도 천사들은 정사와 권세와 보좌와 주관자라는 일반적인 명칭들로 불리기도 하는데(엡 1:21, 3:10, 골 1:16, 2:10, 벧전 3:22), 이러한 명칭들을 미루어 보면 천사들 사이에도 등급과 차이가 있음을 알 수 있다.

천사들은 계속적으로 하나님을 찬양하는 일을 한다(시 103:20; 이사야서 6장; 계 5:11). 그리고 죄가 세상에 들어온 이후로, 천사들은 구원받은 자들을 위해 봉사하며(히 1:14), 신자들을 돌보며(시 34:7; 91:11), 또한 그들을 지켜보며(고전 4:9; 딤전 5:21), 성도들의 기도에 관여하며(행 12:15; 계 8:3-4), 위험할 때 용기를 주며(행 27:23-24), 전도할 때 도와주고(눅 15:10; 행 8:26), 사망할 때 의인을 도와 아브라함의 품으로 인도한다(눅 16:22; 유 9). 또한 천사들은 소자를 보호하며(마 18:10), 교회 안에 존재하며(고전 11:10; 엡 3:10; 딤전 5:21), 죄인들의 회개를 기뻐하며(눅 15:10), 하나님의 특별계시를 전달하고(단 9:21-23; 슥 1:12-14), 하나님의 백성들에게 하나님의 축복을 전달하며(시 91:11, 12; 사 63:9; 단 6:22; 행 5:19), 하나님의 대적들에 대한 심판을 집행하기도 한다(창 19:1, 13; 왕하 19:35; 마 13:41). 불신자들에 대하여 천사들은 임박한 심판을 알리고(창 19:13; 계 14:6, 7), 벌을 내리며(행 12:23), 마지막 때 추수꾼으로 일한다(마 13:39). 민족들에 대하여 천사들은 하나님의 일을 수행하는 대행자이며(단 10:21), 환난의 심판에 참여한다(계시록 8, 9, 16장).

이러한 선한 천사들이 있는가 하면, 하나님을 대적하며 그 일을 방해하기를 즐겨하는 악한 천사도 있다. 악한 천사들도 본래는 선하게 창조되었지만, 신적 권위를 열망하여(살후 2:4, 9) 그들 본래의 위치를 유지하지 못하게 되었다(벧후 2:4; 유 6). 사단은 천사들 중 높은 위치를 가진 자로 타락한 천사들 중에 우두머리가 되었다(마 25:41; 9:34; 엡 2:2). 사단과 그의 무리들은 초인간적 능력으로 하나님의 일을 파괴하고자 하며, 심지어는 선택받은 자까지 미혹하려 하고, 간악한 방법으로 죄인들에게 범죄하도록 미혹한다(고후 12:7; 계 9:11; 12:7-9). 그러므로 우리는 귀신에 대하여 강조하고 두려워하는 거짓 가르침을 배격하고, 이 영적인 전쟁터에서 구원받았고 또 그 구원의 완성을 향하여 가는 우리를 섬기라고 보내주신 천사들에 대하여 하나님께 감사하는 마음을 가지는 동시에 우리를 돕는 천사들의 존재를 생각하고 담대한 마음을 가져야 한다.

그러면 히브리서 초두부터(1-2장) 천사들을 하나님의 아들 예수 그리스도와 비교하는 이유는 어디에 있는가 하는 점이 우리의 관심사이다. 첫째는, 성경의 가르침 이상으로 평가절상 된 당시의 천사관 때문으로 보는 견해가 있다. 예를 들어 골로새서 2:18을 보면 1세기에 소아시아 지역에서 천사숭배가 만연했음을 짐작할 수 있고, 모세에게 율법을 전해준 천사의 사역(갈 3:19; 행 7:53)에 대한 필요 이상의 강조가 있었을 수도 있다. 알렉산드리아의 유대인 철학자 필로(Philo)는 천사를 로고스와 동일시하였고, 2세기에는 순교자 저스틴의 글이나 헤르메스의 목자서에서 그리스도를 천사나 천사장 미가엘과 동일시하고 있다. 둘째는, 단순히 옛 경륜의 매개자 천사(갈 3:19; 행 7:53)와 새 경륜의 중보자 예수 간의 비교로 보는 견해이다. 그 이유는 히브리서가 골로새서처럼 우주론적인 기독론으로 천사와 그리스도를 비교하지 않고 구약본문의 인용과 주석을 통한 성경의 권위로 양자를 비교하기 때문이다.[17] 하지만 우리는 이 두 가지 가능성이 다 존재했을 경우도 배제할 수는 없다.

# 주(註)

1) Attridge나 Lane 같은 학자들은 히브리서 1:1-4만을 서론으로 보고 있다: Harold W. Attridge, *A Commentary on the Epistle to the Hebrews*, Hermeneia (Philadelphia: Fortress Press, 1972), 19; William L. Lane, *Hebrews 1-8*, Word Biblical Commentary (Waco: Word Incorporated, 1991), xcvi-viii. 하지만, 히브리서의 장르를 설교나 연설 쪽에 더 무게를 두고 보는 미헬, Wills, Walters, Koester 같은 학자들은 히브리서 1:1-2:4를 서론으로 본다: 오토 미헬.「히브리서」, 강원돈 역, 국제성서주석 (서울: 한국신학연구소, 1987), 127이하; Lawrence Wills, "The Form of the Sermon in Hellenistic Judaism and Early Christianity," *Harvard Theological Review* 77:3-4 (1984), 281; J. R. Walters, "The Rhetorical Arrangement of Hebrews," *The Asbury Theological Journal* 51 (1996), 64; Craig R. Koester, *Hebrews*, The Anchor Bible (New York: Doubleday, 2001), 174-6 등을 참조하라.

2) 히브리서 1:1-4나 2:2-4를 다양한 국내외 번역 성경에서는 여러 개의 문장으로 번역하지만, 헬라어 원문에는 하나의 긴 문장이다. 더욱이 히브리서 1:1-4의 경우 한글개역의 경우는 4절에서 문장이 끝나지도 않았다. 다행히 표준새번역이나 공동번역 등에서는 4절에서 문장이 끝나고 있다.

3) Lane, *Hebrews 1-8*, 5-7을 참조하라.

4) 오토 미헬,「히브리서」, 151; Lane, *Hebrews 1-8*, 22-3; Koester, *Hebrews*, 197-205 등을 참조하라.

5) H. W. Bateman, *Early Jewish Hermeneutics and Hebrews 1:5-13* (New York: Lang, 1997), 240-5를 참조하라.

6) George H. Guthrie, *Hebrews*, The NIV Application Commentary (Grand Rapids: Zondervan, 1998), 67-71을 참조하라.

7) 히브리서는 여러 예언자들의 말을 인용한다: 나단(히 1:5하), 이사야(히 2:13), 예레미야(히 8:12; 10:16-17), 하박국(히 10:37-38), 학개(히 12:26) 등 그리고 히브리서에서 많이 인용되고 언급되는 모세(히 8:5), 다윗(히 4:7; 행2:30), 아브라함(창

20:7), 아론(출 7:1) 등도 예언자들로 인정되며, 11:32에서는 다윗시대 이후의 예언자들도 언급하고 있다.

8) "하팍스 레고메논"(ἅπαξ λεγόμενον)은 헬라어를 그대로 음역한 말로서 "한번 말하여진 것"(단어)의 의미로 신약성경 혹은 성경에서 한 번만 출현하는 단어를 지칭하는 데 사용되는 전문용어이다. 복수형은 "하팍스 레고메나"(ἅπαξ λεγόμενα)이다. 히브리서에 사용된 1,083개의 어휘 중에서 이러한 "하팍스 레고메나"는 169 단어에 이르며, 그 중에는 히브리서 저자가 직접 조어한 어휘들도 많다.

9) 이 문제에 대한 설명은 본서의 "천사"에 대한 부설 I과 Lane, *Hebrews 1-8*, 17; 오토 미헬, 「히브리서」, 148 등을 참조하라.

10) 히브리어 구약 본문에는 이 어구가 없고, 칠십인 역(LXX)과 쿰란 사본(4QDeut)에는 서로 약간 다르게 이 어구가 나온다; Koester, *Hebrews*, 193을 참조하라. 본서에서 자주 나오는 "LXX"이라는 표시는 구약성경의 헬라어 번역본인 칠십인 역을, "MT"라는 표시는 구약성경의 히브리어 본문(마소라 본문, Masoretic Text)을 지칭하는 데 사용되었다.

11) 신약의 다른 구절들에서도 이 "맏아들"이라는 어휘를 부활과 연관시킨다(골 1:18; 롬 8:29; 계 1:5; 고전 15:20; 행 26:23).

12) 히브리어 구약본문(MT)에는 이 구절이 "바람(영)을 자신의 심부름꾼으로, 불꽃을 자신의 시종으로 삼으신다"라는 내용이나, 칠십인 역에서는 "천사들을 자신의 바람(영)으로, 일꾼들을 자신의 불꽃으로 삼으신다"라고 번역하였다. 하지만 칠십인 역의 목적어는 히브리어 구약본문과 동일하게 바뀔 수도 있다. 아무튼 이 구절은 바람의 빠름과 불의 능력을 천사의 어떠함과 견주어 말한 것일 수도 있다.

13) 이 연결어와 히브리서의 구조에 대한 설명은 Lane, *Hebrews 1-8*, xc-xcviii; George H. Guthrie, *The Structure of Hebrews: A Text-Linguistic Analysis*(Grand Rapids: Baker, 1998) 등을 참조하라.

14) "우리"라는 대명사가 히브리서 1:2에서처럼 히브리서 2:1에 한 번, 2:2에 두 번씩이나 나오고 있다. 또한 히브리서 2:1에 사용된 권유법 동사("우리가 흘러 떠내려가지 않도록": μήποτε παραρυῶμεν)는 설교자가 포함된 일인칭 복수형이다.

15) 공관복음서에는 주로 예수님의 탄생, 사역, 부활과 연관되어 천사들이 활동한 것으로 나타난다. 즉, 천사는 예수 그리스도의 탄생을 예언하고(눅 1:26-33), 알리며(눅 2:13), 아기 예수를 보호하고(마 2:13), 시험받으실 때 돕고(마 4:11), 그리스도를 수호할 준비를 하며(마 26:53), 겟세마네 동산에서 기도를 돕고(눅 22:43), 무덤의 돌을 굴려냈으며(마 28:2), 부활을 알렸다(마 28:6).

16) Carol A. Newman, "Angels"(Old Testament), ABD I: 248-53; Duane F. Watson, "Angels"(New Testament), ABD I: 253-5; I. Broer, "ἄγγελος" EDNT I: 13-16; 오토 미헬, 「히브리서」, 182-4 등을 참조하라.

17) 오토 미헬, 「히브리서」, 148, 182-3을 참조하라.

제 2 장

# 제 1 강해(히 2:5-18): "구원의 창시자 예수"

| | |
|---|---|
| 설교의 서론: | 히 1:1-2:4(구약의 일곱 말씀의 연쇄인용을 통하여) |
| **제 1 강해:** | **히 2:5-18(시 8:4-6에 대하여-시 22:22; 사 8:17-18과 함께)** |
| 제 2 강해: | 히 3:1-4:16(시 95:7-11에 대하여-창 2:2와 함께) |
| 제 3 강해: | 히 5:1-7:28(시 110:4에 대하여-창 14:17-20과 함께) |
| 제 4 강해: | 히 8:1-10:25(렘 31:31-34에 대하여-시 40:6-8과 함께) |
| 제 5 강해: | 히 10:26-11:40(합 2:3하-4에 대하여) |
| 제 6 강해: | 히 12:1-13(잠 3:11-12에 대하여) |
| 제 7 강해: | 히 12:14-29(출 19:12-13을 중심으로 시내 산과 시온 산에 대하여) |
| 설교의 결론: | 히 13:1-23(구약의 두 말씀 인용과 암시들을 통하여) |

본 문단(히 2:5-18)은 히브리서에서 저자가 구약성경을 인용하고 본격적으로 강해하는 첫 번째 경우이다. 이미 히브리서 1장에서 일곱 군데의 구약말씀이 연쇄적으로 인용되었지만, 그곳에서 설교자의 본격적인 강해가 이루어지지는 않았다. 그러나 본 문단에서 저자는 시편 8:4-6(8:5-7, LXX)을 인용하고 구체적으로 해석 작업을 수행한다. 이 과정에서 부차적으로 시편 22:22와 이사야서 8:17-18도 인용되고 있다.

히브리서 1:1-2:4에서는 예수 그리스도가 "하나님의 아들"로서 천사와 비교되었다면, 히브리서 2:5-18에서는 "사람" 혹은 "사람의 아들"로서 천사와 비교되고 있다. 예수 그리스도의 인성을 표현해 주는 "예수"라는 어휘가 히브리서에서 처음으로 본 문단에(히 2:9) 나오는 점도 이를 뒷받침한다. 본 문단은 천사보다 뛰어나신 분이 왜 잠시 동안 천사보다 못한 위치에 처하는 사람이 되셔서 고난과 죽으심을 통과해야 하셨는가를 감동적으로 역설하는 대목이다.

# I. 구조 분석

장르의 변화에 의하여 히브리서 2:5 이하가 새로운 문단임을 알 수 있다. 저자는 권면 혹은 경고(히 2:1-4)에서 다시 성경인용과 주해로 전환한다. 히브리서 2:5-18은 5절("천사들에게 복종하게 하심이 아니니라")과 16절("천사들을 붙들어 주려 하심이 아니니요")의 묶음쇄(천사에 관한 언급)에 의하여 새로운 한 단위를 이루고 있으며, 내용상 다시 5-9절과 10-18절의 두 개의 소단위로 나뉜다. 전자(5-9절)는 "아들의 낮아지심과 영광"에 관한 내용이며, 후자(10-18절)는 "백성을 위한 구원의 창시자와 대제사장이 되신 아들"에 관한 내용이다. 히브리서 저자는 본 문단을 통하여 이제 첫 번째 단원(히 1:1-2:18)의 결론을 내리며 두 번째 단원(히 3:1-4:16)으로 진입하기 위한 준비를 한다.

## 1. 히브리서 2:5-9의 구조

히브리서 2:5-9는 유대교 회당 랍비설교의 전형적 모델이다. 우선 서론적 명제 설정(5절)에 이어서 중심이 되는 성경인용(6-8상절)이 이루어지고 그에 대한 해석(8하-9절)으로 이어진다. 히브리서 2:6하-8상은 시편 8:4-6(8:5-7, LXX)의 인용이다. 시편 8:5에서 히브리 성경(MT)과 칠십인 역(8:6, LXX)사이에 중요한 차이점이 두 개 있다. 첫째는 "하나님"(MT) 대 "천사(들)"(LXX)이고, 둘째는 "조금"(MT) 대 "잠시 동안"(LXX)이다. 그리고 칠십인 역을 인용한 히브리서 본문이 칠십인 역과 히브리 성경 본문 모두와 다른 점은 "주의 손으로 만드신 것을 다스리게 하시고"라는 어구를 생략한 점이다. 이를 정리해 보면 다음과 같다:

| **히브리 성경**(MT) | **칠십인 역**(LXX) | **히브리서**(개역개정판) |
|---|---|---|
| (시 8:4-6) | (시 8:5-7) | (히 2:6하-8상) |
| 사람이 무엇이기에 | 사람이 무엇이기에 | 사람이 무엇이기에 |
| 주께서 그를 생각하시며 | 주께서 그를 생각하시며 | 주께서 그를 생각하시며 |
| 인자가 무엇이기에 | 인자가 무엇이기에 | 인자가 무엇이기에 |
| 주께서 그를 돌보시나이까 | 주께서 그를 돌보시나이까 | 주께서 그를 돌보시나이까 |
| 그를 **조금** | 그를 **잠시 동안** | 그를 **잠시 동안** |
| **하나님**보다 못하게 하시며 | **천사**보다 못하게 하시며 | **천사**보다 못하게 하시며 |
| 영광과 존귀로 | 영광과 존귀로 | 영광과 존귀로 |
| 관을 씌우시며 | 관을 씌우시며 | 관을 씌우시며 |
| 주의 손으로 만드신 것을 | 주의 손으로 만드신 것을 | |
| 다스리게 하시고 | 다스리게 하시고 | |
| 만물을 그 발아래에 | 만물을 그 발아래에 | 만물을 그 발아래에 |
| 복종하게 하셨느니라 | 복종하게 하셨느니라 | 복종하게 하셨느니라 |

## 2. 히브리서 2:10-18의 구조

히브리서 2:10-18은 앞 문단(5-9절)과 긴밀하게 연결되어 있다.

우선 9절과 10절이 다양한 주제어–"하나님, 영광, (죽음의) 고난, 모든 사람(많은 아들들)"–로 연결되어 있어서, 청자들은 이 문단과 이전 문단의 시편 8편 주제가 연결되어 있음을 알 수 있다. 또한 본 문단도 앞 문단과 같이 중심이 되는 세 군데의 성경인용들과 해석으로 이어지는 유대교 회당 랍비설교의 형식으로 되어 있다. 10–11절은 서론적 진술과 명제 제시이며. 이에 이어서 12–13절은 세 군데 구약인용으로 이루어지고, 14–18절은 그에 근거한 결론과 권면(18절)이다. 인용문의 핵심어휘와 결론간의 연결점을 다음과 같이 연결해 볼 수 있다:

| 히브리서구절 | 인용문 | 핵심 단어 | 적용된 구절 |
|---|---|---|---|
| 12절: | 시 22:22 | "형제들" | 히 2:17–18 |
| 13상: | 사 8:17 | "의지" | 히 2:17–18(비교. 히 3:1–6) |
| 13하: | 사 8:18 | "자녀들" | 히 2:14–16 |

이런 연유에서 본 문단은 유래 없이 많은 불변화사(주로 접속사)들로 연결되어 있다. 우선 10절의 "그러므로"를 위시하여, "–지라"와 "그러므로"(11절),[1] 인용문들을 이어주기 위하여 반복되는 두 번의 "또"(13절), "–매"(14절), "또"(15절), "이는 확실히"(16절), "그러므로"(17절), "–즉"(18절) 등이다. 이를 통하여 히브리서 2:10–18이 논리적으로 아주 긴밀하게 조직된 문단임을 알 수 있다.

# II. 본문 해설

## 1. 아들의 낮아지심과 영광(5-9절): 명제 제시 및 성경인용과 강해

> 2:5 하나님이 우리가 말하는바 장차 올 세상을 천사들에게 복종하게 하
> 심이 아니니라 6 그러나 누구인가가 어디에서 증언하여 이르되 사람이
> 무엇이기에 주께서 그를 생각하시며 인자가 무엇이기에 주께서 그를 돌
> 보시나이까 7 그를 잠시 동안 천사보다 못하게 하시며 영광과 존귀로
> 관을 씌우시며 8 만물을 그 발아래에 복종하게 하셨느니라 하였으니 만
> 물로 그에게 복종하게 하셨은즉 복종하지 않은 것이 하나도 없어야 하겠
> 으나 지금 우리가 만물이 아직 그에게 복종하고 있는 것을 보지 못하고
> 9 오직 우리가 천사들보다 잠시 동안 못하게 하심을 입은 자 곧 죽음의
> 고난 받으심으로 말미암아 영광과 존귀로 관을 쓰신 예수를 보니 이를
> 행하심은 하나님의 은혜로 말미암아 모든 사람을 위하여 죽음을 맛보려
> 하심이라.

5절의 명제 제시는 새로운 문단을 시작하는 동시에 이어지는 성경 인용과 해석을 위한 서론인데, 부정적인 명제이다: "하나님이 우리가 말하는 바 장차 올 세상을 천사들에게 복종하게 하심이 아니니라." 하나님의 아들이 천사보다 우월하심을 강조하는 또 다른 이유가 여기에 있다. 즉, 천사들에게는 현 세상이 돌보도록 주어졌으나(참조. 신 32:8),[2] "장차 올 세상"(τὴν οἰκουμένην τὴν μέλλουσαν)은 그렇지 않다는 말이다. "장차 올 세상"은 종말에 완성될 하나님의 나라를 말하는데, 히브리서에서는 "내세"(히 6:5) 혹은 "영구한 도성"(히 13:14) 등과 같이 표현되기도 하였다.

6상절("그러나 누구인가가 어디에서 증언하여 이르되")은 히브리서 저자가 성

경을 인용하는 일관된 방식 중의 하나이다. 이처럼 인용문의 책명이나 말한 이(예를 들면 다윗)를 명시하지 않은 데는 두 가지 정도의 이유가 있다. 첫째, 구약에서 말씀하시는 분은 하나님이시라는 것이 중요하지 그것을 받아 말한이나 책명은 상대적으로 중요하지 않다는 의미이다. 둘째, 이 말씀이 널리 잘 알려졌기 때문일 수 있다.[3] 이렇게 함으로써 히브리서 저자는 하나님의 말씀을 강조하는 효과를 낸다. 그는 곧바로 6하–8상절에 시편 8:4–6(5–7, LXX)을 길게 인용하되 위의 구조분석에서 보았듯이, 칠십인 역을 따르면서 마지막 구절의 일부를 생략한다. 그리고 8상–9절에 걸쳐서 이 시편을 예수 그리스도에게 적용하여 기독론적으로 해석한다.

히브리서 저자는 시편 8편의 "사람"과 "인자"(사람의 아들)를 "예수"로 보면서,[4] 인용한 시편과 맞추어 그 생애를 성육신과 죽으심(7상절의 "그를 잠시 동안 천사보다 못하게 하시며"), 부활과 승천(7하절의 "영광과 존귀로 관을 씌우시며"), 그리고 최후의 승리인 하나님 나라의 종말론적인 완성(8상절의 "만물을 그 발아래에 복종하게 하셨느니라")의 세 단계로 나눈다. 그는 8하절에서 곧바로 이 세 번째 단계는 아직 이루어지지 않았다고 밝히고,[5] 9절에서 처음 두 단계를 말한다. 히브리서 2:9는 히브리서에서 처음으로 "예수"(Ἰησοῦν)라는 명사가 등장하는 곳이다. 원문을 보면 이 명사는 히브리서의 다른 곳에서 일곱 번이 더 나오는데(히 3:1; 6:20; 7:22; 10:19; 12:2, 24; 13:20), 이 어휘가 모두 문장의 끝에 놓여서 신약에서는 유례를 찾아볼 수 없이 강조된 위치에 놓여 있다. 죽음을 이겨내신 이 예수는 지극히 높은 곳으로 올려지셔서 모든 반역하는 것이 종식될 때까지 기다리시며 다스리신다. 그래서 종말의 그날에는 온전한 굴복, 즉 만물의 복종이 이루어질 것이다(빌 2:9).

히브리서 2:9에서 예수께서 죽음을 맛보신 것에 대하여, 어떤 이는 의사가 음식을 먼저 맛보고 환자에게 권하듯이 예수 그리스도는 죽음을 맛보고 믿는 자들에게 "죽음을 불사하고 용감하여라"고 권한다고 해석하였다(John Chrysostom, Luther). 그러나 오히려 그분은 우리가 당할 것을 자신이 대신 취하심(죽으심)으로 우리를 죽음의 저주에서 해방하셨다(John Calvin).[6] 예수는 죽음을 통하여 죽음을 맛보시고(직접 경험하시고) 바로 그 죽음을 죽여 버리셨다. 소위 "죽음을 통한 죽음의 죽음"(death of death through death)을 가져오셨다는 말이다(히 2:14-15). 그래서 주님은 "부활이요 생명이" 되셔서 그를 믿는 자들은 "죽어도 살 것이며"(요 11:25), 또한 "사망아 너의 승리가 어디 있느냐 사망아 네가 쏘는 것이 어디 있느냐"(고전 15:55)라고 담대히 외칠 수 있게 되었다. 이외에 9절에는 논란이 많이 되었던 이문이 있다: "하나님의 은혜로"인가? 아니면 "하나님 없이" 혹은 "하나님을 제외하고"인가? 여러 각도에서 부분적으로 맞는 주장을 펴는 이문이었던 것은 사실이다.[7] 그러나 이 이문 단위에서 "하나님의 은혜로"가 사본적인 증거로나 인접 문맥, 그리고 히브리서 전체의 신학적인 측면에서 원문일 가능성이 더 높다.

원래 시편 8편의 언어와 주제는 창세기 1:26-28에 기반을 두고 있다: "하나님이 이르시되 우리의 형상을 따라 우리의 모양대로 우리가 사람을 만들고 그들로 바다의 물고기와 하늘의 새와 가축과 온 땅과 땅에 기는 모든 것을 다스리게 하자 하시고 하나님이 자기 형상 곧 하나님의 형상대로 사람을 창조하시되 남자와 여자를 창조하시고 하나님이 그들에게 복을 주시며 하나님이 그들에게 이르시되 생육하고 번성하여 땅에 충만하라, 땅을 정복하라, 바다의 물고기와 하늘의 새와 땅에 움직이는 모든 생물을 다스리라 하시니라." 즉, 창세기 1:26-28의 핵심사상은 사람이 하나님을 대표하는 왕적 대리자로 창조되었다는 것이다. 그러므로 "인간은 하나님의 형상으로 창조되었기 때문에, 인간은 자연에 대한 왕이며 하나님을 대신하여 세상을 통치한다."[8] 그러므로 이 시편은 전체적으로 첫 창조 안에서의 인간의 높은 지위에 대하여 하나님 앞에 드리는 놀라움과 감사의 찬양이다. 첫 사람 아담과 그 후손 인류에 관한 내용이며, 위대함과 동시에 죄 때문에 유발된 비천함을 지니고 있는 인간을 그리고 있다. 여기서 우리는 하나님의 형상으로 창조되어서 창조의 최고봉이 된 인간은 첫째로, 하나님을 향하여 올바로 반응하고 응답하며 그분만을 가치 있게 여기는 경배자이며, 둘째로, 동료 인간에 대하여는 동반자로 인식하고 받아 들여야 하며, 셋째로, 창조된 우주에 대하여는 관리자요 청지기의 관계에 있음을 알 수 있다.[9] 그러나 인간은 타락으로 말미암아 하나님의 자리를 우상으로 바꾸었고, 동료 인간을 경쟁과 착취의 대상으로 보게 되었고, 자연만물을 욕심의 대상으로 보고 유린하게 되었다. 이렇게 타락한 인간은 그리스도를 통하여 자신을 창조하신 분의 형상을 따라 새롭게 될 필요가 있다(골 3:10). 예수의 성육신, 고난과 죽으심, 부활과 승천, 최후의 승리로서의 하나님 나라의 완성은 하나님의 인간 창조의 원래 의도를 회복하는 사역이었다.

시편 8편은 하나님께서 인간을 향하여 말씀하시는 형태가 아니고 시인이 하나님을 향하여 말씀드리는 형식으로 되어 있으나, 창세기

1:26–28의 사상이 그대로 반복되고 있다. 시편 8:5("그를 하나님보다 조금 못하게 하시고 영화와 존귀로 관을 씌우셨나이다")는 창세기 1:26에 나오는 하나님의 형상을 암시하며, 또한 시편 8:6–8은 창세기 1:26의 복사판임이 분명하다. 그러나 칠십인 역에서 5절 전반부에 나오는 "엘로힘"(אֱלֹהִים, "하나님" 혹은 "신들"로 번역될 수 있는 히브리어)을 "천사"로 번역하고 이를 히브리서 2:6–8에서 인용함으로써 인간의 존엄성을 낮추게 하는 오해를 자아냈다.[10] 그러나 시편 8:5의 의미는, 인간이 하나님의 형상으로 지음을 받은 유일한 피조물이며 인간보다 뛰어난 피조물이 없으므로 천사보다 낮은 존재가 아니며 하나님보다 조금 낮지만 영광과 존귀로 관을 씌워주신 존재라는 의미이다. 그러므로 인간은 하나님의 왕적인 대리자로 모든 창조된 세계를 다스리는 존재로 지음을 받았다고 시인은 찬양하고 있다(시 8:6–8).

시편 8:4–6은 신약성경에서 예언의 의미로 이해되고 있다: 4절에 나오는 "인자"(son of man)는 예수를 지칭하는 것으로 해석되고, 4–6절에서는 예수의 고난과 죽으심 그리고 부활과 승천을 의미하는 것으로 해석함으로써 하나님의 첫 "창조사역"(Creation)과 예수 그리스도를 통한 "구속사역"(Redemption)을 연관시키고 있다.[11] 초대교회는 시편 8편에서 언급한 세상을 지배하는 인간의 역할(시 8:6–8)이 부활과 승천 안에서 예수 그리스도가 다스린다는 관점으로 보는 기독론적 의미를 부여하였다(고전 15:27; 엡 1:22; 히 2:6–8). 시편 8편의 원래 의미와 문맥 가운데는 표현되지 않았기 때문에, 그렇게 해석하는 것은 아주 새로운 의미를 부여한 것처럼 보인다. 그러나 이 시편의 사상이 기독론적으로 발전되는 것이 자연스러운 면이 있는데, 인간의 역사 속에서 이 일이 한 번도 이루어진 적이 없기 때문이다. 히브리서 저자나 바울의 글 속에서 표현된 대로 이것은 역사적으로 부활하신 그리스도에게서 성취되었다.[12)]

시편 8편에 대한 이러한 기독론적 해석의 대표적인 예가 히브리서 2장이다. 히브리서 저자는 시편 8편을 첫 사람 아담 혹은 인간에게만 적용한 것이 아니라 예수 그리스도에게도 적용하고 있다. 이미 밝힌 바와 같이, 히브리서 2:5-9는 시편 8:4-6의 인용과 그 해석이다. 그리스도의 사건은 히브리서 2:9와 구속받은 그리스도인들도 천사들보다 뛰어남을 암시하는 히브리서 2:14-16(특히 16절, "이는 확실히 천사들을 붙들어 주려 하심이 아니요 오직 아브라함의 자손을 붙들어 주려 하심이라")과 더불어 인간의 회복을 말하고 있다. 또 히브리서 2:5-9는 고린도전서 15:27-28과 더불어 예수 그리스도의 성육신과 죽으심, 부활승리와 승천을 통하여 창세기 1:26-28이 완전히 이루어졌음을 말하고 있다.[13)] 다시 말하면, 히브리서 2:5-9은 시편 8편을 통해 "예수님을 새로운 인간의 원형으로 묘사하면서 바로 인간의 원초적 소명과 역할을 예수님께서"[14)] 이루셨음을 선언한다. "첫 인간 아담"과 그 후손이 아담의 타락으로 말미암아 이루지 못하였던 창세기 1장의 지위와 소명이 "마지막 아담 예수"(고전 15:45; 롬 5:12-21)를 통하여 이루어졌다.

첫 번째 사람(아담)과 그에 속했던 인류가 하나님의 대리자로서 왕적 권세를 누리지 못하고 오히려 만물에게 종노릇하며 죽음에 굴복하였다면(히 2:15), 마지막 사람(아담) 예수와 그에게 속한 인류는 하나님께 순종함을 통하여(히 5:8) 인간 본래의 지위와 소명을 온전히 완성시키게 되었다. 예수 그리스도가 천사보다 잠시 동안 못하게 되어 사람의 아들(son of man)로 오신 것은 죄 없는 인간이 되셔서 고난과 십자가 사건을 통하여 인간의 죄를 담당하시기 위함이었으며(히 2:7, 9), 인간 본연의 형상과 영광을 회복하고 그 사명을 회복하기 위함이었다. 그러므로 그리스도의 구속사건을 통하여 인간은 하나님의 왕적 대리자로서 창조의 면류관을 다시 쓰게 되었다. 아담은 옛 창조의 대표인간이었으나 예수 그리스도는 새 창조의 수장이며 오는 세상의 통치자이시다(히 2:5, 8; 참조. 롬 5:12-21; 빌 2:6-11). 예수 그리스도는 첫 사람 아담이 그르쳐 놓은 모든 것을 끝내버리시고 새로운 길을 여신 "마지막 아담"이시다(고전 15:45). 예수님은 인류의 진정한 대표자로서 인간의 조건을 갖추셔야만 했다. 인류 구원의 길을 걸으시는 것뿐만 아니라 하나님 앞에서 백성의 대제사장의 역할을 효과적으로 행하셔야 했다. 이는 그가 인간이 되셔야 하는 것뿐만 아니라 인간의 죄 때문에 고난과 죽음을 맛보셔야 함을 의미한다. 그러므로 "천사보다 얼마나 뛰어나신 분"인지를 아무리 강조해도 지나침이 없으신 그분은 "천사보다 잠시 동안 못하게 되셔야" 했다.

## 2. 구원의 창시자와 대제사장이 되신 하나님의 아들 예수(10-18절)

> 2:10 그러므로 만물이 그를 위하고 또한 그로 말미암은 이가 많은 아들들을 이끌어 영광에 들어가게 하시는 일에 그들의 구원의 창시자를 고난을 통하여 온전하게 하심이 합당하도다 11 거룩하게 하시는 이와 거룩하게 함을 입은 자들이 다 한 근원에서 난지라 그러므로 형제라 부르시기를 부끄러워하지 아니하시고 12 이르시되 내가 주의 이름을 내 형제들에게 선포하고 내가 주를 교회 중에서 찬송하리라 하셨으며 13 또 다시 내가 그를 의지하리라 하시고 또 다시 볼지어다 나와 및 하나님께서

> 내게 주신 자녀라 하셨으니 14 자녀들은 혈과 육에 속하였으매 그도 또
> 한 같은 모양으로 혈과 육을 함께 지니심은 죽음을 통하여 죽음의 세력
> 을 잡은 자 곧 마귀를 멸하시며 15 또 죽기를 무서워하므로 한평생 매
> 여 종노릇 하는 모든 자들을 놓아 주려 하심이니 16 이는 확실히 천사
> 들을 붙들어 주려 하심이 아니요 오직 아브라함의 자손을 붙들어 주려
> 하심이라 17 그러므로 그가 범사에 형제들과 같이 되심이 마땅하도다
> 이는 하나님의 일에 자비하고 신실한 대제사장이 되어 백성의 죄를 속량
> 하려 하심이라 18 그가 시험을 받아 고난을 당하셨은즉 시험 받는 자들
> 을 능히 도우실 수 있느니라.

히브리서 2:10-18은 앞에서 이루어진 성경강해(2:5-9)의 결론과 그 적용이라고 볼 수 있다. 물론 새로운 구약인용이 세 군데서 이루어지고 해석도 뒤따르지만, 중심 기조는 시편 8편의 인용과 그 해석(히 2:5-9)에 두고 있다. 앞 문단에서 설명한 낮아지신 예수님에게 초점을 맞추면서, 본 문단에서는 하나님의 아들과 그 백성간의 "연대감"이라는 주제가 두드러진다.

10절의 "만물이 그를 위하고 또한 그로 말미암은 이"는 9절에 나온 하나님을 받는 대명사를 선행사로 두고 있기 때문에 "하나님"을 가리킨다. "많은 아들들을 이끌어 영광에 들어가게 하시는 일"은 바로 앞 문단에서 설명하였듯이, 아들의 낮아지심(성육신과 죽으심)과 높여지심(부활과 승천)을 통하여 이루신 하나님의 새로운 백성 만드는 사역이며, 많은 아들들은 그 백성이요 재창조의 열매들이다(요 12:24; 롬 8:29). 히브리서 2:10은 인류 회복의 구속계획에 대한 하나님의 심정이 잘 표현된 구절이다. 이 구절에 예수님을 표현하는 독특하고 중요한 어휘 "아르케고스"(ἀρχηγός)가 나오는데, 그 의미는 "창시자, 인도자, 챔피언" 등

의 뜻이 있다. 그러나 한글 성경에서는 흔히 "주"로 번역되어서 그 의미가 부각되지 못하였으나 최근에는 달라지고 있다.

이 "아르케고스"(ἀρχηγός)라는 어휘는 신약에서 단 네 번밖에 나오지 않으며(히 2:10; 12:2; 행 3:15; 5:31), 신약에 수없이(719번) 나오고 우리가 잘 알고 있는 "주(님)"="퀴리오스"(κύριος)와는 상이한 단어이다. 그래서 "주"라고 번역하면 혼돈을 줄 수 있다. 이 어휘는 "인도자, 창시자, 설립자, 원천, 주인, 선구자, 개척자, 챔피언"(leader, founder, originator, author, champion, pioneer) 등 그 의미범위가 넓은 단어이기 때문에, 적합한 의미는 문맥 속에서 결정되어야 한다. 다음과 같이 한글 번역본들을 비교해 보면 이 어휘의 번역이 얼마나 어려운지를 짐작할 수 있다:

| | 히 2:10 | 히 12:2 | 행 3:15 | 행 5:31 |
|---|---|---|---|---|
| 표준새번역(개) | "창시자" | "창시자" | "근원" | "영도자" |
| 개역(개) | "창시자" | "주" | "주" | "임금" |
| 공동번역(개) | "창시자" | "근원" | "주관하시는 분" | "지도자" |

"아르케고스"는 어원적으로 "처음"이라는 말과 "인도하다"라는 말의 합성어이기 때문에 "인도자"나 "창시자"가 무난하나, 전사나 우승자의 개념이 있는 "챔피언"의 의미도 있다. 이 "아르케고스"를 "인도자"로 번역할 경우, 예수는 하나님의 백성을 죄와 사망의 세력과 속박에서 해방하고(히 2:14-15) 하나님께로(혹은 그분의 안식으로) 이끌어 가는 인도자시며(히브리서 3-4장), 또한 믿음의 경주의 최초주자인 동시에 완주자시며(히 12:2), 성소에 들어가신 선두주자이시다(비교. 히 6:10). "창시

자"로 번역할 경우, 예수는 구원과 생명의 주인인 동시에 창시자시며(히 2:10; 행 3:15; 비교. 히 5:9) 믿음의 창시자인 동시에 완성자시다(히 12:2). 그리고 이 "아르케고스"는 사망의 권세를 잡은 자와 그 사망을 쳐부수고 억눌린 자를 해방시키는 전사요 "챔피언"으로도 번역할 수 있다(히 2:14-16).[15] 히브리서 저자는 이렇게 "구원의 창시자"인 아들 예수를 고난을 통하여 온전하게 하신 하나님의 일이 합당한 것이라고 역설한다. 예수 그리스도는 백성을 대표하고 앞서가는 구원의 "창시자"와 "인도자"로서 구원의 길을 열기 위하여 고난과 죽음을 뚫고 부활하셔서 하나님 앞으로 이제 들어가셨다.

여기서 부정사로 사용된 "온전하게 하였다"(τελειῶσαι)라는 동사는 구약(LXX)의 "제사장에게 그 직무를 맡기는 성별의식을 하다"(출 29:9, 33; 레 4:5; 21:10; 민 3:3)라는 동사와 동일하고, 동시에 11절의 "거룩하게 하다"라는 의미와도 동일시되며, 온전하게 되신 예수의 영광과 고난은 9절의 죽음의 고난과 영광과 존귀로 관 쓰신 예수의 사역과도 연결된다.[16] 온전함에 대한 주제는 히브리서에서 두드러진 주제 중의 하나인데, 여기서 예수의 온전함은(비교. 히 5:8-9; 7:28) 기능적인 암시이다. 즉, 예수께서 제사장 직무를 수행하기 위해 부족함 없이 준비되어 하나님이 임재하시는 초월적인 영역에 접근하실 수 있음을 의미한다(히 4:14; 6:19-20; 9:11-12, 24; 10:19-20). 온전한 대제사장은 백성의 경험을 공유해야 하며 그래야 그들을 동정할 수 있다. 그리스도는 혈육에 함께 속한 이들과 함께 그리고 그들을 위하여 고난을 당하심으로, 그들의 대제사장으로서 온전하게 되셨다. 그의 고난은 대속적이지만, 동시에 자발적인 것이었다(요 10:15, 18). 하나님의 아들은 그 백성의 온전한 구원자가 되기 위하여 고난과 죽음을 견뎌내야 하셨다. 그렇게 함으로써 그는 자기 백성이 하나님께로 나가야 할 길을 여시고 또 먼저 가신 "창시자"요 "안내자"가 되셨다.

11절에서 "거룩하게 하시는 이"는 아들이며 "거룩하게 함을 입은 자들"은 그리스도인들임이 확실하다. 이 둘이 하나에서 난 것은 예수께서 그리스도인들과 동일한 인성을 지니고 있음을 의미하고 또한 각각이 하나님의 아들(Son of God)과 하나님의 아들들(sons of God)임을 의미한다. 그리스도는 하나님께 순종하여 자신의 몸을 드림으로써 혈육에 속한 자들을 거룩하게 하셨다(히 10:10). 히브리서 저자는 11절 말미에서 예수께서 그리스도인들을 "형제라 부르시기를 부끄러워하지 아니하셨다"라고 확언하면서(비교. 히 11:16; 막 8:38; 눅 9:26), 이 형제관계를 설명하고 입증하기 위하여 다음 두 구절(12-13절)에서 세 군데의 구약말씀을 인용한다.

첫 번째 인용은 시편 22:22(21:23, LXX)("내가 주의 이름을 내 형제들에게 선포하고 내가 주를 교회 중에서 찬송하리라")인데, 예수께서 죽음에서 부활하시고 나서 "내 형제들에게" 이 사실을 알리라고 하신 말씀(마 28:10; 요 20:17)과 흡사하다. 시편 22편은 고난과 고통을 겪는 의인이 하나님께 구원을 청하고(전반부-숨어계신 하나님) 그 구원을 노래하는 공적인 감사의 시이다(후반부-신원하시는 하나님). 초대교회는 예수 그리스도의 수난서사(막 15:34; 마 27:35, 39, 43, 46)에서 이 시편을 예수님에 대한 예언으로 받아들이고 있으며 히브리서 저자도 동일한 전승과 해석의 연장선상에 있다. 여기서는 예수 그리스도께서 화자이신데, 십자가에 못 박혔던 동일한 화자가 이제는 존귀하게 되신 그리스도이심이 분명하다. 그 고난을 인하여 이제 그는 새로운 인류의 수장이 되셨다.

두 번째 인용은 이사야서 8:17하("내가 그를 의지하리라")이다. 첫째와는 달리 문맥과 잘 맞지 않는 인용 같지만 "신약성서에 인용된 주요한 구약성서의 구절들은 그 문맥을 도외시한 채 인용되지 않고 오히려 그 문맥을 함께 가지고 온다"는 주장에 귀를 기울일 필요가 있다.17) 이사야의 문맥은, 이사야의 구원과 심판에 대한 예언이 왕이나 백성으로부터 아무런 반응을 얻지 못하자 그 예언을 봉하여 그의 제자들(남은 자들)에게 주어 그 성취의 때가 올 때까지 안전하게 보존하도록 한 것이다. 그 때가 되면 그가 말한 것이 하나님의 진실한 말씀이었음이 분명해질 것이다. 이런 의미에서 하나님은 얼굴을 숨기신다는 내용이 시편 22편과 연결이 된다. 이사야의 예언활동에는 오시는 왕과 남은 자들 간의 긴밀한 관계가 있었다. 이사야의 경우에 그 남은 자들은 그의 제자들과 가족들이다(사 8:16). 이 관계는 히브리서의 내용인 아들과 그 형제들 간의 관계와 흡사하다.

세 번째 인용은 이사야서 8:18상("볼지어다 나와 및 하나님께서 내게 주신 자녀라")인데, 두 번째 인용 직후에 단지 "또 다시"라는 어구로만 연결되어 있다. 여기서는 이사야의 가족이 직접적으로 언급되고 있다. 이사야의 예언에 백성들은 관심을 쏟지 아니하였다. 그의 이름은 "여호와는 구원"이라는 의미이며, 그의 두 아들의 이름, "스알야숩(Shear-jashub, 사 7:3)"="남은 자가 돌아오리라"과 "마헬살랄하스바스(Maher-shalal-hash-baz, 사 8:3)"="신속한 약탈 급속한 탈취"는 그의 메시지의 주제를 나타낸다. 이 구절에는 이사야의 믿음과 확신이 표현되어 있는데, 그것은 하나님을 순종하고 신뢰함 그리고 자신에게 주신 메시지를 이루실 것에 대한 확신이다. 하나님의 아들이 아버지를 신뢰함에 대하여 하나님이 그를 존귀하게 해주심으로 신원해주셨다. 이 사실은 믿는 자들에게 계시되었고, 그들에 의하여 선포되었다. 그리스도가 하나님 우편에서 이 땅 위의 그리스도인들을 대표하고 계신 것과 같이 그리스도인들은 이 땅 위에서 그리스도를 대표하고 있다. 그리스도인들이 "그리스도의 자녀"라고 표현된 것은 신약성경에서 히브리서만의 특징이나, 그 암시가 이사야서 53:10("그 씨")에 나오고 있다.

원문으로 히브리서 2:14-15는 잘 짜인 하나의 장문이다. 여기서 예수님의 성육신의 목적이 언급된다. 즉, 하나님이 그리스도에게 주신 자녀들, 즉 육과 혈로 창조된 사람들을 위하여 죽으시기 위하여 하나님의 아들은 사람이 되셨다. 14절의 사망의 왕자가 여기서 마귀로 밝혀진다(비교. 요일 3:8). 예수님은 죽으심으로(through death) 죽음의 죽음(death of death)이 되셔서, 백성을 움켜쥐고 있는 마귀의 손아귀를 분쇄하고 그 백성들을 해방하셨다. 여기서 우리는 전사(warrior) 혹은 "챔피언"이 되시는 예수 그리스도의 모습을 발견할 수 있다(사 49:24-26).[18] 인간이 되시는 것만으로도 하나님의 아들은 사망을 정복하실 수 있었는데, 이는 구원의 창시자가 없는 인간만으로는 도무지 이룰 수 없는 일이다. 그가 죽음을 정복하기까지는 죽음이 아직 살아있었다. 그가 오시기 전에도 부활신앙은 있었으나, 그의 부활하심이야말로 비로소 생명과 썩지 않을 것을 현실로 가져왔으며(딤후 1:10), 그 부활신앙에 더 견고한 기초를 제공했다. "또 죽기를 무서워하므로 한평생 매여 종노릇 하는 모든 자들"(15절)이라는 표현에서 우리는 히브리서 수신자들의 삶의 정황을 미루어 짐작해 볼 수 있다. 그들은 무엇인가에 의

하여 목숨의 위협을 받고 있었음이 분명하다. 인간에게 죽음에 대한 공포는 가장 강력한 공포이다. 그러나 그리스도의 죽으심으로 그리스도의 형제와 자매들에게는 그의 죽음이 심판이 아니라 축복이며, 속박이 아니라 해방이 되었다. 목회자 혹은 설교자로서의 히브리서 저자의 목회적 돌봄이 돋보이는 부분이다.

16절에서 히브리서 저자는 예수께서 사람이 되신 것은 사람들을 구원하시기 위함이었음을 밝힌다. 그가 관심을 두고 있는 것은 천사가 아니라 아브라함의 자손들이다. 하나님의 아들은 우리와 같은 혈육에 속함으로 아브라함의 아들이 되셨다(마 1:1). 그렇게 되심으로 그는 모든 아브라함의 자손들의 돕는 자와 해방자가 되셨다. 여기서 아브라함의 자손들을 그의 생물학적인 자손으로만 제한해서는 안 되는데(갈 3:7), "아브라함의 자손"이라는 어구는 구약에서 흔히 이스라엘 백성을 의미하였으나 신약에서는 그리스도인을 뜻하기 때문이다(롬 4:12; 약 2:21).

17절에서 히브리서 저자는 주님이 그의 형제들과 동일시 된 사실을 주님의 대제사장직과 연결시키고 있다. 이 구절은 "대제사장"="아르키에류스"(ἀρχιερεύς)라는 어휘가 히브리서에서 처음 등장하면서 예수를 대제사장으로 소개하는 곳인데, 이 어휘는 10절의 "창시자," 즉 "아르케고스"(ἀρχηγός)와 더불어 히브리서의 수신자들의 정황에 민감하게 적용될 수 있는 기독론적인 독특한 용어들이다. 어떤 정황인지는 모르지만, 이러한 형제들을 섬기기 위하여 예수는 온전히 그들과 같아야 되지만 죄는 없어야 된다(히 4:15). 그는 그들과 동일한 조건에서 그들을 위하여 고난을 받으셨고, 그 고난을 통하여 제사장으로서 모든 면에서 온전하게 되셨다.

17–18절은 히브리서 1:1–2:16의 결론이기도 하고, 이후에 나오는 내용들의 암시이기도 하다. 17절에서 "하나님의 일에 <u>자비하고 신실한</u> 대제사장"(<u>ἐλεήμων</u> καὶ <u>πιστὸς</u> ἀρχιερεὺς τὰ πρὸς τὸν θεόν)으로 표현된 내용은 이어서 나오는 히브리서 3장부터 5장 초반에서 상술된다: 대제사장 예수 그리스도의 신실하심(히 3:1–4:14)이 먼저 그리고 자비하심(히 4:15–5:10)이 나중에 나온다. 또한 17–18절의 주제는 히브리서 7–13장에서 발전된 제사장 주제(히브리서 7:1–10:24)와 그리스도인들이 시험 가운데 이기는 주제(히브리서 10:25–13장)에 대한 암시이다. 예수님은 자비로우신데 이는 고난과 시련을 통하여 그 백성을 동정하실 수 있기 때문이며(히 4:15), 그는 충성스러우신데 이는 끝까지 참으셨기 때문이다. 대제사장은 하나님과 관계된 일에서 희생이 필요한데, 그 중에 가장 중요한 것은 죄의 문제와 연관된 측면이다. 성육신의 목적은 그의 죽으심을 통하여 백성의 죄를 대속하기 위함이다. 바로 이것의 그림자가 구약의 제사제도이다.

18절은 결론적인 진술이기도 하지만, 권면의 성격도 배제할 수 없는 내용이다. 주님은 심한 시련–우리 인간의 편에서 만나는 시련과 유혹 즉, 메시아적인 부르심에 관련된 유혹–을 견디시고 승리하신 분이다. 우리와 동일하지만 더 심한 유혹과 시련 속에서도 승리한 구원의 창시자("아르케고스")와 중보자("대제사장")로서 우리 인간들을 위하여 하나님 앞에 서 계신 이분–이 얼마나 놀라운 힘의 원천인가!

## III. 개인 묵상이나 그룹 토론(설교 구상)을 위한 질문

1. 본문에서 히브리서 저자의 성경해석의 어떤 특성을 발견할 수 있나?
2. 왜 예수 그리스도는 천사보다 잠시 동안 못하게 되셔야 했나?
3. 창세기 1장 26-28절, 시편 8편, 그리고 히브리서 2장 5-9절을 비교하여 읽어보고 인간의 지위와 사명, 예수 그리스도의 사역의 의미를 묵상해 보라.
4. 예수께서 구원의 "창시자"가 되셨다는 의미는 무엇인가?
5. 지금 내가 겪고 있는 시험은 무엇이며, 그 삶의 현장에서도 예수님은 도우실 수 있다는 확신이 드는가?

# 주(註)

1) 원문에는 11절에도 10절에서 "그러므로"라고 번역된 동일한 접속사 "가르"(γάρ)가 있다.

2) 신명기 32:8하의 칠십인 역에는 "(하나님께서) 천사들(히브리 본문에는 "하나님의 아들들")의 수효대로 민족들의 경계를 갈라놓으셨다"고 되어 있다. 신약의 다른 책들에서는 악하고 적대적인 천사들에 관한 언급이 주로 나오고 있으나(엡 6:12), 히브리서는 천사들의 긍정적인 측면을 보여준다.

3) Lane, *Hebrews 1-8*, 46과 이호기 역주, 「히브리서」(왜관: 분도출판사, 1998), 39를 참조하라.

4) 히브리서 저자는 8절 후반에 대명사 "그"로 표현하다가 드디어 9절에서 "예수"가 "그"임을 밝힌다. 또한 그는 9절에서, "오직 우리가 천사들보다 잠시 동안 못하게 하심을 입은 자 곧 죽음의 고난 받으심으로 말미암아 영광과 존귀로 관을 쓰신 예수를 보니"라고 인용구를 반복하면서, 그분이 바로 예수이심을 설명하고 있다.

5) 예수 그리스도의 십자가와 부활의 승리는 영원한 하나님 나라의 보증이 된다. 예수 그리스도의 초림과 사역으로 "이미"(already) 그 나라는 시작되었고 그 종말론적인 완성의 기반을 닦으셨으나 그 완성은 "아직" 이루어지지 "않았다"(not yet). 우리는 그 완성을 향하여 가고 있다. 그러므로 이 "이미"(already)와 "아직은 아닌"(not yet) 사이의 긴장, 소위 종말론적인 긴장(eschatological tension)의 시기에 우리는 살고 있다. 그래서 히브리서 저자는 이러한 종말론적인 틀 속에서 "만물로 그에게 복종하게 하셨은즉 복종하지 않은 것이 하나도 없어야 하겠으나 지금 우리가 만물이 아직 그에게 복종하고 있는 것을 보지 못한다"(8절하)고 말하고 있다. 신약성경에서 시편 8:6하("만물을 그 발아래에 복종하게 하셨느니라")는 거의 예외 없이 시편 110:1("내가 네 원수로 네 발등상이 되게 하기까지 너는 내 우편에 앉아 있으라")과 함께 인용되고 있는데(고전 15:25-27; 엡 1:20-22; 빌 3:21; 벧전 3:22), 이는 신약의 기자들이 공통된 해석전승을 지니고 있었다는 것을 보여주는 증거이다. 히브리서에서도 히브리서 1:13에서 이미 시편 110:1이 인

용되었다. 고린도전서 15:25-27에서도 25절은 시편 110:1의 인용이고 27절은 시편 8:6의 인용이다.

6) Koester, *Hebrews*, 218을 보라.

7) 히브리서 2:9에서 주요 사본들에 나와 있는 "하나님의 은혜로"="카리티 테우"(χάριτι θεοῦ) 대신에 몇몇 사본들과 번역본 그리고 교부들(오리겐, 제롬, 암브로스 등)의 글에는 "하나님 없이"(혹은 제외하고)="코리스 테우"(χωρὶς θεοῦ)로 되어 있는데, 문장의 내용상으로는 두 가지가 다 가능하다. 몇몇 동방과 서방의 교부들은 예수께서 하나님의 신분으로 고난을 받으실 수 없었음을 암시하는 것으로 이 구절을 해석하였고, 일부 현대학자들도 "하나님 없이"가 교리적으로 혹은 더 어려운 이문이기 때문에 원문이었을 것이라고 추측하기도 한다(Harnack, Zuntz, Elliott 등). 이럴 경우, 그 해석의 가능성들은 여럿이다: 1) 예수께서 하나님이 아닌 인간으로서 죽으셨다; 2) 예수께서 하나님을 제외한 모든 인간을 위하여 죽으셨다; 3) 예수께서 하나님께 버림받은 상태에서 죽으셨다(갈 3:13; 막 15:34); 4) 그리스도는 하나님을 제외한 만물을 자신의 지배하에 놓고자 한다 등이다. 그러나 "하나님의 은혜로"를 원문으로 본다면, 본문의 더 자연스러운 문맥과 함께 하나님께서 예수 그리스도를 도와주셔서 모든 사람이 겪는 죽음을 체험하게 하셨으며 그 죽음이 모든 사람의 구원과 영광의 근원이 되었다는 의미가 된다. "하나님 없이"라는 어구가 예수의 고난에 대한 히브리서의 강조(히 5:7-8; 12:2; 13:12-13)와 맞아떨어지는 듯하나, "하나님의 은혜로"가 히브리서의 스타일과 강조점(히 4:16; 10:29; 12:15, 28; 13:9)과 더 부합되며 바로 다음 문맥과도 맞는다(히 2:10). 참조. 브루스 M. 매츠거, 「신약 그리스어 본문주석」, 2판, 장동수 역 (서울: 대한성서공회 성경원문연구소, 2007), 575; Lane, *Hebrews 1-8*, 43; 이호기 역주, 「히브리서」, 40; 오토 미헬, 「히브리서」, 193-5; Koester, *Hebrews*, 217-8.

8) Gordon J. Wenham, *Genesis 1-15*, Word Biblical Commentary (Waco: Word Books, 1983), 33.

9) 류호준, 「우리와 같은 그분이 있기에: 히브리서」 (서울: 크리스챤다이제스트, 1998), 81-2.

10) King James Version, New International Veirsion, New American Standard Bible, New Revised Standard Version, New Jerusalem Bible 등 유수의 영어 번역들과 표준새번역개정판, 공동번역개정판, 개역개정판 등의 한글 번역들은 이 구절을 모두 "천사"가 아닌 "하나님"으로 번역하였다. 그리고 Craigie, Kidner, Weiser 등과 같은 시편 주석가들도 이렇게 번역하며 주석하고 있다: Peter C. Craigie, *Psalms 1-50*, Word Biblical Commentary (Waco: Word Books, 1983), 104-10; Derek Kidner,

*Psalms 1-72*, Tyndale Old Testament Commentaries (Downers Grove: Inter-Varsity Press, 1973), 65-8; Arthur Weiser, *The Psalms*, Old Testament Library (London: SCM, 1962), 139-46.

11) Weiser, *The Psalms*, 145을 참조하라.

12) Craigie, *Psalms 1-50*, 110을 참조하라.

13) Lane, *Hebrews 1-8*, 43-50; F. F. Bruce, *The Epistle to the Hebrews*. The New International Commentary on New Testament, rev. ed. (Grand Rapids: Eerdmans, 1990), 69-77; Donald A. Hagner, *Hebrews*. New International Biblical Commentary (Peabody: Hendrickson, 1990), 44-7; Attridge, *Hebrews*, 69-77; Donald Guthrie, *Hebrews*. Tyndale New Testament Commentary (Leicester: Inter-Varsity Press, 1983), 83-7 등을 참조하라.

14) 류호준,「우리와 같은 그분이 있기에: 히브리서」, 87-8.

15) 더 상세한 것은 Lane, *Hebrews 1-8*, 56-7; 오토 미헬,「히브리서」, 199-203; Koester, *Hebrews*, 228-9; Paul-Gerd Müller, "ἀρχηγός," *EDNT*, I: 163-4 등을 참조하라.

16) Attridge, *Hebrews*, 83-7; Lane, *Hebrews 1-8*, 57-8; Koester, *Hebrews*, 122-25 등을 참조하라.

17) Bruce, *The Epistle to the Hebrews*, 82-3을 참조하라.

18) Lane, *Hebrews 1-8*, 61-3을 보라.

제 3 장

# 제 2 강해(히 3:1-4:16): "안식에 들어가자"

| | |
|---|---|
| 설교의 서론: | 히 1:1–2:4(구약의 일곱 말씀의 연쇄인용을 통하여) |
| 제 1 강해: | 히 2:5–18(시 8:4–6에 대하여–시 22:22; 사 8:17–18과 함께) |
| **제 2 강해:** | **히 3:1–4:16(시 95:7–11에 대하여–창 2:2와 함께)** |
| 제 3 강해: | 히 5:1–7:28(시 110:4에 대하여–창 14:17–20과 함께) |
| 제 4 강해: | 히 8:1–10:25(렘 31:31–34에 대하여–시 40:6–8과 함께) |
| 제 5 강해: | 히 10:26–11:40(합 2:3하–4에 대하여) |
| 제 6 강해: | 히 12:1–13(잠 3:11–12에 대하여) |
| 제 7 강해: | 히 12:14–29(출 19:12–13을 중심으로 시내 산과 시온 산에 대하여) |
| 설교의 결론: | 히 13:1–23(구약의 두 말씀 인용과 암시들을 통하여) |

히브리서 3–4장은 히브리서 전체 설교 속의 두 번째 작은 설교, 즉 두 번째 성경강해를 형성하면서 모세와 여호수아보다 더 뛰어나신 예수를 그리고 있다. 여기서는 시편 95편이 인용되고 해석된다. 히브리서 4장에서 활용되는 창세기 2:2는 부차적인 본문 역할을 한다. 중심주제는 구약인용문의 내용과 연결된 안식의 문제이다. 히브리서 3–4장은 하나님의 백성의 진정한 고향은 그리스도 안에서의 안식임을 역설한다.

# I. 구조 분석

앞에서 언급하였듯이 히브리서 2:17-18은 히브리서 1:1-2:16까지의 결론이며 이후에 나오는 내용들의 암시이다. 특히 히브리서 2:17의 "자비하고 신실한 대제사장"(ἐλεήμων καὶ πιστὸς ἀρχιερεύς)으로 표현된 주제는, 히브리서 3:1-4:14에서 "대제사장 예수 그리스도의 신실하심"으로, 히브리서 4:15-5:10에서 "대제사장 예수 그리스도의 자비하심"으로 각각 재연된다. '대제사장' 주제가 겹치긴 해도 본서에서는 히브리서 3-4장을 한 단위로, 히브리서 5-7장을 또 다른 한 단위로 묶었다. 긴 문단 히브리서 3:1-4:14에는 처음과 끝인 3:1("그러므로 함께 하늘의 부르심을 받은 거룩한 형제들아 우리가 믿는 도리의 사도이시며 대제사장이신 예수를 깊이 생각하라")과 4:14("그러므로 우리에게 큰 대제사장이 계시니 승천하신 이 곧 하나님의 아들 예수시라 우리가 믿는 도리를 굳게 잡을지어다")에 ἀρχιερέα τῆς ὁμολογίας Ἰησοῦν과 ἀρχιερέα Ἰησοῦν τῆς ὁμολογίας가 묶음쇄로 위치해 있다. 그러나 이렇게 되면 히브리서 4장에서 15-16절만 남게 되기도 하고 이 두 절이 히브리서 3-4장의 결론과 권면이기 때문에, 히브리서 3-4장은 전체적으로 한 단위를 이루는 것으로 보아야 한다. 이어지는 히브리서 5-7장은 멜기세덱의 반차를 좇는 대제사장론이라는 한 단위로 묶을 수 있다. 그리고 히브리서 3-4장은 시편 95편의 인용과 해석을 근간으로 한 "안식"이 주제이며, 히브리서 5-7장은 시편 110편의 인용과 해석을 근간으로 한 "멜기세덱의 반차를 좇는 대제사장"이 주제라는 점에서 차이가 있다.

히브리서 3:1-6은 앞 단락(히 2:5-18)에 연결되어 권면부로서의 역할을 할 수도 있고, 뒷 단락에 연결되어 그 서론의 기능을 할 수도 있다. 본서에서는 후자를 택하였다. 이렇게 되면, 히브리서 3-4장의 구조는 뒤에 나올 히브리서 8:1-10:25와 흡사하게 다음과 같이 세 부분으로 구성되는 작은 설교의 형태를 이루게 된다:[1]

| | | | |
|---|---|---|---|
| (1) 예증 | | | |
| | 서론 | 3:1-6 | 8:1-6 |
| | 성경 | 3:7-11 | 8:7-13 |
| | 강해 | 3:12-4:13 | 9:1-10:18 |
| (2) 결론 | | 4:14상 | 10:19-21 |
| (3) 권면 | | 4:14하-16 | 10:22-25 |

## 인용문(히 3:7하-11) 비교

히브리서 3:7하-11은 시편 95:7-11(94:7-11, LXX)을 칠십인 역으로부터 인용한 본문이다. 마소라 본문(MT)과 칠십인 역 간의 차이들은 대부분 미미한 것이지만, 8절의 지명들을 음역으로 하지 않고 그 뜻으로 번역하였다. 히브리 본문(MT)과 칠십인 역의 본문(LXX) 간의 차이는 다음과 같다:

| | MT(95:7하-11) | LXX(94:7하-11) |
|---|---|---|
| 7하절 | 기원문 | 조건문 |
| 8절 | "맛사" "므리바" | "시험"(πειρασμοῦ) "거역"(παραπικρασμῷ) |
| 10하절 | "백성" | "그들" |

| <u>히브리 본문: 시 95:7하-11</u> | <u>칠십인 역 본문: 시 94:7하-11</u> |
|---|---|
| 7하 너희가 오늘 그의 음성을 듣는 다면 | 7하 오늘 너희가 그의 음성을 듣거든 |
| 8 너희는 므리바에서와 같이 | 8 광야에서 시험하던 날에 |
| 또 광야의 맛사에서 지냈던 날과 같이 | 거역하던 것 같이 |
| 너희 마음을 완악하게 하지 말지어다 | 너희 마음을 완고하게 하지 말라 |
| 9 그 때에 너희 조상들이 | 9 거기서 너희 열조가 나를 시험하여 |
| 내가 행한 일을 보고서도 | 증험하고 나의 행사를 보았느니라 |
| 나를 시험하고 조사하였도다 | |
| 10 사십 년 동안 내가 그 세대로 말미암아 근심하여 | 10 사십 년 동안 그 세대에게 내가 노하여 |
| 이르기를 그들은 마음이 미혹된 백성이라 | 이르기를 그들이 항상 마음이 미혹되어 |
| 내 길을 알지 못한다 하였도다 | 내 길을 알지 못하는도다 하였고 |
| 11 그러므로 내가 노하여 맹세하기를 | 11 내가 노하여 맹세한 바와 같이 |
| 그들은 내 안식에 들어오지 못하리라 하였도다 | 그들은 내 안식에 들어오지 못하리라 하였다 |

그리고 칠십인 역과 히브리서 본문간에는 9절과 10절의 동사나 어순에서 약간의 차이가 있는데, 특히 10상절에서 히브리서는 칠십인 역의 "<u>저</u> 세대"(τῇ γενεᾷ <u>ἐκείνῃ</u>) 대신에 "<u>이</u> 세대"(τῇ γενεᾷ <u>ταύτῃ</u>)라고 함으로써 히브리서 저자 당대의 사람들에게 이 본문을 적용하고 있다. 이렇게 히브리 본문과 칠십인 역과의 차이도 있지만, 칠십인 역과 히브리서 본문도 차이가 난다. 이로 미루어볼 때, 히브리서 저자가 시편 95편을 암송한 대로 인용한 것으로 추측된다.

## II. 본문 해설

위에서 살펴보았듯이, 두 번째 강해를 형성하는 히브리서 3-4장은 서론(히 3:1-6), 본론(히 3:7-4:13), 결론(히 4:14-16)으로 구성된다. 히브리서 1-2장은 한 마디로 구약의 모든 선지자들과 그 말씀을 받아 전해준 천사들보다 뛰어나신 예수님에 대한 설명이었다. 이제 히브리서 3-4장은 구약의 중심인물인 모세보다 뛰어나신 예수님을 그리는 것으로 출발한다.

## 1. 서론: 모세보다 뛰어나신 예수님(히 3:1-6)

> 3:1 그러므로 함께 하늘의 부르심을 받은 거룩한 형제들아 우리가 믿는
> 도리의 사도이시며 대제사장이신 예수를 깊이 생각하라 2 그는 자기를
> 세우신 이에게 신실하시기를 모세가 하나님의 온 집에서 한 것과 같이
> 하셨으니 3 그는 모세보다 더욱 영광을 받을 만한 것이 마치 집 지은
> 자가 그 집보다 더욱 존귀함 같으니라 4 집마다 지은 이가 있으니 만물
> 을 지으신 이는 하나님이시라 5 또한 모세는 장래에 말할 것을 증언하
> 기 위하여 하나님의 온 집에서 종으로서 신실하였고 6 그리스도는 하나
> 님의 집을 맡은 아들로서 그와 같이 하셨으니 우리가 소망의 확신과 자
> 랑을 끝까지 굳게 잡고 있으면 우리는 그의 집이라.

히브리서 저자가 청중을 부르는 "거룩한 형제들아"(ἀδελφοὶ ἅγιοι)는 원문에서 접속사("Οθεν, "그러므로") 다음으로 제일 앞에 위치하여 강조되었다. 이 어구는 그리스도인에 대한 신약의 일반적인 호칭 두 가지가 합쳐진 형태이다: 즉, 첫째는 히브리서 2장 후반에서 많이 설명했고 의미상으로는 남녀를 다 아우르는 "형제들"이고(히 3:12; 10:19; 13:22), 둘째는 거룩한 이들 혹은 하나님을 위하여 구별된 이들의 의미가 있는 "성도"이다(비교. 히 2:11; 6:10; 13:24). 이뿐 아니라 청자들은 아직 하늘에는 들어가지 못했지만, "함께 하늘의 부르심을 받은" 이들,

즉 "하늘의 부르심의 공동참여자들"(κλήσεως ἐπουρανίου μέτοχοι)이다. 그들이 함께 부름을 받아 가야 하는 행선지는 하늘의 성소(히 8:5; 9:23)이며 하늘 도성(히 11:16; 12:22)이다.

1절은 이제 예수님께 관심의 초점을 맞추는데, "예수"라는 어휘를 문장의 맨 마지막에 위치시킨 문장구조에서 이 사실이 드러난다. 예수는 저자와 청자들이 동일하게 고백하는 신앙의 대상인 사도와 대제사장이시다.[2] "사도"(ἀπόστολος)는 보냄을 받은 자의 의미를 가지고 있는데, 히브리서 2:10의 "창시자" 혹은 "지도자"의 의미가 지속되고 있는 어휘로 볼 수 있다. 히브리서 2:17에서 이미 "대제사장"으로 지칭된 예수님은 이제 히브리서 3:7-4:11에서는 그 백성을 구원하여 약속의 땅으로 인도하도록 보냄을 받은 대제사장으로 묘사되고 있다. 예수님은 사도로서 그 백성을 향하여는 하나님을 대표하고, 대제사장으로서 하나님을 향하여는 백성을 대표한다. 구약에서는 흔하지 않은 이 두 역할이 그리스도 안에서 동시에 성취되었다. 청자들은 자신들이 이렇게 고백하는 예수를 깊이 생각하라는 권면을 받고 있다.

2절은 민수기 12:7을 암시하면서, 모세와 예수님을 비교한다. 모세가 그러하였듯이, 예수님은 자신을 아들과 대제사장으로 세우신 하나님께 충성하셨다. 모세와 예수님의 충성의 공통점을 제시함으로써, 히브리서 저자는 예수님을 모세와 비교하기 위한 기반을 닦는다. 모세는 하나님의 보냄을 받은 사도이며 백성의 훌륭한 중보자였다. 그가 섬긴 장소는 회막이었으나("집"),[3] 그 대상은 이스라엘의 백성, 즉 하나님의 백성이었다(민 12:7).

히브리서 3:3-6상에서 히브리서 저자는 예수님이 모세보다 더 영광을 받으셔야 하는 이유들을 일반적인 격언인 "집 지은 자가 그 집보다 더욱 존귀하다"라는 어구를 제시하면서 논증한다. 첫째로, 모세는 하나님의 집의 종이었고, 예수님은 이 집을 지으신 하나님의 아들이며 동시에 상속자이시기 때문이다. 하나님은 이 아들을 통하여 온 우주를 지으셨으며, 아들은 상속자이시다. 달리 말하면, 예수님은 집을 지은 자이며 동시에 그 집의 상속자이다. 모세가 하나님의 집에 대하여 종의 관계이나, 예수는 아들과 상속자의 관계이다. 둘째로, 모세는 "장래에 말할 것을 증언하기 위한" 옛 경륜(하나님의 계획)의 종이었고, 예수 그리스도는 새 시대를 여셨기 때문이다. 아들의 권위가 종의 권위보다 위대하다. 모세는 옛 경륜의 종이었으나 창시자는 아니다. 그러나 그리스도는 새 경륜(시대)의 창시자(히 1:1-2; 2:10)이다. 예수님과 복음이 확정적으로 주장하는 바들은 모세에게 위임된 사역에서 그림자처럼 나타났었다(히 10:1). 그래서 유대계 그리스도인들의 무리 가운데에서는 그리스도를 새로운 모세로 보는 견해가 있었으나, 히브리서 저자는 오히려 모세보다 뛰어난 예수를 그리고 있다.

6하절("우리가 소망의 확신과 자랑을 끝까지 굳게 잡고 있으면 우리는 그의 집이라")에서 히브리서 저자는 자신과 그의 청자들을 "하나님의 집"과 연결시키면서 서론을 마무리한다. 오늘날 "하나님의 집(권속)"은 무엇이며 누구인가? 그것은 모든 믿는 자들을 포함한다(딤전 3:15).[4] 하늘의 부르심을 받은 그리스도의 거룩한 형제자매들(히 3:1; 2:11-13)은 하나님의 아들딸이며(히 2:10) 앞으로 이루어질 종말론적인 구원의 상속자들이다(히 1:14). 이 사실이 그리스도인들의 소망이며 그로 인하여 솟아나는 "확신과 자랑거리"(τὴν παρρησίαν καὶ τὸ καύχημα, 비교. 롬 4:2; 고전 1:31)

이다. "확신"으로 번역된 헬라어 어휘(παρρησία)는 "담대함"으로도 번역될 수 있는데, 노예가 매여 있는 데서 해방되어 자유민으로서 공중 앞에 말할 때의 자유와 깨끗한 양심에서 나오는 담대함을 의미한다.[5] 그리스도인들은 예수 그리스도로 인하여 죽음의 공포에서 해방된 자유와(히 2:15) 죄로부터 사함 받은 정결한 양심에서 나오는 담대함과 확신(히 2:17; 9:14)의 사람들이 되었다. 그러므로 우리 그리스도인들은 이 확신과 담대함으로 하나님께 나아가고(히 4:16; 10:19; 엡 3:12), 사람 앞에서도 담대할 수 있다(행 4:13; 19:8; 엡 6:19-20). 우리는 여기에 사용된 조건문에 주목해야 한다. 하나님의 백성인 우리 그리스도인들은 이 소망의 확신과 자랑을 끝까지 견고히 잡아야 한다. 종말론적인 구원에 대한 약속의 성취가 "소망"(ἐλπίς)이기 때문에(히 11:1) 모세와 예수님같이 자신도 청자들도 충성스러워야 한다(히 6:11).

## 2. 본론: 성경인용과 강해(히 3:7-4:13)

서론에 이어서 히브리서 저자는 두 번째 강해의 중심부인 성경인용과 해석으로 들어간다. 히브리서 3:7-11에 시편 95편 후반부(7하-11절)를 인용하고 나서, 히브리서 4:13까지 그에 근거한 해석과 권면을 계속한다. 그러므로 히브리서 3:7-4:13은 히브리서의 두 번째 작은 강해의 본론에 해당된다. 이 본론은 "그리스도를 거역하는 것이 모세를 거역하는 것보다 더 심각한 결과를 가져온다"라는 경고(히 3:7-19)와 "하나님의 백성을 위한 참된 안식의 약속"(히 4:1-13)이라는 두 부분으로 나눌 수 있다. 여기서 저자는 동일한 시편 95편을 두 번 해석한다. 첫 번째 시편 인용(히 3:7-11)후에, 저자는 민수기 14장의 관점에서 시편을 해석하여 이스라엘 백성이 믿지 않아서 약속의 땅에 들어가지 못한 점을 강조하면서 청중들에게 불신앙에 대한 날카로운 경고를 한다(히 3:12-19). 두 번째로 저자는 동일한 시편을 창세기 2:2의 관점에서 참된 안식에 대한 약속의 말씀으로 해석하여 청중들에게 소망을 준다(히 4:1-13). 저자는 마치 좌우에 날 선 양날 검(히 4:12)처럼 시편 95편을 활용한다.

### 1) 그리스도를 거역하는 것은 모세를 거역하는 것보다 더 심각한 결과를 가져온다: 두 번째 경고(히 3:7-19)

> 3:7 그러므로 성령이 이르신 바와 같이 오늘 너희가 그의 음성을 듣거든
> 8 광야에서 시험하던 날에 거역하던 것 같이 너희 마음을 완고하게 하지
> 말라 9 거기서 너희 열조가 나를 시험하여 증험하고 사십 년 동안 나의
> 행사를 보았느니라 10 그러므로 내가 이 세대에게 노하여 이르기를 그들
> 이 항상 마음이 미혹되어 내 길을 알지 못하는도다 하였고 11 내가 노하
> 여 맹세한 바와 같이 그들은 내 안식에 들어오지 못하리라 하였다 하였느
> 니라 12 형제들아 너희는 삼가 혹 너희 중에 누가 믿지 아니하는 악한 마
> 음을 품고 살아 계신 하나님에게서 떨어질까 조심할 것이요 13 오직 오늘
> 이라 일컫는 동안에 매일 피차 권면하여 너희 중에 누구든지 죄의 유혹으
> 로 완고하게 되지 않도록 하라 14 우리가 시작할 때에 확신한 것을 끝까
> 지 견고히 잡고 있으면 그리스도와 함께 참여한 자가 되리라 15 성경에
> 일렀으되 오늘 너희가 그의 음성을 듣거든 격노하시게 하던 것 같이 너희
> 마음을 완고하게 하지 말라 하였으니 16 듣고 격노하시게 하던 자가 누구
> 냐 모세를 따라 애굽에서 나온 모든 사람이 아니냐 17 또 하나님이 사십
> 년 동안 누구에게 노하셨느냐 그들의 시체가 광야에 엎드러진 범죄한 자
> 들에게가 아니냐 18 또 하나님이 누구에게 맹세하사 그의 안식에 들어오
> 지 못하리라 하셨느냐 곧 순종하지 아니하던 자들에게가 아니냐 19 이로
> 보건대 그들이 믿지 아니하므로 능히 들어가지 못한 것이라.

히브리서 3:7-19는 불신앙의 위험에 대한 일종의 경고이다. 저자는 7-11절에서 시편 95편 후반부를 인용하면서, 민수기 14장과 더불어 출애굽기의 르비딤 사건(출 17:1-7)과 민수기의 가데스 사건(민 20:2-13)을 상기시킨다. 히브리서 3:7상에서 "성령께서 말씀하신다"(λέγει τὸ πνεῦμα τὸ ἅγιον)라고 할 때, 히브리서 구약인용의 특징 중의 하나인 현재형 동사가 사용되었다. 이것은 구약을 통하여 지금도 살아있는 하나님의 말씀(히 4:12-13)으로 말씀하시는 성령의 활동을 보여주는 예이다(비교. 히 10:15).

여기에 인용된 시편 95편은 둘로 나누어지는데, 전반부(1-7상절)는 "하나님께 예배드리도록 초청"하는 내용이고, 후반부(7하-11절)는 "불순종에 대한 경고"로 이루어졌다.[6] 히브리서 저자는 후반부를 인용하고 있다. 하나님께 경배함이 좋으나 그 경배의 행위와 말이 하나님께 받아들여지는 것은 신실함과 순종의 마음으로 드려질 때이다. 이스라엘 백성이 모세를 따라 애굽을 탈출하였으나, 광야에서 반역한 무리들은 가나안에 들어가지 못했다. 이 출애굽과 광야세대의 이야기를 암시하면서 후대들에게 경고로 주어진 시편 95편을 히브리서 저자는 다시 인용하여 자기 시대의 하나님 백성들에게 경고하고 있다. 하나님의 말씀을 들을 때에 거역한 세대들이 어떠했는지를 보고 지금 그런 실수를 반복하지 말라는 것이다. 9절과 17절에서 반복적으로 나오는 40년의 기간은 예수님의 승천 후(예수님이 예루살렘에서 새로운 출애굽을 이룬지) 약 40년이 되고 있는 시기였다.

신약의 여러 군데서 그리스도의 구속 사역을 "새로운 출애굽"(new exodus)으로 해석하는 경향이 많이 나타난다.[7] 예를 들면, 누가복음

9:31에서는 예수님의 죽음이 "탈출"(출애굽)("엑소도스," exodus=ἔχοδος)로, 예수님은 세상 죄를 지고 가는 하나님의 어린양(요 1:29)으로 묘사되고 있다. 고린도전서 5:7-8에서는 예수님이 진정한 "유월절양"("파스카"=πάσχα)이시며 그리스도인들은 누룩 없는 반죽 덩어리로 비유되고 있으며, 그리스도인들을 향하여 누룩 없이 순결과 진실로 유월절을 지내자는 권유가 나온다. 광야에 모여 있던 이스라엘 백성은 "광야의 교회"(ἐν τῇ ἐκκλησίᾳ ἐν τῇ ἐρήμῳ)였으며(행 7:38), 그들이 홍해를 건넌 것은 침례를 받음의 예표이며(고전 10:1-2), 그들이 먹고 마신 만나와 반석의 물은 그리스도 자신 혹은 주의 만찬의 예표였다(고전 10:3-4; 요 6:41). 신약 이전에 구약 자체에서도 이미 바벨론 유수로부터 이스라엘의 귀환을 새로운 출애굽으로 묘사하고 있다(비교. 사 41:17-20; 43:16-21). 이스라엘 백성에게 약속된 최종 목적지인 가나안 땅은 하늘의 안식에 대한 예표인데, 이것이 히브리서 3:7-4:13(특히 4:1이하)에서 히브리서 저자가 주장하는 핵심이다. 이렇게 성경을 해석하는 방법은 소위 예표론 혹은 모형론적 해석(typological interpretation)인데, 히브리서에서 가장 많이 활용되는 성경해석방법 중의 하나이다.[8)]

히브리서 저자는 출애굽 모티브와 같이 광야를 거쳐 약속의 땅까지 순례하는 하나님의 백성 모티브(히 3:7-4:16)를 성소에 들어가는 이미지(히 7:1-10:25), 시온 산에 이르는 이미지(히 11:1-12:24)와 함께 세 개의 커다란 사이클을 형성하는 것으로 히브리서 내에 배치하고 있다.[9)] 이 세 가지로 표현된 여정에서 하나님의 백성에게 공통적으로 필요한 것은 믿음이다. 그리고 이 세 가지는 모두 안식과 연결되어 있다(신 12:10; 시 132:8, 13-14). 하나님의 약속된 안식의 땅에 들어가는 것도 믿음이고(히 4:1-11), 하나님의 임재인 지성소에 들어가는 것도 믿음이며(히 10:19-25), 하나님의 도성인 시온 산에 이르는 것도 믿음으로 이루어진다(히 12:22-24). 그래서 이 세 가지 사이클 전후에는 경고로 표현된 권면들이 자리하고 있다(히 2:1-4; 3:7-19; 5:11-6:20; 10:26-39; 12:25-27).

히브리서 3:7의 "오늘"(σήμερον)은 히브리서 3:13과 4:7에도 나오는데, 시편 본문이 과거에만이 아니라 히브리서의 독자들의 세대에도 적용된다는 하나님의 말씀의 긴박성과 적실성을 의미한다. 바울도 이사야서 49:8을 고린도후서 6:2에 인용하여 "보라 지금은 은혜 받을 만한 때요 보라 지금은 구원의 날이로다"라고 말했고, 신명기 저자도 당대의 청자들에게 "오늘"을 적실성 있게 강조하고 있다(신 5:3). 하나님의 음성을 듣는 것은 단순한 들음만이 아니라 주의를 집중시키고 순종하는 것까지 포함된다(비교. 마 11:15). 그러므로 이 구절은 "소망의 확신과 담대함을 굳게 잡아라"라고 권면하는 바로 앞 절인 히브리서 3:6과 또한 뒤에 나오는 히브리서 3:14와 연관된다.

위의 구조 분석에서 살펴 본대로, 히브리서 저자는 칠십인 역(LXX)을 인용하였다. 8절에서 칠십인 역에는 히브리 성경(MT) 본문의 지명들은 음역되지 않고 그 지명의 뜻을 살려 번역되었다. 즉, "맛사"를 "시험"으로 "므리바"를 "거역"(반역, 다툼)으로 번역하였다. 이스라엘 백성은 르비딤에서는 물이 없다고 하나님께 대항하여 거역하고(출 17:7; 민 20:13), 맛사에서는 하나님께서 광야에서도 식탁을 준비하실까 하면서 시험하였다(출 17:7; 시 78:18-20). 여기에 나오는 "마음을 완고하게 하다"(σκληρύνητε τὰς καρδίας)라는 동사는 하나님의 뜻을 거절하는 이들에 대한 은유이다(신 10:16; 렘 17:23; 롬 2:5). 광야에서 이스라엘 백성의 하나님을 향한 이러한 반역과 시험은 반복되었다(참조. 출 17:1-7; 민 11:1-6; 20:2-13; 신 9:22; 시 78:18-20; 106:14 등). 인용된 시편의 전체적인 배경은 민수기 14장인데, 그곳에서 하나님께서 진노하시면서 결정적으로 광야세대가 가나안땅, 다시 말하면, "나의 안식"(κατάπαυσίν μου), 즉 하나님의 "안식"에[10] 들어오지 못할 것이라고 맹세하셨다(민 14:30).[11] 그들은 "사십 년 동안 하나님의 행사를 보았다"(9절): 그들은 하나님께서 모세를 통하여 보여준 10대 재앙과 출애굽 사건을 위시하여, 기적적인 물 공급(출 15:22-26; 17:1-7; 민 20:2-13), 만나(출 16:13-26; 민 11:7-9), 메추라기(출 16:13; 민 11:31-33), 그리고 반역한 자들에 대한 심판(민 16:1-50) 등을 목도하였다. 그럼에도 불구하고 이스라엘 백성은 그 사십 년 동안 불평과 불만으로 일관하여 하나님의 진노를 사고 급기야는 가나안 땅, 즉 하나님의 안식에 들어오지 못하리라고 하나님께서 맹세하시는 데까지 이르게 되었다(10-11절). 그들은 마치 광야에서 길을 잃고 헤매다가 멸망하는 짐승처럼 늘 마음이 미혹되어 "하나님의 길(들)"을 알지 못하고(10절),[12] 죄의 길에 들어갔다.

히브리서 3:12-19는 인용된 시편을 민수기 14장을 배경으로 해석하여 저자가 청중들에게 경고하는 내용이다.[13] 히브리서 저자는 12절에서 자신의 청중을 다시 "형제들"(ἀδελφοί)이라고 부르면서(비교. 히 2:11; 3:1), 그들의 상황(12-14절)과 광야세대의 상황(15-19절)을 병렬시켜서 양진영의 공통된 문제를 지적한다. 양쪽의 핵심적인 문제는 "불신앙"(ἀπιστίας)이다. 저자는 자신의 청중들 중에서 혹여 "형제들아, 너희 중에 누가 믿지 아니하는 악한 마음을 품고 살아 계신 하나님에게서 떨어질까 조심하라"(Βλέπετε, ἀδελφοί, μήποτε ἔσται ἔν τινι ὑμῶν καρδία πονηρὰ ἀπιστίας ἐν τῷ ἀποστῆναι ἀπὸ θεοῦ ζῶντος)라고 염려하며 권면한다(12절). 광야에서 이스라엘 백성이 지속적으로 하나님을 믿지 못하고(민 14:11) 그 인도하심을 따라 가나안에 들어가기를 거절할 때 하나님은 그들을 악하다고 말씀하셨다(민 14:27, 35). 또한 광야세대에게 맹세하실 때 하나님은 "내가 살아있다"고 말씀하신 것을 상기하면서(민 14:21, 28), 저자는 하나님을 "살아계신 하나님"(θεοῦ ζῶντος)으로 묘사한다. 여기서 하나님에게서 "떨어짐"(ἀποστῆναι)이 "배도"(apostasy)로 번역되는 어휘인데, 원어에서 "불신앙"(ἀπιστίας)과 발음이 비슷하다.

히브리서 저자가 "오늘"이라는 현재적 시간 속에서 매일 행하라고 권하는 상호적인 권면은 지혜로운 일이다(13절). 시편 95편에서 저자가 채택한 이 "오늘"이라는 말은 신선함과 극적인 효과를 준다. 이 본문의 힘은 과거에만 제한된 것이 아니라 저자와 그의 청중들의 시간, 그리고 지금 우리의 시간 속에서도 적용된다. 저자는 자신의 청중이 광야세대처럼 죄의 유혹 때문에 마음이 완고하게 되는 것을 방지하기 위하여 이 일을 지속하라고 권한다. 이 권면 하는 일은 히브리서 저자가 지금 하고 있는 것인 동시에 히브리서 자체가 "권면의 말씀"이기도 하다(히 13:22). 이어서 저자는 "시작할 때에 확신한 것을 끝까지 견고히 잡고 있으면 그리스도와 함께 참여한 자가 되리라"(μέτοχοι γὰρ τοῦ Χριστοῦ γεγόναμεν, ἐάνπερ τὴν ἀρχὴν τῆς ὑποστάσεως μέχρι τέλους βεβαίαν κατάσχωμεν) 격려한다(14절).[14] 믿음의 경주에서 잘 시작하는 것은 좋은 일이나 그것만으로 충분하지 않다. 그 경주를 계속하여 마치는 자만이 상을 얻는다(히 12:2). "그리스도와 함께 참여한 자"(μέτοχοι τοῦ Χριστου)는 문자적으로 그리스도의 "동무들"(히 1:9) 혹은 "동업자들"(눅 5:7)인데,

이 어휘는 이미 히브리서 3:1(“하늘의 부르심의 참여자”[κλήσεως ἐπουρανίου μέτοχοι] 혹은 “함께 하늘의 부르심을 입은 자”)에서 나왔던 것처럼 그리스도와 함께, 구원, 유업, 소망, 안식 등에 동참하는 자들이 됨을 의미한다(비교. 롬 8:17).

15-18절에서 저자는 이미 인용한 구절(시 95:7하-8)을 반복하고 나서(15절) 질문과 대답 형식으로 진행함으로써 청중을 자신의 논의에 끌어들인다. 저자는 스스로 하는 대답도 질문형식으로 말한다. 청자들이 민수기 14장의 지식을 가지고 있다면 마음속으로 충분히 대답할 수 있는 질문들이다. 첫 번째 질문은 “듣고 격노하시게 하던 자가 누구냐”(16상절)인데, 그 대답도 질문으로 주어진 “모세를 따라 애굽에서 나온 모든 이들이 아니냐”이다(16하절). 즉, 하나님의 구원을 경험한 세대이며 광야에서 하나님의 말씀을 들은 세대이다. 여기에는 표적과 기사를 통하여 전해진 하나님의 말씀을 듣고(히 2:3-4) 매여 있던 죽음의 권세 잡은 자 마귀로부터 해방된 이들(히 2:14-16), 즉 그리스도인들도 하나님을 격노하시게 할 수 있는 가능성에 대한 경고가 암시되어 있다.

두 번째 질문은 “하나님이 사십 년 동안 누구에게 노하셨느냐”(17상절)인데, 그 대답도 질문형식이다: “그들의 시체가 광야에 엎드러진 범죄한 자들에게가 아니냐”(17하절). 하나님은 의로운 자들에게가 아니라 범죄한 이들에게 노하신다. 그들은 사십년 동안 하나님의 행사를 보았으나, 그 기간 동안 내내 하나님을 거역하고 시험하였다. 그들은 또한 믿음 없는 정탐꾼들의 말을 듣고 겁을 먹고 믿음 없이 “우리가 애굽 땅에서 죽었거나 이 광야에서 죽었으면 좋았을 것”이라고 원망하였다(민 14:2). 하나님은 그들이 말한 대로 "그들의 시체가 광야에 엎드러지게" 하셨다.

세 번째 질문은 "하나님이 누구에게 맹세하사 그의 안식에 들어오지 못하리라 하셨느냐"(18상절)인데, 그 대답은 "순종하지 아니하던 자들에게가 아니냐"(18하절)이다. 19절에서는 그들이 신앙이 없었기 때문에 하나님의 안식에 들어갈 수 없었다고 말한다. 모세 시대에 불순종하고 반역한 이들은 지상의 가나안에 들어가는 약속된 축복을 받지 못하였다(민 14:27-30). 그 후세대에 일어나는 반역은 새로운 시대의 더 큰 축복을 놓치고 만다. 믿지 않는 악심이 바로 가나안에서 누리게 될 안식을 누리지 못하게 하였다. 살아 계신 하나님으로부터 떨어지게 하는 것은 바로 그를 향한 반역이다. 순종하겠다는 언약을 맺은 이들이 반복적으로 불순종하고 반역하고 믿음이 없는 악한 세대가 되었을 때 그리하였다(신 32:20; 고전 10:5-6).

19절에서 히브리서 저자는 광야세대가 약속의 땅에 들어가는 데 실패한 것은 그들의 불신앙 때문이었다고 결론짓는다. "믿지 아니함"(ἀπιστία), 즉 불신앙은 단순한 의심이 아니라 마음을 완고하게 함이고(히 3:15), 반역함이며(히 3:16) 죄를 짓고(히 3:17) 불순종함이다(히 3:18). 믿음이 없는 것이 바로 옛 세대들이 약속의 땅에 들어가지 못한 이유이다. 처음에 믿음을 가지고 나온 것이 광야에서 죽지 않게 해준 것도 아니며 가나안에 무사히 안착하도록 해준 것이 아니다. 지속적으로 견지하였던 믿음이 그렇게 하였다. 그러므로 불신앙으로 돌아가는 것이 아니라 처음 믿음을 끝까지 지니고 있는 것이 중요하다.

### 2) 하나님의 백성을 위한 참된 안식의 약속(히 4:1-13)

> 4:1 그러므로 우리는 두려워할지니 그의 안식에 들어갈 약속이 남아 있을지라도 너희 중에는 혹 이르지 못할 자가 있을까 함이라 2 그들과 같이 우리도 복음 전함을 받은 자이나 들은 바 그 말씀이 그들에게 유익하지 못한 것은 듣는 자가 믿음과 결부시키지 아니함이라 3 이미 믿는 우리들은 저 안식에 들어가는도다 그가 말씀하신 바와 같으니 내가 노하여 맹세한 바와 같이 그들이 내 안식에 들어오지 못하리라 하셨다 하였으나 세상을 창조할 때부터 그 일이 이루어졌느니라 4 제칠일에 관하여는 어딘가에 이렇게 일렀으되 하나님은 제칠일에 그의 모든 일을 쉬셨다 하였으며 5 또 다시 거기에 그들이 내 안식에 들어오지 못하리라 하였으니 6 그러면 거기에 들어갈 자들이 남아 있거니와 복음 전함을 먼저 받은 자들은 순종하지 아니함으로 말미암아 들어가지 못하였으므로 7 오랜 후에 다윗의 글에 다시 어느 날을 정하여 오늘이라고 미리 이같이 일렀으되 오늘 너희가 그의 음성을 듣거든 너희 마음을 완고하게 하지 말라 하였나니 8 만일 여호수아가 그들에게 안식을 주었더라면 그 후에 다른 날을 말씀하지 아니하셨으리라 9 그런즉 안식할 때가 하나님의 백성에게 남아 있도다 10 이미 그의 안식에 들어간 자는 하나님이 자기의 일을 쉬심과 같이 그도 자기의 일을 쉬느니라 11 그러므로 우리가 저 안식에 들어가기를 힘쓸지니 이는 누구든지 저 순종하지 아니하는 본에 빠지지 않게 하려 함이라 12 하나님의 말씀은 살아 있고 활력이 있어 좌우에 날선 어떤 검보다도 예리하여 혼과 영과 및 관절과 골수를 찔러 쪼개기까지 하며 또 마음의 생각과 뜻을 판단하나니 13 지으신 것이 하나도 그 앞에 나타나지 않음이 없고 우리의 결산을 받으실 이의 눈앞에 만물이 벌거벗은 것 같이 드러나느니라.

앞에서 언급한대로, 히브리서 4:1-13은 시편 95편에 대한 히브리서 저자의 두 번째 해석이다. 첫 번째(히 3:7-19)는 민수기 14장을 배경으로 청중들에게 주는 불신앙에 대한 경고였다. 그러나 두 번째 해석(히 4:1-13)은 동일한 시편이 창세기 2:2의 관점에서 안식에 대한 약속의 말씀으로 해석되어 청중들에게 이제 소망을 주는 메시지가 된다. 실로 히브리서 저자는 본 문단에 나오는 대로(히 4:12) 동일한 시편 95편을 양날 검으로 휘두르는 해석의 대가이다.

히브리서 4:1-13은 하나님의 안식에 들어감의 약속(1-5절), 이스라엘의 불신앙(6-11절), 하나님 말씀의 능력과 하나님 앞에서의 인간의 책임(12-13절)으로 구성되는데, 처음 두 부분은 구조적으로나 내용상에 있어서 동일한 주제가 다음과 같이 쌍을 이루면서 반복되는 구조이다:15)

| | | |
|---|---|---|
| 안식에 대한 약속이 남아있다 | 4:1 | 4:6상 |
| 이전에는 복음에 신앙으로 화답하지 않았다 | 4:2 | 4:6하 |
| 시편 95편을 현 세대와 연관시킴 | 4:3 | 4:7-8 |
| 시편 95편을 창세기 2:2와 연결함 | 4:4-5 | 4:9-11 |

히브리서 저자는 1절에서 하나님의 안식에 들어가는 약속이 아직 남아 있다고 주장한다(6상절). 출애굽의 목적(지)인 가나안은 오늘날 하나님의 백성의 목적(지)에 대한 예표이다. 히브리서 저자는 독자들에게 이 목적을 이루도록 촉구하고 있다. 이것은 자동적으로 성취되지는 않는다. 광야에서 죽어간 이들이 가나안에 들어가는 것에 실패하였듯이 이들도 그 안식을 얻지 못할 가능성이 있음에 대하여 두려워해야 한다(비교. 신 1:35).

그러므로 광야세대에게 일어났던 재앙은 히브리서를 받는 세대에게 경종을 울려주기에 충분하다(2절과 6하절). 히브리서 저자는 광야세대에게도 복음이 전해졌다고 말한다(히 2:3). 출애굽기 3:16-17; 19:3-6; 23:20-33 등은 그들이 받은 복음의 요약이라고 볼 수 있다. 그 주된 내용은 하나님께서 그들을 애굽의 종살이에서 구원하여 가나안의 안식에 들이셔서 제사장 나라와 거룩한 나라가 되게 하겠다는 약속이며, 그들이 하나님의 음성을 듣고 그 계약을 지키면 그 약속이 이루어질 것이라는 메시지였다. 그들이 실패한 것은 믿음으로 화합하지 않았기 때문이다. 복음을 듣는 것이 최종적인 구원을 가져다주는 것이 아니라 듣는 자들이 들은 것을 믿음으로 화합해야 한다. 그 믿음이 진정한 것이라면 그 믿음은 끝까지 지속되어야만 한다.

히브리서 4:3-5에서 히브리서 저자는 시편 95편의 메시지와 자신의 청중 그리고 창세기 2:2를 연결시킨다(히 4:7-8; 9-11). 구원의 복음을 믿음으로 받아들이는 자들이 하나님의 안식에 들어감은 하나님에 의하여 의도된 것이었기 때문에, 시편 95:11에서 그 안식은 "나의 안식"(κατάπαυσίν μου)으로 묘사되어 있다. 이때 "나의 안식"이란 무슨 의미인가? "내가 주는 안식"인가? 혹은 "나 자신이 누리는 안식"인가? 후자이다. 하나님이 약속한 안식은 자신이 누리는 안식에 우리가 동참한다는 의미이다. 그래서 히브리서 저자는 시편 95:11과 창세기 2:2 이하를 연결한다. 이 두 곳에 나오는 안식이라는 히브리어는 서로 다르지만, 칠십인 역에서는 두 곳에서 모두 동일한 헬라어 "카타파우오(동사-창 2:2), 카타파우시스"(명사-시 94:11 LXX)(καταπαύω, κατάπαυσις)가 사용되었다.

광야의 이스라엘 백성에게 하나님의 안식이 주어질 수 없어서 그들이 들어가지 못한 것이 아니다. 이 안식은 창세 이후부터 누릴 수 있었다. 창세기 2:2를 읽을 때 우리는 이때부터 하나님이 안식하기 시작하셨음을 알 수 있다. 하나님이 안식을 끝마치고 창조의 일을 다시 시작하였다고 말하여진 적이 없다는 사실은 그의 안식이 아직도 계속되고 있다는 의미이며, 믿음과 순종으로 그의 안식의 서곡에 응답하는 자는 그 안식을 함께 누릴 수 있다는 의미이다. 창세기 2:2와 요한복음 5:17을 연결할 때 여러 해석이 나올 수 있으나,16) 요지는 하나님의 안식은 창조의 역사가 끝이 난 이후 계속하여 그의 백성에게 열려 있고, 불순종에 의하여 박탈당할 수 있다는 것이다.

애굽에서 나온 이들에게 주어졌던 안식의 약속과 동일한 약속이 광야시대가 지난 수세기 후에도 여전히 하나님의 백성에게 열려 있다. 이는 시편 95편의 저자가 그 당시의 사람들에게 조상들처럼 마음을 강퍅하게 하지 말고 "오늘" 하나님의 음성을 듣도록 촉구하고 있기 때문이다(6-7절). 시편 95편은 마소라 본문에서는 익명으로 되어 있으나 칠십인 역에서는 다윗의 시로 되어 있다(7절). 그러나 히브리서 저자에게는 다윗이든 그렇지 않든 별로 중요하지 않다. 어쨌든 다윗은 여호수아보다 약 4세기 후에 살았던 인물이다(참조. 왕상 6:1). 중요한 것은 안식의 약속이 출애굽과 광야의 기간이 지난 "오랜 후에"도 여전히 유효하다는 점이다. 즉, 히브리서 저자의 요점은 이 시편의 저자가 출애굽 세대가 아닌 그 이후의 세대를, 또한 히브리서의 청중까지도 포함하여, 안식으로 초대하고 있다는 주장이다.

그러므로 시편 95:11의 안식은 지리적인 가나안의 안식이 아님이 분명하다(8절). 그 안식은 여호수아의 영도 하에 광야의 제2세대가 이미 들어가 성취하였기 때문이다(수 21:44; 22:4). 시편 95편의 사람들은 그 이후의 세대이다. 여기서는 예수가 아니라 여호수아이어야 하나, 헬라어 단어로는 둘 다 동일하게 예수이며, 구원자라는 의미가 있다(마 1:21). 히브리서 저자는, 바울처럼, 예수 그리스도(메시아)를 모세(여호수아)시대와 연관시킨다(히 11:26; 고전 10:4). 그러므로 여기에서 우리는 다음과 같은 평행적인 사항들을 발견할 수 있는데, 이는 또한 초대교회 모형론의 중요한 주제이기도 하다:

- **여호수아** : 옛 언약 하에서 지상의 가나안으로 그 백성을 인도해 들임. 잠정적인 안식.
- **예　　수** : 새 언약 하에서 천상의 안식처로 그 상속자들을 인도해 들임. 진정한 안식.

이 안식은 하나님 자신의 안식에 참여하는 것이며, 이 약속의 성취는 아직도 하나님의 백성들에게 남아 있다. 하나님은 자신의 창조 사역을 완성하신 후 안식에 들어가셨다. 이와 같이 그의 백성들도 이 땅에서 그들의 사역을 마친 후에 하나님의 안식에 들어갈 것이다(9-10절). 그러면 그들을 기다리고 있는 하나님의 안식은 무엇인가? 이것은 이 땅위에서는 이루어질 수 없고 유업으로 받게 되는 것이나 지금 여기서도 그것과 동일한 느낌 속에서 살아갈 수는 있다(히 11:10, 16).[17] 죽음의 순간에 이 안식에 들어가는가? 혹은 부활의 순간인가? 히브리서 저자는 이에 대한 해답을 주고 있지는 않다.

믿음으로 다가갈 수 있는 모든 영광과 불신앙이 유발하는 재앙을 생각할 때, 히브리서 저자는 청자들에게 다시금 하나님의 백성의 영원한 본향을 얻기 위하여 최선의 노력을 하도록 독려한다(11절). 광야의 이스라엘 백성의 경우처럼 불순종함으로 그것을 잃는 일이 없도록 당부하며 열심과 인내를 호소하고 있다. 하나님의 "오늘"은 우리에게도 다가왔다. 그의 말씀을 신중하게 받고 믿음과 매일의 순종으로 그의 안식에 들어가기를 힘쓰자.

히브리서 4:12-13에서 히브리서 저자는 지금까지 인용하고 해석하였던 시편 95편과 창세기 2:2를 통하여 지금도 그의 청중들에게 말씀하시는 하나님의 말씀의 능력을 강조한다(비교. 히 3:7). 하나님의 말씀은 하나님과 동일시된다(13절). 이 두 구절은 청중들로 하여금 바로 앞 문단의 내용에 비추어 자신들을 돌아보게 하고, 또한 바로 뒤에 나오는 위로와 권면(14-16절)에 대하여 준비시키는 역할을 한다.

다음 문장 흐름도에서 보듯이, 히브리서 4:12-13은 각각 하나의 문장으로 구성되고 접속사 <u>καί</u>로 연결되어 두 절이 하나의 단위를 이루는 잘 짜인 하나의 아름다운 장문으로서,[18] 하나님의 "말씀"("로고스"=λόγος)이 인간의 마음을 샅샅이 조사하여 마침내는 모든 사람이 하나님 앞에 "결산" 혹은 "이실직고"(以實直告)("로고스"=λόγος)를 하게 된다고 말한다. 아래에서 보듯이, 헬라어 원문에서 이 두 단어는 동일한 "로고스"이며 이 장문의 처음과 끝에 배치되어 미문(美文)을 형성하면서 같은 뜻으로 사용되지는 않았지만 형태상의 묶음쇄(inclusio) 역할을 한다. 또한 이 12-13절은 접속사 γάρ로 앞부분(1-11절)과 연결된다.

12 <u>γὰρ</u> <u>Ζῶν</u> <u>ὁ λόγος</u> τοῦ θεοῦ (12 하나님의 <u>말씀은</u> <u>살아 있고</u>)
καὶ <u>ἐνεργὴς</u> (<u>활력이 있어</u>)
καὶ <u>τομώτερος</u> ὑπὲρ πᾶσαν μάχαιραν δίστομον (좌우에 날선 어떤 검보다도 <u>예리하여</u>)
καὶ <u>διϊκνούμενος</u> ἄχρι μερισμοῦ ψυχῆς καὶ πνεύματος, ἁρμῶν τε καὶ μυελῶν,
(혼과 영과 및 관절과 골수를 <u>찔러 쪼개기</u>까지 하며)

καὶ κριτικὸς ἐνθυμήσεων καὶ ἐννοιῶν καρδίας· (또 마음의 생각과 뜻을 판단하나니)
13 καὶ οὐκ ἔστιν κτίσις ἀφανὴς ἐνώπιον αὐτοῦ, (13 지으신 것이 하나도 그 앞에 나타나지 않음이 없고)
πάντα δὲ γυμνὰ καὶ τετραχηλισμένα τοῖς ὀφθαλμοῖς αὐτοῦ,
(이의 눈앞에 만물이 벌거벗은 것 같이 드러나느니라)
πρὸς ὃν ἡμῖν ὁ λόγος(우리의 결산을 받으실)

광야에서 불순종하던 이들의 귀에 떨어졌던 하나님의 말씀이 성취의 날에 다시 히브리서의 청중의 귀에도 울리고 있다(12절). 하나님이 살아계신 분이시기 때문에(히 3:12; 10:31; 12:22; 살전 1:9; 행 14:15; 렘 10:10), 그의 말씀도 인간의 말과 같지 아니하여 살아 있고(행 7:38; 벧전 1:23), 운동력이 있고(렘 23:29), 스스로 성취되며(사 55:10-11), 인간의 마음의 상태를 진단하고, 이를 믿음으로 순종한 이들을 축복하며, 멸시하는 이들에게 심판을 가져오는 예리한 양날 검이다(시 149:6; 엡 6:17; 계 1:16; 2:12; 19:15). 이처럼 말씀에 대한 히브리서 저자의 묘사는 구약성경의 맥과 일치선상에 있고, 신약의 저자들과도 일치한다.

이렇게 능력이 있는 하나님의 말씀은 어떤 존재도 분리해내기 어려운 짝인 "혼과 영"(ψυχῆς καὶ πνεύματος) 및 "관절과 골수도"(ἁρμῶν τε καὶ μυελῶν) "찔러 쪼개기까지 하고"(διϊκνούμενος ἄχρι μερισμοῦ), 사람의 "마음의 생각과 뜻"(ἐνθυμήσεων καὶ ἐννοιῶν καρδίας)을 "판단하고 분별해"(κριτικὸς) 낸다(12하). 지금도 흔히 인간의 구조를 영, 혼, 몸으로 보는 삼분설과 영혼과 몸으로 구분하는 이분설이 팽팽한 대결구도를 보이고 있다.[19] 그러나 히브리서 저자의 목적은 이렇게 구분하기 힘든 요소들도 쪼개고 갈라내고 분별해 내는 하나님의 말씀의 능력을 설명하는 데 있다.

이 땅에서 사람이 어떤 것도 하나님으로부터 은밀하게 숨길 수 없다(시 139:11-12). 우리는 우리의 깊은 속을 사람들에게는 숨길 수 있으나 하나님에게는 그럴 수 없고, 그 눈앞에서는 모든 것이 적나라하게 무방비상태로 드러날 수밖에 없다(13절).[20] 우리가 마지막으로 직고하고 계산할 대상은 우리의 양심도 사람도 아니고 하나님이시다. 모든 가식과 보호막이 벗겨지고 우리는 온전히 하나님의 자비 앞에, 모든 것의 심판자이신 그분 앞에 놓이게 될 것이다.

### 3. 결론과 권면: 예수는 참 안식을 주시는 위대한 대제사장(히 4:14-16)

> 4:14 그러므로 우리에게 큰 대제사장이 계시니 승천하신 이 곧 하나님의 아들 예수시라 우리가 믿는 도리를 굳게 잡을지어다 15 우리에게 있는 대제사장은 우리의 연약함을 동정하지 못하실 이가 아니요 모든 일에 우리와 똑같이 시험을 받으신 이로되 죄는 없으시니라 16 그러므로 우리는 긍휼하심을 받고 때를 따라 돕는 은혜를 얻기 위하여 은혜의 보좌 앞에 담대히 나아갈 것이니라.

흔히 히브리서 4:14-16은 히브리서 5장과 함께 대제사장론을 언급하는 문단의 도입부로 본다.[21] 그러나 앞에서 말하였듯이, 히브리서 3:1과 4:14의 "대제사장, 예수, 믿는 도리" 등의 동일한 어휘와 주제들 때문에 히브리서 3-4장은 한 문단을 이룬다고 보아야 한다. 그리고 16절은 히브리서 3-4장에서 말해온 핵심 주제인 안식, 즉 하나님의 보좌, 임재, 지성소에 들어가라고 권면하는 마무리 권면으로 보는 것이 더 자연스럽다. 그러므로 히브리서 4:14-16은 시편 95편을 인용하고 해석한 히브리서 설교의 두 번째 작은 강해에 대한 결론이라고 봄이 적절하다.

14절은 경고에 이어 나오는 적극적인 권면 혹은 위로이다. 여기서

12-13절의 심판에 대한 언급과 대비되어 예수님의 자비로운 대제사장 되심이 대두된다. 예수님이 자비롭고 충성스러운 대제사장임을 이미 말하였으나(히 2:17), 이제 독자들에게 그들의 신앙고백을 유지하고 유혹을 대항하는 데 필요한 모든 힘을 이 대제사장으로부터 얻을 수 있는 길이 보여지고 있다. “하나님의 아들 예수”(Ἰησοῦν τὸν υἱὸν τοῦ θεοῦ) 그리스도는 우리의 “큰”(μέγαν, 큰, 위대한) “대제사장”(ἀρχιερέα)이시다. 예수님은 “하늘들 위에 높아지셨다”(διεληλυθότα τοὺς οὐρανούς, 히 7:26; 9:24; 엡 4:10).[22] 여기서 언급되는 하늘들 위로 높아지심은 예수께서 하늘의 성소에 들어가셨음을 의미하는데, 히브리서 4:1-11에서 언급한 안식할 장소를 암시한다고 볼 수 있다. 이어서 저자는 서론에서 말했던 것처럼(히 3:1) 다시 한 번 믿는 도리, 즉 “신앙고백을 우리가 굳게 잡읍시다”(κρατῶμεν τῆς ὁμολογίας)라고 권유한다.[23]

15절은 이 대제사장에 대한 묘사이다. 예수님의 초월성은 그의 인성에 아무런 변화를 주지 않는다. 저자는 이미 언급하기를 하나님의 아들은 자비롭고 충성스러운 대제사장이 되기 위하여 모든 면에서 그의 형제들과 같이 되셨다고 하였다(히 2:14, 17-18). 그러므로 예수님은 “우리의” 모든 시련 속에서 육체적, 정신적, 영적인 어떤 “연약함도”(ταῖς ἀσθενείαις ἡμῶν, 히 7:27-28; 10:32-34; 롬 5:6; 겔 16:1-14) “같이 느끼실(동정하실) 수 있는”(δυνάμενον συμπαθῆσαι) 분이시다(비교. 히 5:2). 그분은 우리와 “같은 조건에서 우리가 겪는 모든 시험을 겪으셨으나”(πεπειρασμένον δὲ κατὰ πάντα καθ’ ὁμοιότητα, 히 5:7-8), “죄는 없으시다”(χωρὶς ἁμαρτίας).

16절은 14-15절의 당연한 논리적 귀결로, 우리는 이러한 위대한 대제사장이시며 구원자이신 예수 그리스도의 도움을 받아 그분의 힘센 팔에 이끌려 "은혜의 보좌로"(τῷ θρόνῳ τῆς χάριτος)[24] "나아가"(προσερχώμεθα) 하늘성소의 임금님이신 하나님을 알현(謁見)해야[25] 마땅하다. 히브리서 저자는 자신의 청중들에게 그들이 처한 상황이 어떠하든지, "때를 따라 돕는 은혜를"(χάριν εἰς εὔκαιρον βοήθειαν)[26] "얻기 위하여"(εὕρωμεν) "담대하게"(μετὰ παρρησίας) 그 보좌 앞으로 "나아갑시다"(προσερχώμεθα, 권유법)라고(히 7:25; 11:6) 힘 있게 권면하며 초청한다. 하나님께로부터 그리고 그분으로부터만 오는 긍휼(ἔλεος, 히 2:17; 8:12)과 은혜(χάρις)는 하나님의 사랑의 대표적인 양상이다. 이 구절은 기도하라는 권면도 되겠지만 그보다도 더 큰 의미가 있는 초청이다.[27] 히브리서 4장의 마지막 세 구절(14-16절)은 죄와 인생의 짐에 눌려 있는 이들에게 안식을 주시겠다고 초청하시는 예수님의 초청말씀(마 11:28-30)과 아주 닮아있다.

은혜의 보좌는 하나님의 보좌요, 하나님은 참 안식의 근원이시며 그 백성에게 그 안식을 주실 수 있는 분이시다. 여호수아가 이스라엘 백성을 이끌어 약속의 땅, 안식으로 이끌었듯이, 우리의 위대한 대제사장 예수님은 더더욱 그림자가 아니라 참 안식처인 하늘의 성소로 우리를 이끄시기에 합당한 분이시다. 그렇다면, 이 은혜의 보좌는 히브리서 3-4장에서는 가나안 땅, 즉 하늘의 안식이요, 히브리서 9-10장에서 말하는 하나님의 임재하시는 지성소이며, 히브리서 12장에서 말하는 시온 산이라 할 수 있다. 히브리서 저자는 강해의 마지막에 참된 안식을 주실 수 있는 분인 동시에 그 안식 자체이신 위대한 대제사장 예수님을 통하여 하나님의 보좌로, 그 임재하심으로, 하나님 그분께로 나아가라고 청중들을 권면한다. 우리 또한 이 안식의 자리에 들어가라고 초청받았다.

## III. 개인 묵상이나 그룹 토론(설교 구상)을 위한 질문

1. 예수님은 왜 그리고 얼마나 모세보다 충성스러운 분이신가?
2. 히브리서 저자가 시편 95편을 어떻게 인용하고 해석하고 있는가?
3. 출애굽 세대, 히브리서의 세대, 그리고 우리 세대의 하나님의 백성에게 공통된 실패의 원인이 있다면, 그것은 무엇이겠는가?
4. 히브리서 3-4장에서 말하고 있는 안식의 개념은 무엇인가?
5. 우리는 지금 여기서 어떻게 하나님의 안식에 들어갈 수 있는가?

# 부설 II

## 안식: "카타파우시스"(κατάπαυσις) 혹은 "아나파우시스"(ἀνάπαυσις)

히브리서 3-4장의 두드러진 주제 중의 하나는 "안식"이다. 안식을 의미하는 몇 가지 어휘가 있다. 첫째로, 헬라어 "카타파우시스"(κατάπαυσις)로 표현하는 안식인데, 신약에서 동사와 명사를 통틀어 열세 번 나온다. 사도행전(7:49; 14:18)에 두 번 나오는 것을 제외하면, 모두 히브리서 3:7-4:13에 나온다. 이 어휘는 안식의 상태 혹은 안식의 장소를 의미한다.[28] 초기에는 안식 자체의 의미로 사용되었으나, 후기에는 장소의 의미로 사용되었다. 히브리서에서는 후자의 의미로 사용되었다고 보는 것이 적절하다.

둘째로, 안식 혹은 안식일을 표현하는 어휘는 히브리어로 "사바트"인데 헬라어 음역은 "사바티스모스"(σαββατισμός)이다(히 4:9, 비교. 출 16:30). 셋째로, "쉼" 혹은 "안식"을 표현하는 어휘는 헬라어로 "아나파우시스"(ἀνάπαυσις)인데, 마태복음 11:28-29, 고린도전서 16:18, 고린도후서 7:13, 계시록 14:13 등에서 사용되었다. 예수께서 약속하신 "쉼" 혹은 "안식"(마11:28-29)은 일로부터의(from work) 안식이 아니라 일 안에서의(in work) 안식이다(비교. 요 5:17; 계 4:8). 즉, "무활동의 안식이 아니라, 모든 기관과 감정-의지, 마음, 상상력, 양심-들이 조화롭게 활동하는 안식인데, 하나님 안에서 이 각각이 만족과 발전을 위한 이상적인 영역을 발견하였기 때문이다."[29]

이 안식이라는 뜻은 역사 속에서 다양하게 해석되었다. 정치적인 종말론으로 이해하면 이스라엘이 이방나라의 압박으로부터 해방됨,

묵시적으로 이해하면 종말론적인 성전에 들어감, 형이상학적을 이해하면 하늘의 영적인 세계에 들어감, 혹은 영지주의적인 관점에서 충만 등을 의미하는 것으로 보기도 하였다.

그러나 히브리서에서 "안식에 들어감"은 히브리서에 나타나는 구원론적인 모티브들, 즉 약속을 상속함, 영광스럽게 됨, 온전하게 됨 등과 연관하여 보아야 한다. 히브리서에서 그리스도인이 안식에 들어감은 그리스도가 하나님의 임재에 들어가심과 평행을 이룰 뿐만 아니라(히 4:14; 9:12, 24-25), 그분에 의하여 가능하게 된 것이다(히 4:8; 6:20; 10:19-20). 그러므로 안식에 들어감은 전체적인 구원과정을 의미한다고 보는 것이 최선이다. 이는 침례로 시작하여(히 10:22) 종말론적으로 완성될 때까지(히 10:25, 37-38; 12:26-29) 하나님의 임재 즉 하늘의 고향(히 11:16) 혹은 진동하지 않는 나라(히 12:28)에 들어가는 과정을 말한다.

# 주(註)

1) Wills, "The Form of the Sermon," 282.

2) 이 구절에서 "믿는 도리"로 번역된 헬라어 어휘 "호몰로기아"(ὁμολογία, 동사는 "호몰로게오"=ὁμολογέω, "동일하게 말하다, 고백하다")는 "신앙고백"으로도 번역될 수 있으며, 신약에서 중요한 의미를 지니고 있다. 이 어휘는 히브리서와 다른 신약의 책에서 명사와 동사로 다음과 같이 사용되고 있다: 명사-히 3:1; 4:14; 10:23; 동사-히 11:13; 13:15; 신약성서의 다른 책들에는, 명사-고후 9:13; 딤전 6:12; 6:13; 동사-마 7:23; 10:32(x2); 눅 12:8(x2); 요 9:22; 행 23:8; 24:14; 롬 10:9-10; 딤전 3:16(부사); 딛 1:16; 요일 1:9; 2:23; 4:2-3; 4:15; 요이 7; 계 3:5. "신앙고백의 내용" 혹은 "신앙고백하는 행위"를 나타내는데, 여기서는 정관사가 붙어 있기 때문에 전자로 보아야 한다.

3) 히브리서 3:1-6에서 "집"(οἶκός)은 중의적으로 사용되었다: 1) 일반적인 집이나 우주; 2) 하나님의 백성(출 16:31; 딤전 3:15; 히 8:8), 3) 성소 혹은 성전(출 23:19; 시 27:4) 등을 의미할 수 있다. 2절의 집은 이스라엘 백성(하나님의 백성) 혹은 성소(회막이나 성막)를, 4절의 집은 일반적인 집이나 하나님이 창조하신 우주를, 5-6절의 집은 구약 혹은 신구약의 모든 하나님의 백성을 의미하는 것으로 보아야 한다.

4) "그의 집"을 성소나 성전으로 본다고 하더라도, 성전 이미지를 사용하여 교회 혹은 하나님의 백성을 언급한 신약의 개념을 상기하면(고전 3:16-17; 엡 2:19-21; 벧전 2:4-5) 하나님의 백성으로도 볼 수 있다.

5) 이 어휘에 대한 더 자세한 것은 Horst Baltz, "παρρησία," *EDNT*, III:44-7; 오토 미헬, 「히브리서」, 249-50 등을 참조하라.

6) Derek Kidner, *Psalms 73-150*, TOTC (Downers Grove: IVP, 1975), 343-6을 참조하라.

7) Bruce, *The Epistle to the Hebrews*, 96-7; Ernst Käsemann, *The Wandering People of God: Investigation of the Letter to the Hebrews*(Minneapolis: Augsburg, 1984), 68-87 등을 참조하라.

8) 본서의 3장 말미에 나오는 부설 II를 참조하라.

9) Koester, *Hebrews*, 88-9; 276를 참조하라.

10) "안식"(κατάπαυσις)이라는 용어는 신구약성경에서 상호연관성이 있는 다의적인 용어이다. 첫째로, 안식은 하나님께서 모세를 통하여 출애굽 한 이스라엘 백성들에게 약속하신 가나안땅을 의미한다(신 12:10; 출 33:14; 수 1:13). 히브리서 3:18-19와 4:8에서 이를 전제로 하고 있으나 가나안의 안식의 약속이 완전히 성취되는 것은 하나님의 나라에서이다(히 12:22-24). 둘째로, 안식은 하나님의 언약궤가 안치된 성막/성전 혹은 시온 산을 의미한다(왕상 8:56; 시 132:8, 13-14). 히브리서에서도 그리스도인들이 하늘의 지성소에 들어감을 안식으로 언급하고 있다(히 4:9-10; 10:19). 셋째로, 안식은 시내 산 언약인 십계명에 나타나는 안식일을 의미한다(출 35:2). 이 안식(일)은 창조(창 2:2; 출 20:11), 노예상태로부터의 해방(신 5:12-15), 속죄일(레 16:31) 등과 연관되어 있는데, 히브리서 2:10-18에서는 이 모두가 그리스도의 사역과 관련되어 있다. 그리스도인들이 소망하는 안식은 그리스도의 사역의 결과로 주어지기 때문이다.

11) 히브리서에는 세 번의 하나님의 맹세가 나온다. 여기서는 부정적인 예이지만, 아브라함에게 하신 맹세(히 6:13-20)와 멜기세덱의 반차를 따른 영원한 대제사장에 대한 맹세(히 7:21)는 긍정적인 예들이다.

12) 헬라어 원문에 "나의 길들"(τὰς ὁδούς μου)로 되어 있는 "하나님의 길"은 하나님께서 이스라엘 백성에게 모세를 통하여 교훈하신 내용이거나(시 81:13; 119:3) 하나님께서 친히 행하시는 길(시 145:17)로 볼 수 있다.

13) 원문에서는 "보다" 혹은 "조심하다"로 번역할 수 있는 동일한 동사와 "불신앙" 혹은 "믿음이 없음"으로 번역할 수 있는 동일한 명사가 12절과 19절에 각각 자리잡고 있어서, 이 두 어휘가 12-19절을 한 문단으로 묶어주는 일종의 묶음쇄(inclusio)를 형성한다.

14) 14절의 "시작할 때의 확실한 것"은 원문에서 더 정확하게는 "확실한 것의 시작"(τὴν ἀρχὴν τῆς ὑποστάσεως)인데, 히브리서의 청중들이 신앙의 초기에 지녔던 확실한 것으로 해석될 수 있다. 이때 "확실한 것"으로 번역된 어휘는 히브리서에서 중요한 의미로 사용되고 있다. 원어는 이미 히브리서 1:3에서 "본체"라고 번역되어 나왔던 "휘포스타시스"(ὑποστάσις)인데, 여기서는 "확실한 것(히 3:14), 그리고 믿음의 정의가 나오는 히브리서 11:1에서는 "실상"으로 번역되었다. 히브리서 이외에서는 "믿던 것"(고후 9:4) 혹은 "기탄없이"(고후 11:17) 등으로 번역되기도 하였다.

15) 히브리서 4:1-11은 1절과 11절에 "안식에 들어가다"라는 어구와 또 여기에 연결된 권유법들(1절의 "두려워할지니"와 11절의 "힘쓸지니")이 함께 묶음쇄(inclusio)를 형성하는 하나의 문단이다. 그리고 이 문단에서 1절과 11절뿐만 아니라 5, 6절에도 각각 "(안식에) 들어가다"라는 어구가 있어서 1-5절, 6-11절을 소 문단으로 묶어주는 묶음쇄를 형성한다: Koester, *Hebrews*, 276; Lane, *Hebrews 1-8*, 95-7 등을 참조하라.

16) 요한복음 5:17의 일은 인간의 타락으로 말미암은 구속사역 혹은 재창조의 작업이라고 볼 수 있으며, 그러한 일 가운데에서도 내적인 쉼을 누리시는 하나님으로 볼 수도 있다.

17) 히브리서 4:10에 나오는 "자신의 일들"은 상황에 따라서 다양할 수 있다. 첫째는 창조의 한계들, 즉 진동할 수밖에 없는(히 12:26-28) 창조된 질서(히 1:10-12) 안에서 부패할 수밖에 없고 벗어날 수도 없는 노동과 수고를 의미한다. 지금 노동하고 수고하는 자들은 진동하지 않을 하나님의 나라에서 이 수고를 쉬고 안식할 것이다. 둘째는 사회와의 갈등으로 히브리서의 청중들에게는 감옥에 있거나 어려움을 당하고 있는 동료 그리스도인들을 섬기고 지원하는 일(히 6:10; 10:24; 13:1-3; 21)이다. 그리스도인들은 장차 올 도성에서 이 일을 쉬고 안식할 것이다(히 12:22-24; 13:14). 마지막은 죄와의 싸움인데, 성령의 은혜를 받은 히브리서 청중들도 죄와 싸워야 한다(히 12:4; 15; 13:4-5). 그러나 그들이 하나님의 임재 앞에 갈 때는 그 싸움을 쉬고 완전하게 되어 완성된 안식의 잔치가 벌어질 것이다(히 12:22-24): Koester, *Hebrews*, 272-3; Lane, *Hebrews 1-8*, 101-2; Otfried Hofius, "κατάπαυσις, καταπαύω," *EDNT*, II: 265-6 등을 참조하라.

18) 히브리서에는 이와 같이 한 문장으로 길면서 아름답게 그리고 조직적으로 잘 짜여진 미문들이 많다. 이미 보았던 히브리서 1:1-4를 위시하여, 히브리서 2:2-4; 4:12-13; 5:5-10; 10:19-25; 12:22-24 등이 그러하다.

19) 히브리서 4:12에 나오는 "혼과 영과 및 관절과 골수, 마음의 생각과 뜻"이라는 어구에서 데살로니가전서 5:23과 연관하여 삼분설-인간을 영("프뉴마"=πνεύμα), 혼("프쉬케"=ψυχή), 육("사르크스"=σάρξ)-로 보는 견해가 도출되기도 한다. 이때 관절과 골수는 인간의 몸을 대표하는 물질적인 것이며, 마음의 생각과 뜻은 지, 정, 의가 자리하고 있는 혼에서 일어나는 현상으로 본다. 그러나 영과 혼을 구분하기 힘들다 하여 하나로 보아 이분설이 주장된다. 그러나 구분하기 힘든 것은 인간의 몸을 구성하는 관절과 골수도 마찬가지이며, 인간의 마음속에 일어나는 의도되지 않은 생각과 자신의 의향이 들어간 뜻을 구별해내는 것도 여간 힘든 것이 아니다. 아무튼 히브리서 4:12에서 히브리서 저자의 목적은 인간의 구성요

소를 이분설로 보느냐 삼분설로 보느냐에 관심이 있는 것이 아니라, 이렇듯 힘든 요소들도 구분하고 분별해 내는 하나님의 말씀의 능력을 강조하고자 함에 있다.

이와 연관하여 흔히 말하여지는 두 가지 유비를 언급하고자 한다. 첫째는 위에서 언급한 영, 혼, 육을 다음과 같이 신앙의 여정에 대한 유비로 보는 방식이다:

| 육 | 혼 | 영 |
|---|---|---|
| 애굽 | 광야 | 가나안 |
| 구원받기 전의 세상 | 구원받은 후의 세상 | 구원의 완성인 천국 |
| 칭의(Justification) | 성화(Sanctification) | 영화(Glorification) |

이러한 유비는 일면 도움이 되는 면도 있으나 너무 문자적으로 의지할 필요는 없다고 본다. 히브리서 저자는 혼의 구원(히 10:39)도 말하고, 영의 온전케 됨도 언급한다(히 12:23). 그리고 혼은 사람의 생명 혹은 인격 자체를 언급하기도 한다.

둘째는, 이 세 단어의 형용사형들을 가지고 세 부류의 사람으로 나누고 있는 바울의 방식으로(비교. 고전 2:14-3:1), 오늘날에도 종종 활용된다. 첫 번째 부류의 사람은 고린도전서 2:14에 나오는 "육에 속한 사람"("프쉬키코스=ψυχικός, 혼적인 사람)인데, 구원받지 못한 자연인을 말한다. 이들은 지식, 감정, 의지가 다양하게 발전된 사람들일지라도 거듭나지 못하였기 때문에 영적인 것을 분변할 수 없다. 두 번째 부류의 사람은 고린도전서 2:15에 언급된 "신령한 사람"("프뉴마티코스"=πνευματικός, 영적인 사람)인데, 성령의 지배를 받는 거듭난 그리스도인을 말한다. 세 번째 부류는 고린도전서 3:1에 나오는 "육신에 속한 사람"("사르키노스"=σάρκινος, 영적인 어린아이와 같이 미성숙한 그리스도인)인데, 거듭나긴 하였으나 성령의 지배가 아니라 변화되지 않은 자아의 욕심의 지배를 받는 그리스도인들을 지칭한다.

20) "드러나다"로 번역된 헬라어 "테트라켈리스메나"(τετραχηλισμένα)는 신약에서 이곳에만 나오는 단어로, 씨름 선수가 상대방에게 목 혹은 숨통(neck, throat, "트라켈로스"= τράχηλος)을 잡혀 꼼짝없이 그가 이끄는 대로 움직일 수밖에 없는 형국 혹은 제물이 도살자 앞에 두 손을 뒤로 묶인 채 목을 앞으로 내놓은 무방비상태를 표현하는 말이다: W. E. Vine, *Vine's Complete Expository Dictionary* (Nashville: Thomas Nelson Publishers, 1984, 1996), 359; Attridge, *Hebrews*, 136; Koester, *Hebrews*, 274-5 등을 참조하라.

21) 보통은 13절에서 단락이 끝나는 것으로 보고 있으나(Koester, Bruce, Attridge), Lane은 14절에서 끝나도록 나누고 있다: Lane, *Hebrews 1-8*, 91-105를 참조하라.

22) 예를 들면, 바울이 언급한 "셋째 하늘"(고후 12:2)에서 암시되는 것처럼, 신구약 성경에서 "하늘"은 복수형으로 사용된다.

23) 히브리서는 설교문이기 때문에 권유법이 아주 많이 사용되었다. 이미 히브리서 2:1에서 벌써 한번 나왔었지만, 히브리서 4장에는 1절과 11절, 그리고 14절과 16절에 이 "권유법"이 사용되었다. 이 권유법은 일인칭 복수형 가정법 동사로 형성되기 때문에 화자 자신이 포함된 명령법이라고도 한다. 청중을 설득하는 연설문이나 특히 설교(문)에서 큰 효과를 발휘하는 어법이다. 히브리서에서는 권유법이 아주 많이 사용되었는데, 이 권유법이 들어 있는 문단을 중심으로 중요한 설교주제를 잡아 설교하는 것도 꽤 도움이 될 수 있다. 그렇게 하면 열 편이 넘는 설교가 된다. 히브리서의 권유법이 포함된 문단과 그 주제들은 다음과 같다(밑줄 친 동사가 권유법 형태임):

1. "(구원에서) 떠내려가지 맙시다": 히브리서 2:1(μήποτε παραρυῶμεν)
2. "두려워합시다: 히브리서 4:1(Φοβηθῶμεν)
3. "(안식에 들어가기를)힘씁시다: 히브리서 4:11(Σπουδάσωμεν εἰσελθεῖν εἰς τὴν κατάπαυσιν)
4. "(신앙고백을) 굳게 잡읍시다": 히브리서 4:14(κρατῶμεν τῆς ὁμολογίας. 비교. 히 3:1, 6; 10:23)
5. "은혜의 보좌로 담대히 나아갑시다": 히브리서 4:16(προσερχώμεθα μετὰ παρρησίας τῷ θρόνῳ τῆς χάριτος)
6. "완전한 데로 나아갑시다": 히브리서 6:1(ἐπὶ τὴν τελειότητα φερώμεθα)
7. "(참 마음과 충만한 믿음으로)나아갑시다, 신앙고백을 굳게 잡읍시다, 서로 돌아봅시다": 히브리서 10:22, 23, 24(προσερχώμεθα μετὰ ἀληθινῆς καρδίας ἐν πληροφορίᾳ πίστεως, κατέχωμεν τὴν ὁμολογίαν, καὶ κατανοῶμεν ἀλλήλους)
8. "(우리 앞에 당한 경주를) 경주합시다": 히브리서 12:1(τρέχωμεν τὸν προκείμενον ἡμῖν ἀγῶνα)
9. 은혜를 받읍시다; 경건함과 두려움으로 하나님을 기쁘시게 섬깁시다": 히브리서 12:28(ἔχωμεν χάριν, δι᾽ ἧς λατρεύωμεν εὐαρέστως τῷ θεῷ μετὰ εὐλαβείας καὶ δέους)
10. "(그분의 능욕을 지고 그분께) 영문 밖으로 나아갑시다": 히브리서 13:13 (ἐξερχώμεθα πρὸς αὐτὸν ἔξω τῆς παρεμβολῆς τὸν ὀνειδισμὸν αὐτοῦ φέροντες)
11. "찬미의 제사를 드립시다": 히브리서 13:15(ἀναφέρωμεν θυσίαν αἰνέσεως).

24) 저자는 지상의 지성소 내의 시은좌, 속죄소를 염두에 두고 있다(히 9:5; 출 25:18-22). 여기에 사용된 "담대히"라는 부사에서도 그것을 짐작할 수 있다(참고. 엡 3:12).

25) 높은 사람이나 임금을 만나 뵙는다는 옛 말.

26) “때를 따라 돕는” 은혜는 “가장 좋은 시간의 도움”(“유카이론 보에떼이안”=εὔκαιρον βοήθειαν)이 되는 은혜이다. 즉, 인간의 시간이 아니라 하나님의 시간에 오는 도우심의 은혜를 말한다(고전 10:13).

27) Koester, *Hebrews*, 284-5.

28) 오토 미헬,「히브리서」, 255-7; Attridge, *Hebrews*, 126-8; Hofius, “κατάπαυσιϛ καταπαύω,” 265-6 등을 참조하라.

29) Vine, *Vine's Complete Expository Dictionary*, 529.

제 4 장

# 제 3 강해(히 5:1-7:28):
# "멜기세덱의 반차를 따른 대제사장"

설교의 서론: 히 1:1-2:4(구약의 일곱 말씀의 연쇄인용을 통하여)
제 1 강해: 히 2:5-18(시 8:4-6에 대하여-시 22:22; 사 8:17-18과 함께)
제 2 강해: 히 3:1-4:16(시 95:7-11에 대하여-창 2:2와 함께)
**제 3 강해: 히 5:1-7:28(시 110:4에 대하여-창 14:17-20과 함께)**
제 4 강해: 히 8:1-10:25(렘 31:31-34에 대하여-시 40:6-8과 함께)
제 5 강해: 히 10:26-11:40(합 2:3하-4에 대하여)
제 6 강해: 히 12:1-13(잠 3:11-12에 대하여)
제 7 강해: 히 12:14-29(출 19:12-13을 중심으로 시내 산과 시온 산에 대하여)
설교의 결론: 히 13:1-23(구약의 두 말씀 인용과 암시들을 통하여)

히브리서 5-7장은 히브리서 설교 내의 일곱 개의 성경강해 중에서 세 번째에 해당한다. 이 세 번째 강해는 지금까지 미루어온 대제사장에 대한 내용인데, 시편 110:4의 인용과 해석으로 이루어진다. 멜기세덱의 반차에 대한 설명을 위하여 창세기 14장이 부차적으로 인용되고, 이 주제를 위하여 히브리서 7장이 온통 할애된다. 이 단락이 길어진 이유는 중간에 끼어든 경고 구절(히 5:11-6:12) 때문이다.

# I. 구조 분석

히브리서의 세 번째 강해는 기본적으로 시편 110:4를 중심으로 예수께서 멜기세덱의 반차를 좇은 대제사장임을 증명하는 성경강해이다. 시편 110:4는 히브리서 5:6-7과 7:17, 21에 반복적으로 인용되고 또한 여러 군데에서 암시되어 있어서 묶음쇄(inclusio)를 형성하면서 세 번째 강해의 주제구절 역할을 한다. 대제사장 주제를 위해서 창세기 14:17-20도 보조적으로 인용되고 해석된다. 그리고 이 단락 속에 자리 잡고 있는 히브리서 5:11-6:12는 동일한 단어 "노뜨로이"(νωθροί)가 묶음쇄(inclusio)로서 각각 히브리서 5:11("둔하다")과 6:12("게으르다")에 위치하여 하나의 소단위를 이루면서 히브리서의 세 번째 경고문을 형성한다.

## 1. 히브리서 5:1-10의 구조

히브리서 5:1-10은 히브리서의 제3 강해의 서론의 역할을 한다. 바로 앞 문단(히 4:14-16)의 "대제사장"(히 4:14)이라는 어휘가 본 문단에서 수차례 반복되면서 두 문단간의 연결어구 역할을 한다. 본 문단은 다음과 같이 교차대구구조를 형성하고 있다. 핵심(C-C')에 자리 잡고 있는 대로 본 문단의 주제는 아론과 그리스도간의 비교에 있으며 인용된 시편 110:4는 본 강해 전체의 중심 주제를 제시하는 역할을 한다:1)

A 5:1 대제사장마다 사람 가운데서 택한 자이므로 하나님께 속한 일에 사람을 위하여 예물과 속죄하는 제사를 드리게 하나니**(옛 대제사장의 직분)**

B 2 그가 무식하고 미혹된 자를 능히 용납할 수 있는 것은 자기도 연약에 휩싸여 있음이라 3 그러므로 백성을 위하여 속죄제를 드림과 같이 또한 자신을 위하여도 드리는 것이 마땅하니라**(대제사장과 백성이 동일시되어 하나됨)**

C 4 이 존귀는 아무도 스스로 취하지 못하고 오직 아론과 같이 하나님의 부르심을 받은 자라야 할 것이니라**(대제사장의 겸손-하나님의 임명)**

C' 5 또한 이와 같이 그리스도께서 대제사장 되심도 스스로 영광을 취하심이 아니요 오직 말씀하신 이가 그더러 이르시되 너는 내 아들이니 내가 오늘 너를 낳았다 하셨고 6 또한 이와 같이 다른 데서 말씀하시되 네가 영원히 멜기세덱의 반차를 따르는 제사장이라 하셨으니
**(그리스도의 겸손-하나님의 임명)**

B' 7 그는 육체에 계실 때에 자기를 죽음에서 능히 구원하실 이에게 심한 통곡과 눈물로 간구와 소원을 올렸고 그의 경건하심으로 말미암아 들으심을 얻었느니라 8 그가 아들이시면서도 받으신 고난으로 순종함을 배워서
**(그리스도와 백성이 동일시되어 하나됨)**

A' 9 온전하게 되셨은즉 자기에게 순종하는 모든 자에게 영원한 구원의 근원이 되시고 10 하나님께 멜기세덱의 반차를 따른 대제사장이라 칭하심을 받으셨느니라
**(새로운 대제사장의 직분)**

## 2. 히브리서 5:11-6:12의 구조

히브리서 5:11-6:12는 히브리서 5-7장의 내용상 약간 곁길로 간 독립적인 단락이다.[2] 히브리서 5:11("둔하다")과 6:12("게으르다")에 나오는 동일한 단어 "노뜨로이"(νωθροί)가 묶음쇄(inclusio) 기능을 하여 하나의 소단위를 이루면서 히브리서의 세 번째 경고문을 형성한다.[3] 이 문단은 크게 두 문단으로 나뉘고(히 5:11-6:3과 히 6:4-12), 각 문단은 다시 작은 두 문단씩 나뉜다. 앞부분(히 5:11-6:3)은 히브리서 6:1의 권유법

을 기준으로, 뒷부분(히 6:4-12)은 8절의 저주와 9절의 더 나은 구원에 대한 전망를 기준으로 나뉜다. 그래서 전체적으로는 미성숙에 대한 책망(히 5:11-14)과 완전함으로 나가라는 권고(히 6:1-6:3), 경고(히 6:4-8)와 격려(히 6:9-12)가 균형을 이루고 있다.

## 3. 히브리서 6:13-20의 구조

히브리서 6:13-20에서 권면/경고(히 5:11-6:12)로부터 이제 하나님의 약속의 견고성에 대한 성경을 인용하고 해석하는 장르로 변화되는 새로운 문단이다. 히브리서 6:12에 언급한 대로 "믿음과 오래 참음으로 말미암아 약속들을 기업으로 받는 자들을 본받는 자 되라"고 호소하고 나서, 히브리서 6:13-20에서는 아브라함의 예를 들어 이를 설명해주고 있다. 아브라함이 믿음의 혹독한 시련 후에 하나님의 약속과 맹세를 받은 것과 같이(13-15절, 참고. 창 22:1-18), 현재 하나님의 약속의 상속자들에게도 믿음과 순종, 인내가 필요하다(16-20절). 본 문단에는 법정적인 용어들이 많이 나오는 것이 특색이다. 예를 들면, "맹세"(16-17절), "다투는 일(법적 논쟁)"(16절), "맹세하다"(13, 16절), "보증하다"(17절), "최후 확정"(16절), "변치 못할"(18절) 등인데, 이러한 용어들은 히브리서 6:16-18에서 이루어지는 청중들에 대한 격려에 논리적인 힘을 실어준다.[4)]

## 4. 히브리서 7장의 구조

히브리서 7장은 이미 제시된 주제구절(히 5:6=시 110:4)에 대한 본격적인 해석이다. 바로 앞 구절(히 6:20, 비교. 히 5:10)은 다시 한 번 이 주제구절을 암시하면서 시작된다. 히브리서 7장은 한 단위로서 여러 특징적인 용어들을 포함한다. 즉, 주제구절(히 5:6; 시 2:7; 시 110:4)에 명시되거나 그와 연관된 어휘들로 "아들"(3, 28절), "멜기세덱"(1, 10, 11, 15, 17절), "제사장"(1, 3, 11, 14, 15, 17, 20, 21, 23절), "대제사장"(26, 27, 28절), "제사장직"(11, 12, 24절, 원어로 "ἱερωσύνης" 로서 신약에서는 히브리서에만 나오는 어휘이다), "영원히"(17, 21, 24, 28절) 등이다. 히브리서 7장 전체에는 이러한 어휘들이 주로 사용되어 "멜기세덱의 반차를 좇은 대제사장"으로서의 "아들"은 레위계통의 제사장보다 우월하다는 점에 집중되어 있다. 크게 두 부분으로 나뉘는데 "왕 같은 제사장 멜기세덱"(1-10절)과 "멜기세덱과 같은 영원한 제사장 예수"(11-28절)로 구분된다. 히브리서 7:1-10은 창세기 14:17-20에 대한 해석을 제공하고, 히브리서 7:11-28은 시편 110:4에 언급된 각 요소들의 중요성에 주의를 집중한다.

### 1) 히브리서 7:1-10의 구조

히브리서 7:1-10은 예수님을 하늘의 대제사장으로 소개하면서 시편 110:4를 암시하고 있는 히브리서 6:20을 받아서 이루어지는 설교적 미드라쉬이다. 이 문단은 시편 110:4에 나오는 멜기세덱의 특성을 밝히기 위하여 창세기 14:17-20의 도움을 받고나서(1-3절), 멜기세덱 계통의 제사장직이 레위 계통의 제사장직보다 우월함을 보여주기 위하여 다시 창세기 14:17-20을 활용한다(4-10절). 히브리서 7:1-10에서 예수 그리스도의 제사장직의 우월성을 보여주기 위하여 사용된 멜기세덱 주제의 세 가지 주안점은 멜기세덱의 영원성, 그가 받은 십일조,

그가 행한 축복이다. 이 세 가지 주제를 중심으로 이 두 문단은 다음과 같은 교차대구구조를 형성하는데, "아브라함과 멜기세덱의 만남"(1, 10절)이 일종의 묶음쇄(inclusio) 역할을 하여 한 문단으로 묶어준다:[5]

| **1-3절: 멜기세덱의 제사장직의 특성** | | **4-10절: 멜기세덱의 제사장직의 우월성** | |
|---|---|---|---|
| A | 멜기세덱을 만남(1상) | C' | 십일조(4) |
| B. | 축복(1하) | B' | 축복(6) |
| C. | 십일조(2) | A' | 멜기세덱을 만남(10절) |

### 2) 히브리서 7:11-28의 구조

히브리서 7:11-28은 시편 110:4에 언급된 각 어휘들을 중심으로 예수 그리스도의 대제사장직을 집중적으로 설명하는 문단이다. 이 시편이 이미 인용 혹은 암시되었고(히 5:6, 10; 6:20; 7:3) 멜기세덱이 아브라함을 만난 사건을 설명하는 데 사용되기도 하였으나(히 7:1-10; 창 14:17-20), 이 시편만을 집중적으로 해석하는 일은 히브리서 7:11-28에 와서야 비로소 이루어진다. 히브리서 7:11-28은 구조적으로 "온전함"(τελείωσις)이라는 어휘에 의하여(11, 19, 28절) 한 단위를 이루고 그것은 다시 두 개의 소단위로 나뉜다(11-19절, 20-28절). 두 번째 소단위는 20-21절과 28절에 나오는 "맹세"(ὁρκωμοσία)라는 어휘로 한 번 더 하나의 단위로 묶여 있다.

첫 번째 소단위(11-19절)는 "모세의 법 안에서 이루어지는 레위계통의 아론 반차를 따른 대제사장직의 한계성과 대비한 멜기세덱의 반차를 따른 대제사장 예수"(11-14절; 시 110:4하), 그리고 "영원한 대제사장 예수"(15-19절, 시 110:4중)라는 내용으로 구성된다. 두 번째 소단위는 예수 그리스도의 대제사장직이 "하나님의 맹세 때문에"(20-22절, 시 110:4 상), "영원히 죽음에 매여 있지 않기 때문에"(23-25절), "자신을 위한 희생제물이 필요하지 않기 때문에"(26-28절) 우월하다는 내용이다. 이렇게 함으로써 히브리서 저자는 시 110:4를 역순으로 해석하고 있다.

# II. 본문 해설

히브리서에서 세 번째 성경강해를 구성하는 히브리서 5-7장의 주요 구성요소는 서론(히 5:1-10), 긴 삽입본문(경고)과 권면(히 5:11-6:20), 그리고 인용된 성경의 해석(히 7장)으로 이루어졌다. 이 세 번째 강해에는 마지막 결론과 권면이 없는 대신 중간(히 5:11-6:20)에 자리 잡고 있는 경고, 권면, 확신시킴 등이 이를 대신하고 있다고 볼 수 있다.

## 1. 서론: 대제사장의 자질(히 5:1-10)

히브리서 5:1-10은 5-7장의 서론이다. 이 문단은 대제사장의 자질에 관한 내용인데, 처음은 지상의 대제사장의 자격(1-4절)을 말하고 이어서 예수 그리스도의 대제사장 자격(5-10절)을 진술한다. 이 두 부분은 위에서 보았듯이 교차대구구조를 형성함으로써 대비의 효과를 낸다.

### 1) 지상의 대제사장 자격(히 5:1-4)

5:1 대제사장마다 사람 가운데서 택한 자이므로 하나님께 속한 일에 사

람을 위하여 예물과 속죄하는 제사를 드리게 하나니 2 그가 무식하고
미혹된 자를 능히 용납할 수 있는 것은 자기도 연약에 휩싸여 있음이라
3 그러므로 백성을 위하여 속죄제를 드림과 같이 또한 자신을 위하여도
드리는 것이 마땅하니라 4 이 존귀는 아무도 스스로 취하지 못하고 오
직 아론과 같이 하나님의 부르심을 받은 자라야 할 것이니라.

히브리서 저자는 그리스도의 대제사장 직분에 대한 구체적인 자질에 대하여 언급하기 전에 지상의 대제사장의 두 가지 일반적인 자질을 언급한다. 첫째, 대제사장은 자신이 대표하는 백성들과 함께 느낄 수 있어야 한다(1-3절). 둘째, 대제사장은 하나님으로부터 그 직분에 임명을 받아야 한다(4절).

대제사장은 자신이 대표하는 이들이 하나님 앞에 가지고 있는 임무에 관하여 그들을 대표한다. 그러므로 그는 인간이어야만 한다(1절). 1절의 "택한 자"(λαμβανόμενος)란 봉사를 위하여 대제사장과 레위인들을 따로 세우는 것을 의미한다(레 8:2; 민 8:6). 하나님 앞에서 이스라엘 나라를 대표하는 아론과 그 후손들은 바로 이스라엘 사람들 중에서 택함을 받았다. 이 대제사장들이 사람을 위하여 예물과 속죄하는 제사를 드리게 된다.[6] 이러한 직무를 합당하게 완수하기 위하여 대제사장은 여러 의식들이 제대로 이루어지고 있는가에 주의해야 할 뿐만 아니라 그의 신성한 사역과 내적인 감정이 보조를 맞추어야 한다(2절).

신구약 중간기(제2 성전시대)에 대제사장의 타락상은 이루 말할 수 없었다. 그래서 히브리서 저자는 이스라엘의 제사장과 제사제도에 관하여 오경의 문자적 자료에 나타난 것만을 마음에 두고 있다. 2절의 "무식하고 미혹한 자들"(τοῖς ἀγνοοῦσιν καὶ πλανωμένοις), 즉 알지 못하고 실수하여 죄를 범한 이들을 대제사장은 동정할 수 있고 또 그래야만 한

다(민 15:28). 왜냐하면 자신도 동일한 연약함에 처해 있기 때문이다. 하나님께서 정해주신 이스라엘의 이상적인 대제사장 아론도 연약하여 넘어졌다(비교. 히 5:4; 출 32:1-6; 21-25). 그러므로 지상의 제사장이 백성을 위해서 뿐만 아니라 자신을 위해서도 속죄제를 드려야 함은 놀라운 일이 아니다(3절). 이는 속죄일에 대한 규례에도 나오는 내용으로(레 16:6, 15), 지상의 제사장들은 자신들이 범한 범죄를 위하여 제사를 드려야 한다(레 4:3-12). 히브리서 저자는 이를 다시 히브리서 7:27에서 언급하고 있는데, 이것은 아론의 대제사장직과 그리스도의 대제사장직이 구별되는 특징 중의 하나이다(히 4:15).

대제사장의 첫 번째 조건이 동정할 수 있는 능력이라면, 두 번째 조건은 하나님께서 이 영광스러운 직분으로 부르시는 부르심이 있어야 한다는 것이다(4하절). 1절의 "택한 자"라는 어구에도 나타나듯이, 어느 누구도 자신의 뜻에 따라 스스로를 제사장으로 세울 수 없다(4상절). 그 권한이 없는데 "스스로 이 존귀를 취한 자들은"(4절) 구약에서 다 정죄당하였다(민 3:10; 대하 26:16-21). 아론(출 28:1이하; 레 8:1-2; 민 16:5; 17:5; 18:1이하; 시 105:26)과 그의 상속자와 후계자들(민 20:23-26; 25:10-13)도 하나님의 부르심을 받아야만 했다.

### 2) 그리스도의 대제사장직에 대한 자질(히 5:5-10)

> 5:5 또한 이와 같이 그리스도께서 대제사장 되심도 스스로 영광을 취하심이 아니요 오직 말씀하신 이가 그에게 이르시되 너는 내 아들이니 내가 오늘 너를 낳았다 하셨고 6 또한 이와 같이 다른 데서 말씀하시되 네가 영원히 멜기세덱의 반차를 따르는 제사장이라 하셨으니 7 그는 육체에 계실 때에 자기를 죽음에서 능히 구원하실 이에게 심한 통곡과 눈

물로 간구와 소원을 올렸고 그의 경건하심으로 말미암아 들으심을 얻었느니라 8 그가 아들이시면서도 받으신 고난으로 순종함을 배워서 9 온전하게 되셨은즉 자기에게 순종하는 모든 자에게 영원한 구원의 근원이 되시고 10 하나님께 멜기세덱의 반차를 따른 대제사장이라 칭하심을 받으셨느니라.

히브리서 저자는 위에서 말한 동일한 두 가지의 자질(조건)을 그리스도에 관하여도 적용한다. 그런데 저자는 이를 역순으로 하고 있다. 첫째로, 하나님께서 그리스도를 대제사장으로 부르시고 세우셨다(5-6절). 둘째로, 그리스도는 그의 백성을 동정할 수 있는 능력을 지니고 계시다(7-10절).

5절은 주님께서도 하나님의 부르심을 받았음을 언급한다(5절). 5-6절은 시편 2:7과 시편 110:4(109:4 LXX)의 인용으로 이루어졌는데,[7] 히브리서 저자는 하나님께서 이러한 대제사장으로 그리스도를 세우셨다고 확언한다. 히브리서 저자의 마음에는 "오늘"이 그리스도께서 하나님 보좌 우편에 오르신 때이다. 당시 유대교의 분파 중에는 쿰란 공동체같이 정치적 메시아(=다윗 집안의 왕, kingly Messiah)와 제사장적 메시아(=아론 집안의 메시아, priestly Messiah)를 구별하는 두 종류의 메시아관을 가진 이들이 있었다. 신구약 중간기에 왕권과 대제사장권이 통합되어 문란한 상태에 있었기 때문에 이에 대한 반발로 주전 2세기경에 이스라엘의 동방 사해근처에 쿰란공동체가 일어났던 것이다. 그러나 창세기 14:8에 등장하는 멜기세덱은 살렘의 왕(예루살렘의 왕)이며 동시에 높으신 하나님의 제사장이었다. 여기서는 예수께서도 하나님에 의하여 세워지신 다윗 집안의 메시아(시 2:7)일 뿐만 아니라 제사장적인 메시아(시 110:4)이심을 말한다. 그리스도인들도 두 종류의 메시아를 인정한 것이 아니라, 예수님 안에서 이 둘이 다 이루어진 것을 믿었다. 히브리서 저자는 이 두 종류의 종말론적인 인격을 시편 110:4의 신적인 성취로 본 최초의 사람이다.

7–10절에서 히브리서 저자는 그리스도의 대제사장직의 두 번째 자질을 말한다. 즉, 그리스도가 그 백성을 동정할 수 있다는 것으로, 7절은 그리스도의 인성을 강조하면서("육체에 계실 때에" 비교. 히 2:14–18) 일반적으로는 겟세마네 동산의 기도를 연상시킨다. 그리스도는 죽음의 잔을 홀로 마신 주님이시다(막 14:33–36; 10:38). 하지만 "심한 통곡(큰 소리로 부르짖음)과 눈물"(μετὰ κραυγῆς ἰσχυρᾶς καὶ δακρύων)은 오히려 십자가상의 주님(막 15:34, 37; 마 27:46, 50) 혹은 또 다른 경우를 연상케 한다.[8] 그러므로 히브리서 5:7을 예수님의 고난의 어떤 한 순간으로만 보는 것은 적절하지 않다.[9]

그리고 이 구절에서 "죽음에서"(ἐκ θανάτου)라는 어구는 "죽음의 권세로부터"(from the power of death) 혹은 "죽음 자체로부터"(from dying)로 해석될 수 있으나, 전자가 맞다(비교. 히 13:20).[10] 하나님은 예수님을 죽는 것으로부터 면제받게 하신 것이 아니라 죽으신 후 그 죽음의 권세로부터 구원해 주셨다. 주께서 죽음 전에 들으심을 얻은 것이 아니라, 죽음을 통과하신 이후 하나님께서 부활로 응답하신 것이다. 또한 7절의 "간구와 소원"(δεήσεις τε καὶ ἱκετηρίας)이라는 어구는 시편 22편의 앞부분(1–21절)을 연상시키며, 히브리서 5:1의 "예물과 속죄하는 제사"와도 대구를 이룬다. 뿐만 아니라 7절의 "올렸다"(προσενέγκας)라는 동사와 3절의 "드린다"(προσφέρειν)라는 동사가 원문에서 동일한데, 모두 제사장이 하나님께 제사를 드리는 모습을 묘사한다. 그리스도는 "고뇌와 눈물" 그리고 간구와 고난으로 제사장직을 수행하셨고, 그 모든 과정에서 하나님을 신뢰하는 것에 결코 실패하지 않으셨다. 여기서 "경건하심으로"(ἀπὸ τῆς εὐλαβείας)라는 어구는 죽음에 대한 두려움이 아니라 하나님께 대한 헌신과 순종을 의미한다. 히브리서 저자는 주님의 이 "경건하심" 때문에 들으심을 얻었다고 진술한다. 주님은 아버지의 뜻을 이루는 길을 아셨고, 그것을 끝까지 따라가셨다. 뿐만 아니라 "그의 경건하심" 즉 "그의 겸손한 순종(복종)"을 드리셨다.

8절의 헬라어 원문에는 아들 앞에 관사가 없다. 즉, 주님도 다른 아들들처럼 "아들이시면서도"(καίπερ ὢν υἱός) "고난을 통하여 순종을 배우는"(ἔμαθεν ἀφ' ὧν ἔπαθεν τὴν ὑπακοήν) 일반적인 원칙에서 면제되지는 않으셨다. 원문의 "배우다"(ἔμαθεν)라는 동사는 지적인 활동을 말함이 아니라, 오히려 삶과 경험으로 익힌다는 뜻이다(마 11:29; 딤전 5:4; 딛 3:14). 여기서의 "고난"(ἀφ' ὧν ἔπαθεν)은 이사야서 50:4-9를 연상시키는데(비교. 막 10:38; 눅 12:50), 예수님의 경우는 고난의 과정보다는 그 결과를 의미한다(히 2:18; 9:26; 13:12). 이 구절의 메시지는 히브리서를 받는 수신자들에게 닥쳐온 시련과 고난을 믿음으로 통과하는 데 격려가 된다. 히브리서 2:10에서 이미 언급된 바와 같이 아들이신 주님은 고난을 통하여 온전하게 되셨다(9절). 아들이 구원자와 대제사장의 자질을 갖추신 것이다. 히브리서 저자는 고난과 죽음을 통하여 아들에게 이루어진 온전함의 본질에 대하여 두 가지 사실을 염두에 두고 있다: 첫째, 그를 순종하는 모든 자에게 영원한 구원의 원천이 되시며, 둘째, 하나님에 의하여 "멜기세덱의 반차를 따른"[11] 대제사장이라는 인정을 받았다는 점이다. 저자는 멜기세덱의 반차를 다시 반복함으로써 이에 대하여 더 설명하고자 하는 의도가 있음을 보여준다.

## 2. 긴 삽입 문단: 세 번째 경고(히 5:11–6:12)

서론(5:1–10)에서 제시한 대로, 히브리서 저자는 자신의 청중들에게 멜기세덱의 반차를 따른 대제사장의 의미에 대하여 설명하려고 벼르고 있었다. 그러나 그는 본 문단의 첫 구절에서 그 시도가 어렵게 되었음을 설명한다(11절). 그래서 피치 못하게 문맥에서 좀 동떨어진 삽입 문단이 들어올 수밖에 없었다. 위에서 설명한 대로, 히브리서 5:11–6:12는 동일한 단어 "노뜨로이"(νωθροί)가 묶음쇄(inclusio)로는 각각 5:11("둔하다")과 6:12("게으르다")에 위치하면서 한 단위를 이루고,[12] 히브리서의 세 번째 경고문을 형성한다. 이 문단은 내용상으로 크게 두 문단으로(5:11–6:3과 6:4–11), 그리고 각 문단은 각각 두개의 소문단으로 나뉜다(5:11–14와 6:1–3; 6:4–8과 6:9–12).

### 1) 책망과 권고(히 5:11–6:3)

히브리서 제3 강해에 삽입된 긴 문단의 첫 부분은 책망과 권고이다. 히브리서 5:11–14는 영적인 미성숙에 대한 책망이고, 히브리서 6:1–3은 완전한 데로 나아가자는 권고이다.

#### (1) 영적인 미성숙에 대한 책망(5:11–14)

> 5:11 멜기세덱에 관하여는 우리가 할 말이 많으나 너희가 듣는 것이 둔하므로 설명하기 어려우니라 12 때가 오래 되었으므로 너희가 마땅히

선생이 되었을 터인데 너희가 다시 하나님의 말씀의 초보에 대하여 누구에게서 가르침을 받아야 할 처지이니 단단한 음식은 못 먹고 젖이나 먹어야 할 자가 되었도다 13 이는 젖을 먹는 자마다 어린 아이니 의의 말씀을 경험하지 못한 자요 14 단단한 음식은 장성한 자의 것이니 그들은 지각을 사용함으로 연단을 받아 선악을 분별하는 자들이니라.

원래 여기서는 바로 앞 절인 히브리서 5:10에 나온 시편 110:4의 반복적인 언급과 "할말이 많다"라고 한 히브리서 저자의 논리의 순서로 볼때 그리스도가 멜기세덱의 반차를 따른 제사장 되심에 대한 설명이 나와야 한다(11절). 하지만 저자는 이것을 히브리서 7:1 이하로 미루고, 그 대신 이전에도 그랬듯이(히 3:7-4:13) 청중의 영적인 상태에 대한 실제적인 경고를 하고 있다(12-14절). 12절도 그 이유를 말해준다. 그의 청중은 믿은 지 오래 되었으므로 이제 단단한 음식을 먹을 줄 알아야 하고 선생이 되어야 하는데(비교. 약 3:1), 오히려 젖이나 먹는 어린아이처럼 하나님의 말씀의 초보를 배워야 하는 영적 유아기에 아직도 머물러 있었기 때문이다(비교. 고전 3:1-2; 벧전 2:2). 히브리서 저자는 12절에서 이미지를 사용하고 이에 대하여 13-14절에서 객관적으로 설명하는데, 그 내용을 당시의 교육체제와 비교하여 요약하면 다음과 같다:13)

| 이미지 | 1차 지시대상 | 2차 지시대상 |
|---|---|---|
| 어린아이 | 초급학생 | 새 신자 |
| 젖 | 기초교육 | 기독교의 기초적인 가르침 |
| 장성한 자 | 고급학생 | 성숙한 그리스도인 |
| 단단한 음식 | 윤리철학 | 히브리서 저자의 가르침 |

위에서 보는 것처럼 "젖"(γάλακτος, 12-13절)은 기초교육으로서 기독교의 기초적인 가르침, 즉 "도의 초보"(히 6:1) 혹은 "하나님의 말씀의 초보"(τὰ στοιχεῖα τῆς ἀρχῆς τῶν λογίων τοῦ θεοῦ, 12절)를 의미한다. 이러한 가르침은 영적인 어린아이(νήπιος)인 새 신자들을 위한 것들로 히브리서 6:1-2에서 그 예들이 거론된다. "단단한 음식"(ἡ στερεὰ τροφή, 12, 14절)은 장성한 자 곧 성숙한 그리스도인의 것이다. 히브리 식으로 표현된 "의의 말씀"(λόγου δικαιοσύνης, 13절)은 히브리서에서 여러 가지 뜻이 있을 수 있다:14) 1) 어린아이들이 배워서 사용해야 하는 바른 어법; 2) 윤리적으로 옳은 바른 신학; 3) 단단한 음식(12, 14절)과 동일하게 취급되어 히브리서 중심부(히 7:1-10:18)에 논의되는 가르침; 4) 기독교 신앙에 기본이 되는 가르침으로서 우리의 의가 되신 예수님(고전 1:30)을 강조하는 가르침 등이다. 이것들 가운데 문맥 속에서는 그리스도의 대제사장 되심에 관한 히브리서 저자의 가르침이라고 볼 수 있다. "단단한 음식은 성숙한 자들의 것인데 그들은 연습(실습)을 통하여 선악을 분별하는 훈련된 감각을 가지고 있다"(τελείων δέ ἐστιν ἡ στερεὰ τροφή, τῶν διὰ τὴν ἕξιν τὰ αἰσθητήρια γεγυμνασμένα ἐχόντων πρὸς διάκρισιν καλοῦ τε καὶ κακοῦ, 14절). 여기서 "연단을 받아"(γεγυμνασμένα)라고 번역된 헬라어 원문은 운동선수가 옷을 벗고 훈련하다는 말에서 나왔는데,15) 수없이 동일한 동작을 반복함으로써 그 동작이 몸에 배어 있는 상태를 표현한다. 그러므로 히브리서의 청중들은 그리스도의 대제사장직을 이해했다면, 곧바로 그 적용으로서 대제사장직에 대한 옛 반차는 폐하여졌다는 것을 알고 있어야 했다.

### (2) 완전한 데로 나가자는 권고(6:1-3)

> 6:1 그러므로 우리가 그리스도의 도의 초보를 버리고 죽은 행실을 회개함과 하나님께 대한 신앙과 2 침례들과 안수와 죽은 자의 부활과 영원한 심판에 관한 교훈의 터를 다시 닦지 말고 완전한 데로 나아갈지니라 3 하나님께서 허락하시면 우리가 이것을 하리라.

이제 저자는 자신을 포함하여(아래 문장 흐름도에서 보듯이 1절과 3절의 일인칭 복수 동사들, φερώμεθα와 ποιήσομεν을 보면 알 수 있음) 청중 모두가 기초적인 가르침을 떠나서(ἀφέντες) "완전한 데로 나아가자"(ἐπὶ τὴν τελειότητα φερώμεθα)라고 권고한다. 이어서 기초적인 가르침을 여섯 가지 혹은 세 짝으로 진술하면서 그것들의 "터를 다시 닦지 말자"(μὴ πάλιν θεμέλιον καταβαλλόμενοι)라고 한다(1하-2절). 그러므로 1-2절에서 주문장은 "완전한 데로 나아갑시다"(ἐπὶ τὴν τελειότητα φερώμεθα)이며 이 주문장을 두 개의 분사들(ἀφέντες, καταβαλλόμενοι)이 앞뒤에서 보조하고 있다. 첫 번째 분사(ἀφέντες)는 도의 초보를 떠나라고 하고 두 번째 분사(καταβαλλόμενοι)는 뒤에 나오는 여섯 가지의 교훈의 터를 다시 닦지 말라는 내용으로 1하-2절을 지배하고 있다. 그리고 3절에서 "하나님께서 허락하시면"(ἐάνπερ ἐπιτρέπῃ ὁ θεός), 히브리서 저자를 포함하여 그의 청중이 모두 "그것을 할 것이다"(τοῦτο ποιήσομεν)라고 긍정적인 소망을 표시한다.

6:1 Διὸ ἀφέντες τὸν τῆς ἀρχῆς τοῦ Χριστοῦ λόγον (6:1 그러므로 우리가 그리스도의 도의 초보를 떠나서)
* ἐπὶ τὴν τελειότητα φερώμεθα, (완전한 데로 나아갑시다)*
μὴ πάλιν θεμέλιον καταβαλλόμενοι (관한 교훈의 터를 다시 닦지 말고)
μετανοίας ἀπὸ νεκρῶν ἔργων καὶ πίστεως ἐπὶ θεόν,(죽은 행실을 회개함과 하나님께 대한 신앙과)
2 βαπτισμῶν διδαχῆς ἐπιθέσεώς τε χειρῶν, (2 침례들과 안수에 관한 가르침과)

ἀναστάσεώς τε νεκρῶν καὶ κρίματος αἰωνίου (죽은 자의 부활과 영원한 심판에)
3 καὶ τοῦτο ποιήσομεν, ἐάνπερ ἐπιτρέπῃ ὁ θεός (3 하나님께서 허락하시면 우리가 이것을 하리라)

1절의 "그리스도의 도의 초보를"은 문자적으로 "그리스도의 시작의 말씀을"("톤 테스 아르케스 투 그리스투 로곤"=τὸν τῆς ἀρχῆς τοῦ Χριστοῦ λόγον)인데, 히브리서에서 시작과 완성을 강조하는 틀에서 이해될 수 있다(히 2:10; 3:14; 12:2). 그리고 여기서 "버리고"(혹은 "놓아두고" "아펜테스"=ἀφέντες)라는 동사를 사용한 저자의 의도는 도의 초보를 버리거나 포기함을 의미하는 것이 아니라 오히려 그것을 잘 닦여진 토대로 여기고 지나가자는 것이다. 이제 더 시급한 필요는 그 가르침을 온전히 알고 적용하자는 것이다. 히브리서 6:1-2에서의 공동체를 향한 권면은 그 견고한 토대를 요약적으로 상기시킴에 있다.

"그리스도의 도의 초보"는 이제부터 요약하는 내용이다(히 6:1하-2). 이는 그리스도와 그의 후계자들이 선포한 말씀 혹은 가르침을 의미하는데, 예수님의 말씀과 사도들의 가르침 속에 히브리서 6:1하-2에 열거된 회개와 믿음(막 1:15; 행 2:38; 20:21), 부활과 심판(막 12:18-27; 행 17:31; 롬 2:16; 요일 4:7) 등이 나오며, 예수님과 초대 그리스도인들이 실행한 침례(요 3:22; 마 28:19; 행 2:41; 롬 6:3-4; 갈 3:27; 벧전 3:21; 비교. 요 4:2)와 안수(막 5:23; 행 8:17-18; 19:6)등이 포함된다. "온전한 데 나아감"(ἐπὶ τὴν τελειότητα φερώμεθα)은 하나님께서 자신의 일을 온전하게 하시는 과정에서 그들에게 약속하신 것들을 모두 얻고자 소망하며 인내하는 것을 의미한다. 그러므로 영적인 성숙함, 온전함의 목표는 가르침의 내용의 단순한 형태에서 떠나가는 진보가 아니라 공동체 가운데 이루어지는 하나님의 능동적인 영향력에 개인적으로 굴복하는 것이다. 이러한 관점에서 볼 때, 영적인 성숙이란 받은 전통에 대한 수용성 혹은 응답(히 5:14), 소망이 온전히 이루어지기를 간절히 원하는 것(히 6:11), 흔들리지 않는 믿음과 견고한 인내(히 6:12) 등을 의미한다.

이제부터 열거되는 여섯 가지 중요한 기초는 세 개의 짝을 이루면서 회개와 믿음(과거), 교회의식(현재), 종말론(미래) 등으로 요약될 수 있다. 첫 짝은 "죽은 행실을 회개함과 하나님께 대한 신앙"(μετανοίας ἀπὸ νεκρῶν ἔργων καὶ πίστεως ἐπὶ θεόν)인데(1하절), 회개가 죽은 행실로부터(from) 돌아서는 것이라면 신앙은 살아계신 하나님께로(to) 돌아가는 것이며, 이 두 가지가 합하여 회심(conversion)을 이룬다(행 3:19; 20:21). 회개는 구약종교에 뿌리를 박고 있고, 침례자 요한과 예수님의 메시지로 확정되었다(막 1:4, 15). 회개는 말 그대로 생각이 바뀌어서 죄로부터 하나님께로 돌아오는 근본적인 방향전환이 있고(눅 5:32), 또한 지속적으로 죄로부터 돌아서야 하는 것이다.(고후 7:9). 여기서 "죽은 행실"이란 율법에 기록된 레위계통의 제의규례(히 9:10) 혹은 우상(행 14:15; 살전 1:9)을 의미할 수도 있으나, 죽음으로 이끄는 모든 일(히 9:14; 롬 5:12; 6:23), 즉 죄들로 보는 것이 무난하다. "하나님께 대한 신앙"은 유대교에서 회개로 초청할 때 그 일부분이기도 하지만, 이제는 유대인이나 이방인 모두에게 주어지는 기독교 선포의 중요한 요소가 되었다(행 26:20).

여섯 가지 기초의 두 번째 짝은 "침례들과 안수," 더 정확하게는 "침례들과 안수에 대한 가르침"(τῆς διδαχῆς τῶν βαπτισμῶν καὶ τῆς ἐπιθέσεως τῶν χειρῶν)인데(2상절),[16] 침례는 새 신자가 교회에 들어오는 입교식이며 안수는 침례 이후에 따라오는 성령의 은사들에 대한 확인을 말한다. 초대교회에서 종종 이 두 가지는 한꺼번에 일어나는 의식이었다(행 8:17-18; 19:6). 물론 안수는 축복(막 10:13), 치유(막 5:23; 6:5; 행 9:12), 직분부여(행 6:6; 딤전 4:14; 딤후 1:6), 선교사 파송(행 13:3) 등을 위해서도 이루어졌다.

여섯 가지 기초의 세 번째 짝은 "죽은 자의 부활과 영원한 심판"(τῆς ἀναστάσεως τῶν νεκρῶν καὶ τῆς κρίσεως τῆς αἰωνίου)인데(2상절), 죽은 자의 부활과 영원한 심판에 대한 교훈은 유대교에 이미 존재하고 있었으며 이 둘은 모두 신자들의 미래, 즉 사후의 문제로서 종말론적인 사안이다. 히브리서는 마지막 때에 가서 모든 죽은 자들이 부활할 것을 암시한다(히 11:19, 35; 비교. 살전 4:16; 고전 15:52; 계 20:12-13). 또한 사람은 죽음 후 즉시 심판을 받게 되고(히 9:27) 의인의 영은 하늘에 있게 됨도 언급한다(히 12:23, 비교. 빌 1:23-24; 계 6:9-11; 눅 16:22). 다시 말해서, 죽음과 부활/심판사이에 불연속성(죽은 상태에 있다가 최종 부활에 부활/심판이 이루어진다)이 있음도 이야기 하고 연속성(죽음 후에 바로 부활/심판이 있다)이 있음도 이야기 한다. 성경은 마지막 심판의 날에 신자나 불신자나 모두 부활하여 행한 대로 주어지는 상과 벌을 가르는 심판에 임할 것임을 확언한다(단 12:2; 마 25:31-46; 요 5:28-29; 롬 2:6-10; 계 20:12-13).

히브리서 저자는 교훈의 "기초를 다시 닦지 말고"(μὴ πάλιν θεμέλιον καταβαλλόμενοι), 오히려 그 기초를 발판으로 "완전한 데로 나아가자"(ἐπὶ τὴν τελειότητα φερώμεθα)라고 권고한다(2절하). 이와 같은 것들은 구약에 이미 그 기초가 닦여져 있다. 히브리서 저자는 자신의 청중들이 핍박이 있는 이 세상에서 그리스도를 믿는 담대함을 보일 때 감수해야 하는 위험에도 불구하고, 다른 사람들에게 이 신앙을 전하는 것으로부터

위축되서는 안 되겠다고 마음먹었을 것이라 확신했을 것이다. “하나님께서 허락하시면 우리가 이것을 하리라”(καὶ τοῦτο ποιήσομεν, ἐάνπερ ἐπιτρέπῃ ὁ θεός)(3절)라는 어구는 흔히 두루 쓰이는 어구인데(약 4:15; 고전 4:19; 16:7; 행 18:21; 롬 1:10), 히브리서에서는 인간의 생애와 운명을 주장하시는 하나님(히 2:10)의 뜻을 강조한 어구이다.

### 2) 경고와 격려(히 6:4-12)

히브리서 6:4-12는 경고(4-8절)와 소망에 대한 격려(9-12절)의 두 부분으로 이루어져 있다. 이러한 경고는 또 다른 주요한 문단의 시작인 히브리서 10:26-31과 12:15-17에도 나오고 있다. 저자의 목적은 수사학적이며 그의 강조점은 격려하고 소망을 주고자하는 두 번째 부분에 있다.

#### (1) 제 2의 시작은 없다(6:4-8)

> 6:4 한 번 빛을 받고 하늘의 은사를 맛보고 성령에 참여한 바 되고 5 하나님의 선한 말씀과 내세의 능력을 맛보고도 6 타락한 자들은 다시 새롭게 하여 회개하게 할 수 없나니 이는 그들이 하나님의 아들을 다시 십자가에 못 박아 드러내 놓고 욕되게 함이라 7 땅이 그 위에 자주 내리는 비를 흡수하여 밭가는 자들이 쓰기에 합당한 채소를 내면 하나님께 복을 받고 8 만일 가시와 엉겅퀴를 내면 버림을 당하고 저주함에 가까워 그 마지막은 불사름이 되리라.

본 문단은 4-6절의 경고를 7-8절의 유비에서 반복하고 있다. 히브리서 6:4-6은 다음 문장 흐름도에서 보듯이 헬라어 원문에서는 긴

한 문장이다. 4절에서 6절로 넘어가는 논리는 이러하다. 헬라어 원문에는 우선 4절의 첫 단어가 "불가능하다"(ἀδύνατον)라는 형용사인데,[17] 이 형용사는 문장의 끝인 6절의 "새롭게 하기"(ἀνακαινίζειν)라는 부정사와 연결된다.[18] 그리고 그 사이와 바로 뒤에 각각 나오는 다섯 개와 두 개의 분사들은 새롭게 하여야 하는 대상, 즉 부정사(ἀνακαινίζειν)의 의미상의 주어가 된다. 한마디로 이러한 자들(배도자들)을 회복시키는 일이 "불가능하다"(ἀδύνατον)는 것이다. 즉, 하나님께서 배도자를 회복시키기를 거절하신다는 의미이다.[19]

6:4 Ἀδύνατον γὰρ τοὺς ἅπαξ φωτισθέντας, (할 수 없나니 한 번 빛을 받고)
γευσαμένους τε τῆς δωρεᾶς τῆς ἐπουρανίου (하늘의 은사를 맛보고)
καὶ μετόχους γενηθέντας πνεύματος ἁγίου (성령에 참여 한 바 되고)
5 καὶ καλὸν γευσαμένους θεοῦ ῥῆμα δυνάμεις τε μέλλοντος αἰῶνος
(5 하나님의 선한 말씀과 내세의 능력을 맛보고도)
6 καὶ παραπεσόντας, (6 타락한 자들은)
πάλιν ἀνακαινίζειν εἰς μετάνοιαν, (다시 새롭게 하여 회개하게)
ἀνασταυροῦντας ἑαυτοῖς τὸν υἱὸν τοῦ θεοῦ
(이는 자신들을 위하여 하나님의 아들을 다시 십자가에 못 박아)
καὶ παραδειγματίζοντας (드러내 놓고 욕되게 함이라)

원문의 4절에서 앞 문단(히 6:1-3)을 받아 말하는 접속사(γάρ)에 관심을 두어야 한다.[20] 히브리서 저자는 여기서부터 기초를 다시 닦을 필요가 없는(히 6:1-3) 이유를 진술하고 있다. 그것은 바로 배도는 회복하기 불가능하기 때문이다. 그리고 히브리서 6:1-3에서 1인칭 복수를 사용하다가 히브리서 6:4-8에서는 3인칭 복수를 사용하고 있음도 주목해야 한다. 배도를 말하는 다른 구절(히 10:26-31)에서도 동일하게 3인칭 복수가 등장한다. 저자는 4-6상절에 나오는 처음 다섯 분사를 통하여 긍정적인 진술들을 먼저 하고 있다.

첫째 분사 구문, "한번 비췸을 받고"(ἅπαξ φωτισθέντας)라는 어구는 히브리서 10:32에도 나오는데, 회심 혹은 구원의 메시지를 받아들임을 의미한다(히 2:3-4). 이 어구는 신약에서 영적 혹은 지적인 조명을 말하며(엡 1:8; 3:9; 딤후 1:10; 고후 4:6) 히브리서에도 마찬가지다. 여기서 동사가 수동태로 되어 있기 때문에, 비추시는 분은 성령이시다. 하나님의 성령께서 사람들을 죄에서 믿음으로(히 6:1), 무지에서 진리를 아는 지식으로(히 10:26), 그리고 사망에서 생명으로(히 2:14-15; 9:28) 인도하신다. 이 조명은 세(침)례에 의하여 이루어지는 것이 아니라 그 의식을 통해 확증된다(히 6:2). 그래서 이 어구는 그리스도인 공동체에 들어옴을 표현하기도 한다. 여기서 "한번"(ἅπαξ 혹은 ἐφάπαξ)이라는 부사는 히브리서에서 아주 자주 쓰이는데(6:4; 9:7, 26-28; 10:2; 12:26-27; 7:27; 9:12; 10:10) 수적으로 단 한 번일 수 있고 동시에 질적으로 완전함을 의미할 수도 있다. 그러므로 한번 비췸을 받은 사람은 하나님의 선하심을 충분히 경험한 사람이라고 볼 수 있다. 한번 비췸을 받은 사람은 마치 거듭 내리는 비를 흡수한 땅과 같다(히 6:7).

둘째 분사 구문, "하늘의 은사를 맛보고"(γευσαμένους τῆς δωρεᾶς τῆς ἐπουρανίου)라는 어구를 성찬에 비유한 사람도 있으나, 꼭 성찬에만 국한시키지 말고 하늘로부터 오는 모든 은혜, 성령, 성령의 선물, 죄 사함과 구원, 성화 등의 영적인 축복을 함축적으로 말한 것으로 보아야 한다. "하늘의"는 하늘부터 오는 것이나 하늘로 이끄는 것들이다(히 8:5; 9:23; 11:16; 12:22), 은사는 선물이나 은혜를 의미하기도 한다(롬

5;15; 고후 9:14-15; 엡 3:7). 은혜의 대리자로서 성령은(히 10:29) 그 자신이 선물이시다(눅 11:13; 행 2:38; 10:45; 요 4:10). 성령을 받은 자는 성령을 마신다(고전 12;13; 요 7:37-39). 그래서 하늘의 은사를 맛보는 사람은 비를 흡수하는 땅과 같다(히 6:7).

셋째 분사 구문, "성령에 참여한 바 되고"(μετόχους γενηθέντας πνεύματος, 비교 히 10:29)라는 어구는 성령님을 자신 안에 받아들임을 의미한다. 그리스도인들은 성령에 참여한 자들이다. 하늘의 부르심과 그리스도 자신에게 참여한 자들을 묘사한 히브리서 3:1과 3:14의 말씀을 회상하게 한다. 성령의 나누어주심은 그리스도인 공동체의 표징으로 묘사되었다(히 2:4).

넷째 분사 구문, "하나님의 선한 말씀과 내세의 능력을 맛보고도"(καλὸν γευσαμένους θεοῦ ῥῆμα δυνάμεις τε μέλλοντος αἰῶνος, 비교. 히 1:3; 2:4)라는 어구의 첫 부분은 바로 앞에 나온 성령에 참여하는 것과 연관을 맺고 있다. 왜냐하면 성령을 받는 것은 말씀을 듣는 것으로 이루어지기 때문이다(히 2:3-4). 히브리서 처음 네 장에서는 하나님의 말씀이 그 두드러진 모티브였다. 여기서 말씀이라는 단어는 앞에 사용된 단어 "로고스"(λόγος, 히 2:2; 4:12)와는 다르지만 뜻에 있어서는 차이가 거의 없다. 이 말씀은 약속과 성취를 모두 포함한다(히 6:13). 구약에서는 하나님의 말씀이 음식에도 비유되고 맛이 있다고도 표현되었다(신 8:3; 시 19:7-10; 겔 2:8-3:3). 이 분사 구문의 두 번째 부분인 "내세의 능력을 맛보고도"(γευσαμένους δυνάμεις τε μέλλοντος αἰῶνος)라는 어구는 처음에는 히브리서 2:4에서 표현된 구원 메시지가 확인되는 양식을 상기시킨다. 문제는 들은 자들이 이렇게 내세의 능력을 맛보았지만, 그 내세(히 2:5)

혹은 미래의 도성인 새 예루살렘(히 12:22; 13:14)에는 아직 실제로 들어가지 않았다는 사실이다. 이런 영적인 경험과 현 상황과의 괴리에서 발생한 문제가 히브리서의 청중들이 봉착한 위기였다. 이렇게 4-5절에서 히브리서 저자는 하나님의 구원과 임재가 히브리서를 받는 이들의 삶 속에 의심할 수 없는 실제라는 사실에 대하여 그들 자신이 증인들이라고 확증한다.

다섯째 분사, "타락한 자들"(παραπεσόντας)(6절)은 떨어진 자들을 의미하는데, 칠십인 역에서는 의도적이며 계산된 거절을 표현하는 태도를 통틀어서 말한다(겔 18:24; 20:27; 대하 26:18; 28:19; 29:6; 30:7). 여기서 사용된 부정과거 분사는 배도의 결정적인 순간을 실감나게 묘사하는 기능이 있다. 하나님의 선물을 받고서 타락하는 것은 하나님으로부터 비의 축복을 받고 가시와 엉겅퀴를 내는 땅과 같다(히 6:7-8).

그러므로 이 경고문(4-6절)의 내용은 축소해서도 안 되고 과장해서도 안 된다. 이 경고는 실제 위험에 대한 실제 경고이다(히 3:12). 침례 후에 지은 죄는 회개할 수 없다고 해석하는 것도 저자의 의도를 왜곡하는 것이다. 의도적인 죄와 고의적인 배도는 회개될 수 없다. 히브리서에서 말하고 있는 종말론적인 관점에서 예수 그리스도를 통하여 하나님이 제공하시는 회개 말고 또 다른 회개는 없다(히 1:1-3). 히브리서의 청중의 상황에서 "타락함" 혹은 떨어져 나감은 핍박이 있는 상황에서 그리스도에 대한 믿음을 부인하고 유대교의 신조와 관습으로 돌아감을 의미한다. 그들이 회개가 불가능한 것은 기초를 다시 쌓는 것이 불가능하다는 말과 평행구를 이룬다. 하나님은 참으로 회개하는 자는 모두 용서하겠다고 약속하셨다. 그러나 성경과 경험이 더 이상 회개할 수 없는 마음과 삶의 자리에까지 인간이 갈 수 있는 가능성을 제시하고 있다. 믿을 만한 신앙고백을 진실한 것으로 받아들여야 하나 자신의 백성을 아는 분은 주님뿐이시다.

부정사 구문 직전에 나왔던 다섯 번째 분사, "타락한 자들은"(παραπεσόντας)에 이어서 나오는 마지막 두 개의 분사들은 "그들 스스로를 위하여 하나님의 아들을 다시 십자가에 못 박고"(ἀνασταυροῦντας ἑαυτοῖς τὸν υἱὸν τοῦ θεοῦ)와 "현저하게 욕보이다"(παραδειγματίζοντας)이다. 이 두 분사는 배도자의 구체적인 모습을 잘 표현하고 있다. 히브리서에서는 그리스도의 죽음이 적극적인 구원 사건이면서 또한 십자가의 부끄러움이다. 십자가를 부끄러워하는 배도자는 그리스도와 원수의 자리에 있게 되기 때문에, 배도는 회개하여 새롭게 할 수 없는 가증하고 극악한 죄악이며, 진정한 회개와 하나님과의 화해가 가능하지 않은 영역으로 제외된다.

이러한 사람은 모든 정성으로 가꾸었으나 소출을 내지 않는 땅에 비교되고 있다(7-8절). 이 그림은 이사야서 5:1-7에 나오는 포도원 비유와 같다. 히브리서 저자는 믿음으로 견디는 신자들은 열매 맺는 땅과 같아서 "하나님으로부터 축복을 받고"(μεταλαμβάνει εὐλογίας ἀπὸ τοῦ θεοῦ) 열매 맺지 못하는 신자는 "버림을 받고 저주에 가까워 종국에는 태워질 것"(ἀδόκιμος καὶ κατάρας ἐγγύς, ἧς τὸ τέλος εἰς καῦσιν)이라 말한다. 하나님은 소멸하는 불이시기 때문이다(히 12:29; 요 15:6). 축복과 저주의 주제가 계약적 맥락에서 논의되고 있다. 축복의 약속은 순종에 관련되고 저주의 약속은 불순종과 배도에 관련된다. 이 구절에서 히브리서 저자는 배도에 대한 심판을 말하고 있음이 분명하다.

### (2) 인내하도록 격려함(6:9-12)

> 6:9 사랑하는 자들아 우리가 이같이 말하나 너희에게는 이보다 더 좋은 것 곧 구원에 속한 것이 있음을 확신하노라 10 하나님은 불의하지 아니하사 너희 행위와 그의 이름을 위하여 나타낸 사랑으로 이미 성도를 섬긴 것과 이제도 섬기고 있는 것을 잊어버리지 아니 하시느니라 11 우리가 간절히 원하는 것은 너희 각 사람이 동일한 부지런함을 나타내어 끝까지 소망의 풍성함에 이르러 12 게으르지 아니하고 믿음과 오래 참음으로 말미암아 약속들을 기업으로 받는 자들을 본받는 자 되게 하려는 것이니라.

그러나 히브리서 저자는 하나님과 공동체간의 더 견고하고 중요한 관계가 맺어져 있음을 확신하고 있었다. 히브리서 저자는 8절까지의 심한 경고 후에 서둘러서 자신의 청중들을 "사랑하는 자들아"(ἀγαπητοί) 라고 부르면서(9절), 이 문단(9-12절)에서는 구원에 대하여 재확신시킨다. 히브리서 전체에서 여기서만 유일하게 히브리서 저자가 자신의 청중들을 "사랑하는 자들아"라고 부르고 있다. 이러한 애정을 가지고 저자는 그의 청중들 가운데 배도 혹은 잠재적인 배도조차도 없다고 믿고 있다. 그들이 맺은 의의 열매를 보면 이를 확신할 수 있다고 확언한다.

의의 열매는 동료 그리스도인들을 섬김으로 나타났다(10절). 여기서 "성도"는 일반적으로 "거룩한 형제들"(히 3:1)이라고 부른 이들과 동일한 그리스도인들을 통칭하는 말로 보아야 한다. 여기서의 요점은 그런 모든 섬김의 행위를 하나님께서는 자신에게 한 것과 같이 기억하신다는 것과 또한 그가 상을 주신다는 것이다. 저자는 청중들이 처음에 보여 주었던 동일한 열심을 그들의 소망이 최종적으로 완전히 이루어질 때까지 지니고 있어야 된다고 주장한다(11-12절). 약속을 기업으로 받는 자들에 관한 언급은 뒤에 나오는 히브리서 11장을 기대하게 만든다. 본 문단에서 우리는 히브리서 저자의 청중들을 향한 목회적 관심이 구구절절히 나타나고 있음을 본다. 저자는 공동체가 시계를 거꾸로 돌려서 그들이 이미 경험한 종말론적 구원의 실체를 부인할 수 없다는 것을 알리고 달래기 위하여 예리한 풍자, 담대한 확신, 날카로운 경고, 따뜻한 격려 등을 사용하고 있다.

## 3. 하나님의 약속의 견고성(히 6:13-20)

> 6:13 하나님이 아브라함에게 약속하실 때에 가리켜 맹세할 자가 자기보
> 다 더 큰 이가 없으므로 자기를 가리켜 맹세하여 14 이르시되 내가 반
> 드시 너에게 복 주고 복 주며 너를 번성하게 하고 번성하게 하리라 하셨
> 더니 15 그가 이같이 오래 참아 약속을 받았느니라 16 사람들은 자기보
> 다 더 큰 자를 가리켜 맹세하나니 맹세는 그들이 다투는 모든 일의 최후
> 확정이니라 17 하나님은 약속을 기업으로 받는 자들에게 그 뜻이 변하
> 지 아니함을 충분히 나타내시려고 그 일을 맹세로 보증하셨나니 18 이
> 는 하나님이 거짓말을 하실 수 없는 이 두 가지 변하지 못할 사실로 말
> 미암아 앞에 있는 소망을 얻으려고 피난처를 찾은 우리에게 큰 안위를
> 받게 하려 하심이라 19 우리가 이 소망을 가지고 있는 것은 영혼의 닻
> 같아서 튼튼하고 견고하여 휘장 안에 들어가나니 20 그리로 앞서 가신
> 예수께서 멜기세덱의 반차를 따라 영원히 대제사장이 되어 우리를 위하
> 여 들어 가셨느니라.

지금까지 다룬 긴 삽입 구문(히 5:11-6:12)의 책망과 경고에는 각각 권고와 격려가 함께 붙어있었다. 이제 히브리서 저자는 하나님의 흔들

리지 않는 미쁘심을, 하나님의 약속을 받고 믿음으로 인내하였던 아브라함의 예를 들어 자신의 청중들에게 상기시키려 한다(히 6:13-20). 하나님께서 아브라함에게 하신 맹세는(13-15절) 청중들로 하여금 과거에 보여주신 하나님의 미쁘심과 아브라함이 믿음으로 인내하였던 사실을 생각나게 만든다. 이어서 일반적으로 이루어지는 맹세의 기능은 아브라함보다 수세기 후에 사는 이들에게 약속의 상속자들을 향한 하나님의 미쁘심을 효과적으로 이해하게 해줌에 있다(16-20절). 이와 더불어 히브리서 저자는 지중해 연안 지역에 걸맞게 "닻"(19절)과 선두주자("앞서가신 자") 이미지를 사용하여 휘장 안에 들어가는 것과 대제사장이 지성소에 들어가는 것을 설명하고 있다.

히브리서 저자에게 아브라함은 중요한 인물이었다(히 11:8-19). 하나님의 약속에 대한 아브라함의 믿음뿐만 아니라 멜기세덱 이야기에서의 그의 역할 때문이다(히 7:1-10). 이 중요한 두 가지 약속 중에서 바울은 그 한 가지를 로마서와 갈라디아서("아브라함의 씨 예수")에서, 히브리서 저자는 다른 한 가지를 히브리서("멜기세덱의 반차를 따른 대제사장 예수")에서 다루고 있다. 여기서 말한 특별한 약속은 이삭을 바친 이후 하신 하나님의 약속인데(창 22:16이하), 이는 창세기 12:2 이하의 반복이다. 창세기 22:16-17을 인용하고 주해한 히브리서 6:13-15은 히브리서의 공동체가 아브라함의 믿음과 인내를 본받아야 할 성경적 기반을 제공하고 있다. 14절 말씀, "이르시되 내가 반드시 너에게 <u>복 주고 복주며</u> 너를 <u>번성하게 하고 번성하게 하리라</u> 하셨더니"(λέγων· εἰ μὴν <u>εὐλογῶν εὐλογήσω</u> <u>σε</u> καὶ <u>πληθύνων πληθυνῶ</u> <u>σε</u>·)는 창세기 22:17(LXX)을 약간 변화를 준 형태로 인용한 것인데,[21] "복주다"와 "번성하게 하다"의 반복은 강조를 표현하는 히브리 어법이 반영된 현상이다. 15절에서 아브라함이 오래 참아 약속을 받았다는 의미가 무엇인지에 대한 논란이 있다. 하나는 히브리서 11:13, 39의 내용을 의식하여 처음 받은 약속(창 12:2-3)에 대한 재확인(창 22:15-17)을 받았다고 보는 의견이고, 다른 하나는 히브리서 11:13, 39를 모형론적으로 해석하여 일차적으로는 이삭에게서 그 약속이 성취되었고 최종적인 성취는 부활의 날에 이루어질 것으로 보는 견해이다. 후자가 더 설득력이 있다.

히브리서 저자는 맹세의 일반적 기능을 설명하면서, 하나님께서 아브라함이 이삭을 바친 이후에 그의 약속을 반복하며 맹세로 그것을 확증한 사실을 강조하고 있다(16-17절). 맹세는 일반적으로 하나님(창 31:53; 수 9:19-20; 삼상 30:15), 왕(삼상 17:55), 혹은 황제 등 자신보다 큰 존재를 두고 한다(마 23:16-22). 그렇게 할 때, 그 존재를 맹세의 증인으로 끌어들이는 것이다. 다투는 사안에서 맹세가 사용될 때는, 그 맹세를 통하여 하나님께서 악한 편은 심판하시고 선한 편에게는 상을 주시리라는 이해가 있다(왕상 8:31-32; 출 22:10-11). 그러나 하나님은 자신보다 더 큰 존재가 없기 때문에 자신을 두고 맹세하신다(13절, 비교. 사 45:23; 렘 22:5; 암 4:2). 여기서 암시하는 중요한 것은 멜기세덱의 반차를 따른 대제사장직에 대해서도 맹세로 되었다는 사실이다(히 7:20-21; 시 110:4).

하나님께서 거짓말 하실 수 없는(민 23:19-20; 시 89:35; 딛 1:2) 두 가지 불변하는 사실은(17-18절), 첫째로 "하나님이 하신 약속"이고, 둘째로 그 약속이 견고하다고 하는 "하나님의 맹세"이다. 18절의 "우리"(실제로는 권유법 동사 ἔχωμεν임)는 강한 격려를 표현한다. 우리는 침몰해가고 있는 이 현세의 배에서 핍박과 위협으로부터 "피난처를 찾아" 피신하는 사람들이다. 우리의 소망은 하나님의 약속들이 영원히 효력이 있는 영원한 세계에 고정되어 있다(18절). 하나님의 약속에 기반을 둔 우리의 소망은 "튼튼하고 견고한 영적인 닻을 가지고 있는 것과 같다"(ὡς ἄγκυραν ἔχομεν τῆς ψυχῆς ἀσφαλῆ τε καὶ βεβαίαν) (19절상). 마치 배가 닻을 내리고 항구에 정박하듯이, 우리는 움직이지 않는 것에 밧줄로 매여 있다. 이 움직이지 않는 것은 하늘의 지성소("휘장 안")에 마련된 하나님의 보좌인데, 변할 수밖에 없는 지상에 있는 지성소와 대비된다. 우리의 소망은 이미 그곳에 들어가 좌정하고 계신 예수 그리스도(히 1:3)에게 고정되어 있다. 예수님은 하늘의 지성소에 자신을 위해서 뿐만 아니라 그의 백성을 위해서도 "먼저 들어가셔서"(πρόδρομος, 20절), 우리의 거할 곳을 예비하고 계시다(요 14:2-3). 예수님은 우리 앞에 달려가신 우리의 "선두주자"(πρόδρομος)이시며(비교. 히 2:10; 12:2) 동시에 "우리가 그 하늘의 성소에 입장할 수 있는"(καὶ εἰσερχομένην εἰς τὸ ἐσώτερον τοῦ καταπετάσματος, 19절하) 보증이 되시기 위하여 거기에서 하나님 백성의 대제사장으로 계신다(20절). 이제 저자는 히브리서 5:10-11에서 멈추었던 멜기세덱의 반차를 따른 대제사장에 관한 해석하기 어려운 일을 시작하려 한다(20절, 비교. 히 7:1이하). 이렇게 히브리서 6:13-20에서 저자는 아브라함을 신뢰와 견고한 인내의 패러다임으로 그리고 있다. 이 본문은 또한 히브리서 7장에서 이루어질 교리해석이 맹세로 확증된 약속사건의 관점에서 이루어지도록 분위기를 마련한다.

## 4. 멜기세덱의 반차를 따른 새로운 대제사장직(히브리서 7장)

히브리서 7장의 처음 열 절(7:1-10)은 시편 110:4의 빛 가운데서 이루어지는 창세기 14:18-20의 해석이고, 나머지 부분(7:11-28)은 시편 110:4에 대한 모형론적 해석이다. 히브리서 7:1-10은 창세기 14:18-20에 대한 유대 랍비들의 목회적 설교인 미드라쉬의 뛰어난 예이다. 또 다른 제안으로, 히브리서 7장 전체가 창세기 14:18-20에 대한 목회적 설교(미드라쉬)이지만, 시편 110:4가 부수적으로 사용되었다고 볼 수 있다는 견해도 있다. 그러나 히브리서 5-7장의 전체적인 구도 속에서 보면, 히브리서 7장은 전체적으로 창세기 14:18-20의 도움을 받아 시편 110:4를 해석하는 쪽으로 보는 편이 적절하다.

히브리서 7장에서 저자의 주된 관심사는 예수의 제사장직의 본질을 알리고 레위계통의 제사장직보다 낫다는 것을 증명함에 있다. 히브리서 저자의 초점은 멜기세덱 자체가 아니라 그와 같은 제사장이 약속되었다는 것이다. 히브리서 저자가 풍유(allegory)를 사용하였다고 주장하는 학자도 있지만,[22] 히브리서에서 적용된 해석방법은 풍유라기보다는 모형론적인 해석이다. 멜기세덱은 모든 제사장의 원모형(archetype)이다. 멜기세덱은 구원론적 중요성보다는 예언적 중요성을 지니고 있다. 신학적 연관성을 통하여 예수님과 멜기세덱이 관계를 맺고 있다는 것이 히브리서의 관심사이다.[23]

### 1) 새로운 제사장직: 멜기세덱의 수수께끼와 그 제사장 반차(히 7:1-10)

그리스도의 대제사장 되심에 대하여 확실하게 논의하기 위하여 저자는 여러 가지 면에서 하나님의 아들과 흡사하여 그리스도의 예표(type)로 볼 수 있는 멜기세덱의 중요성을 확립하고 있다. 히브리서 5:11에서 하고자 하였던 일-인용문(시 110:4)의 해석-을 이제 시작한다. 멜기세덱이 아브라함과 레위보다 우월하다(뛰어남)는 사실이 설명되고, 이에 의거하여 멜기세덱의 반차를 따른 제사장의 우월성이 논의된다.

히브리서 7:1-10에서 히브리서 저자는 이 수수께끼의 인물을 소개하고(1-3절), 이어서 이 인물과 아브라함과의 만남의 중요성을 말하고 있다(4-10절). 4-10절에서는 멜기세덱의 사중적인 우월성을 주장한다. 1) 영원성; 2) 십분의 일; 3) 축복; 4) 레위도 십분의 일을 드렸다(1번의 적용)이다.[24] 히브리서 저자는 랍비들이 사용하던 해석방법의 하나를 따라서 동일한 단어를 추적하고 있다.

### (1) 멜기세덱, 제사장-왕(7:1-3)

> 7:1 이 멜기세덱은 살렘 왕이요 지극히 높으신 하나님의 제사장이라 여러 왕을 쳐서 죽이고 돌아오는 아브라함을 만나 복을 빈 자라 2 아브라함이 모든 것의 십분의 일을 그에게 나누어 주니라 그 이름을 해석하면 먼저는 의의 왕이요 그 다음은 살렘 왕이니 곧 평강의 왕이요 3 아버지도 없고 어머니도 없고 족보도 없고 시작한 날도 없고 생명의 끝도 없어 하나님의 아들과 닮아서 항상 제사장으로 있느니라.

히브리서 저자는 바로 앞 구절(히 6:20)에서 시편 110:4를 느슨하게 인용함으로 예수께서 멜기세덱의 반차를 따른 대제사장이심을 말하고 나서, 바로 구약에 남아 있는 다른 한 군데의 멜기세덱 구절(창

14:17-20)을 언급한다(히 7:1-3). 이렇게 히브리서 저자는 창세기의 이야기를 시편 110:4의 빛 가운데서 읽는다. 그는 창세기 14:17-20을 문자적으로 인용한 것이 아니라, 요약적으로 인용하였다. 히브리서 저자가 여러 가지를 생략하는 중에 떡과 포도주에 대한 잠재적인 상징을 언급하지 않은 점도 흥미롭지만(비교. 창 14:18), 그렇다고 히브리서 저자가 반-성례전주의자라고 볼 수는 없다. 이러한 것들은 단지 자신의 논의에 밀접한 관계가 없기 때문에 생략한 것으로 보아야 한다.

멜기세덱(Μελχισέδεκ)은 문자적으로 "세덱은 나의 왕이다" 혹은 "나의 왕은 의롭다" 혹은 "나의 주는 의롭다" 등의 해석이 가능하다.[25] 히브리서 저자는 이러한 이름의 의미에 대한 당대의 어원학적인 의미에 반대하지 않으며 "살렘 왕"(βασιλεὺς Σαλήμ), 즉 "평강의 왕"(βασιλεὺς εἰρήνης)으로도 본다(1-2절).[26] 여기서 "살렘"은 예루살렘이고, 아브라함이 멜기세덱을 만난 곳인 "왕의 골짜기"는 예루살렘에 있었다(창 14:17; 삼하 18:18). 멜기세덱은 구약에서 최초로 제사장으로 불린 인물이다. 그가 "제사장으로 섬긴 지극히 높으신 하나님"(ἱερεὺς τοῦ θεοῦ τοῦ ὑψίστου)은 이스라엘의 하나님에 대한 일반적인 호칭이었다(창 14:19, 22; 시 57:2; 78:56). 이 멜기세덱은 여러 왕을 쳐서 죽이고 롯과 그의 가족을 구출하여(창 14:1-16) 돌아오는 아브라함을 축복하였고(1절, 비교. 창 14:19), "아브라함은 자신의 노략 물중에서 십분의 일을 그에게 주었다"(ᾧ καὶ δεκάτην ἀπὸ πάντων ἐμέρισεν Ἀβραάμ, 2절상, 창 14:20). 아브라함이 멜기세덱에게 준 십분의 일은 멜기세덱을 중보로 하여 하나님께 드려진 일종의 감사제라고 볼 수 있다.

또한 3절의 "아버지도 없고 어머니도 없고 족보도 없고 시작한 날도 없고 생명의 끝도 없어"(ἀπάτωρ ἀμήτωρ ἀγενεαλόγητος, μήτε ἀρχὴν ἡμερῶν μήτε ζωῆς τέλος ἔχων)라는 표현은 뒤이어 나오는 "하나님의 아들과 닮아서 항상 제사장으로 있느니라"(ἀφωμοιωμένος δὲ τῷ υἱῷ τοῦ θεοῦ, μένει ἱερεὺς εἰς τὸ διηνεκές)라는 표현처럼 한 마디로 신성과 영원성을 표현하는 어구들이다. "아비도 없고 어미도 없고"(ἀπάτωρ ἀμήτωρ)라는 어구는 헬라어로 각각 한 단어이며 히브리서 저자가 만들어낸 어휘로 보이는데, 인간적인 측면에서만 보면 불명예를 표현하는 어구이나 다른 측면에서는 신성을 표현하는 어구로서 높이 되신 그리스도, 즉 멜기세덱과 같은 제사장을 표현하기에 알맞은 어구이다.27) 족보는 레위계통의 제사장에게는 필수적인 요소였다. 그들은 합당한 결혼을 통한(레 21:7; 13-15; 겔 44:22) 레위의 후손이어야 하고(민 3:10, 15-16), 족보가 없으면 제사장으로서의 결격사유가 되었다(겔 2:62; 느 7:63-65; 대하 31:17-19). 그러나 다른 한편으로 "족보도 없고"(ἀγενεαλόγητος)라는 표현은 뒤이어 나오는 어구 "시작한 날도 없고 생명의 끝도 없어"(μήτε ἀρχὴν ἡμερῶν μήτε ζωῆς τέλος ἔχων)와 함께 신성을 나타내는 표현이다. "하나님의 아들"이 멜기세덱을 닮은 것이 아니라, 멜기세덱이 "하나님의 아들과 닮았다"(ἀφωμοιωμένος δὲ τῷ υἱῷ τοῦ θεοῦ)라는 표현은 매우 중요하다. 하나님의 아들, 예수 그리스도가 중심이 되어야 한다. "항상"(εἰς τὸ διηνεκές)이라는 어휘는 "영원히"(εἰς τὸν αἰῶνα)와 같은 의미로 보아야 하는데(히 6:20), 하나님의 아들은 영원히 살아 계시는 대제사장이시기 때문이다(히 1:11; 7:23-24).

히브리서 7:1-3에서 히브리서 저자는 기본적으로 멜기세덱에 대하여 다음 세 가지를 말하고 있다: 1) 멜기세덱은 왕이며 제사장이다

(1-3절); 2) 그는 아브라함을 축복하였으며, 아브라함은 그에게 십분의 일을 드렸다(1-2절); 3) 그는 영원하다-부활에 기반을 두고 있다(3절). 유대인의 종말론적인 기대(쿰란 공동체) 속에는 제사장적 메시야와 왕적인 메시야에 대한 대망이 있었다. 그리스도 안에서 이 두 가지가 이루어 졌는데, 왕과 대제사장으로서 멜기세덱은 그리스도의 모형이다(1-3절). 히브리서 저자는 이 내용을 근간으로 하여 다음 문단(4-10절)에서 멜기세덱의 위대성을 논증하고, 이제 더 나아가 멜기세덱의 반차를 따른 그리스도의 대제사장직의 우월함을 증명한다(11-28절).

### (2) 멜기세덱의 위대성(7:4-10)

> 7:4 이 사람이 얼마나 높은가를 생각해 보라 조상 아브라함도 노략물 중
> 십분의 일을 그에게 주었느니라 5 레위의 아들들 가운데 제사장의 직분
> 을 받은 자들은 율법을 따라 아브라함의 허리에서 난 자라도 자기 형제
> 인 백성에게서 십분의 일을 취하라는 명령을 받았으나 6 레위 족보에
> 들지 아니한 멜기세덱은 아브라함에게서 십분의 일을 취하고 약속을 받
> 은 그를 위하여 복을 빌었나니 7 논란의 여지없이 낮은 자가 높은 자에
> 게서 축복을 받느니라 8 또 여기는 죽을 자들이 십분의 일을 받으나 저
> 기는 산다고 증거를 얻은 자가 받았느니라 9 또한 십분의 일을 받는 레
> 위도 아브라함으로 말미암아 십분의 일을 바쳤다고 할 수 있나니 10 이
> 는 멜기세덱이 아브라함을 만날 때에 레위는 이미 자기 조상의 허리에
> 있었음이라.

이 문단의 주목적은 멜기세덱 반차의 제사장이 레위계통의 제사장보다 우월하다는 사실을 증명하기 위함이다. 히브리서 저자는 분위기를 전환하기 위하여 우선 명령형으로 시작한다(4절). 엄밀히 말하면

"이 사람이 얼마나 높은가를 생각해 보라!"(Θεωρεῖτε δὲ πηλίκος οὗτος)라는 문장은 명령문이지만 감탄문의 성격이 있다. 멜기세덱의 뛰어난 특징들을 고려해보면 그의 반차를 따른 제사장의 뛰어남을 감지하기가 쉽다. 그 특징 중의 하나가 바로 위대한 믿음의 조상 아브라함이 멜기세덱에게 십분의 일을 바친 것이다(4하절).

히브리서 저자는 5-6절에서 원문으로 "한편은 … 다른 한편은"이라는 대조구조를[28] 사용하여 멜기세덱과 레위계통 제사장간의 일차 비교를 한다. 그 내용은 다음과 같다:[29]

| <u>레위계통의 제사장</u> | <u>제사장 멜기세덱</u> |
|---|---|
| 1. 레위의 후손들 | 족보가 없는 이 |
| 2. 율법에 기초한 권위 | ____________ |
| 3. 백성들에게서 십분의 일을 받다 (그들의 형제들) | 아브라함에게서 십분의 일을 받다 (그들의 조상) |
| 4.____________ | 아브라함을 축복하다 |

그러므로 멜기세덱이 아브라함보다 위대하다면, 아브라함의 후손들의 제사장들보다 멜기세덱의 제사장직은 뛰어난 것이다. 이 일차비교에서는 멜기세덱이 아브라함보다 높다는 사실이 레위계통 제사장직보다 높다는 사실로 적용되고 있다(6-7절).

이차비교(7-8절)는 더 낮은 것과 더 우월한 것과의 대조를 통하여 이루어진다. 즉 "논란의 여지없이 <u>낮은 자가</u> <u>높은 자에게서</u> <u>축복을 받는다</u>"(χωρὶς δὲ πάσης ἀντιλογίας <u>τὸ ἔλαττον</u> <u>ὑπὸ τοῦ κρείττονος</u> <u>εὐλογεῖται</u>, 7절). 신약성경에서 거론되고 있는 "축복(복을 빎)"의 개념에 대한 구약적인 배경은 아주 풍부하다(신 33:1; 민 6:22-27; 창 27:27-29; 49:28; 왕상8:14). 여기

에서 특별한 제사장이 구속사의 중심인물에게 하나님의 축복의 신적인 능력을 부여하고 있다. 그러나 "논란의 여지없이" 항상 낮은 자가 높은 자에게 축복을 받는 것은 아니고, 종이나 백성이 왕을 축복하는 경우처럼(삼하 14:22; 왕상 1:47; 8:66) 예외도 있다. 멜기세덱이 아브라함을 축복하였기 때문에 더 위대한 것이 아니라, 아브라함이 십분의 일을 그에게 주었기 때문에 멜기세덱이 더 위대한 것이다(히 7:4-6). 히브리서 저자는 8절에서 멜기세덱은 죽지 않고(비교. 히 7:23-24) 살아 있기 때문에(히 7:3) 우월하다는 사실을 첨가한다.

마지막 결론인 9-10절에서 저자의 논의는 절정에 이른다. 멜기세덱 계통의 제사장직이 레위계통 제사장보다 높다는 것은 이론적으로만이 아니라 역사적인 기반을 가지고 있다. 잠시 순서를 뒤집어서 제사장들의 조상인 레위지파도 십분의 일을 받는 연합적인 인격이 되어 자신도 멜기세덱에게 십분의 일을 바친 것이라고 저자는 창조적으로 재치 있게 말한다. "이미 자기 조상의 허리(생식기관)에 있었음이라"(ἔτι γὰρ ἐν τῇ ὀσφύϊ τοῦ πατρὸς ἦν)라는 표현은 일반적인 성경적 표현이지만(창 35:11), 과장된 유머이다. 지금쯤이면 히브리서 설교가 시작된 지 약 20분 정도 된 시점이 되는데, 레위가 아브라함의 허리에 있었다는 과장은 긴 논의에 피곤한 청중들에게 약간의 휴식을 제공하는 유머가 될 수 있다.

### 2) 새로운 제사장직의 합법성과 우월성(히 7:11-28)

본 문단에서 저자는 앞의 내용에 이어서 멜기세덱의 반차를 따른 예수 그리스도의 대제사장직이 모세의 율법에서 말하고 있는 레위계통의 제사장직보다 우월함을 논의하는데, 시편 110:4를 역순으로 해석-적용하면서 이 일을 수행한다.[30] 히브리서 7:11-28은 구조적으로는 크게 두 부분으로 나눌 수도 있는데, 11-19절은 레위계통 제사장제도의 불온전성을, 20-28절은 새로운 제사제도의 온전함과 영원성, 그리고 그 효력을 강조한다. 본서에서는 이것을 다섯으로 나누어서, 옛 제사장직의 불온전성(11-14절)을 지적하고 새로운 제사장직의 우월성(15-19절)을 피력한 다음, 그 이유들을 하나님의 맹세(20-22절), 제사장직의 영원성(23-25절), 예수님의 성품(26-28절)때문이라고 설명하는 구조로 보았다.

### (1) 아론반차의 제사장직의 불온전성(11-14절)

> 7:11 레위 계통의 제사 직분으로 말미암아 온전함을 얻을 수 있었으면 (백성이 그 아래에서 율법을 받았으니) 어찌하여 아론의 반차를 따르지 않고 멜기세덱의 반차를 따르는 다른 한 제사장을 세울 필요가 있느냐 12 제사 직분이 바꾸어졌은즉 율법도 반드시 바꾸어지리니 13 이것은 한 사람도 제단 일을 받들지 않는 다른 지파에 속한 자를 가리켜 말한 것이라 14 우리 주께서는 유다로부터 나신 것이 분명하도다 이 지파에는 모세가 제사장들에 관하여 말한 것이 하나도 없고.

히브리서 7:11-14에서 히브리서 저자는 시편 110:4하의 어구 "멜기세덱의 반차를 따르는 <u>다른</u> 한 제사장"(κατὰ τὴν τάξιν Μελχισέδεκ <u>ἕτερον</u> ἱερέα)을 해석-적용하면서, 모세의 법 안에서 이루어지는 레위계통의 아론 반차를 따른 대제사장직의 한계성을 말한다. 레위의 제사장직이 다른 것에 의하여 대체될 것임이 하나님에 의하여 오래 전에 선포되었다는 저자의 확신은 실제적인 적응성이 있다(11-12절). 저자는 11절에서 수사학적인 질문형식으로, 레위계통의 제사장 직분으로는 온전함을 얻을 수 없었기 때문에[31] "다른 한 제사장"(ἕτερον ἱερέα)[32] 즉 멜기세덱의 반차를 따른 제사장을 세울 필요가 있다고 역설한다. 여기서 "세우다"(ἀνίστασθαι)라는 동사는 누구를 왕(출 1:8; 행 7:18)이나 선지자(신 18:15; 행 3:22)의 자리에 있게 함을 의미하고, 동시에 예수님의 부활(막 9:9; 행 2:24)을 언급할 때도 사용된 말로 히브리서 7:15("일어난")에서도 나타난다. 예수께서는 불멸의 생명으로 세우심(부활)을 입으시고, 동시에 대제사장으로 세우심도 입으셨다(히 7:11, 15-16).

12절에서 저자는 이렇게 "제사 직분이 바꾸어졌은즉 율법도 반드시 바꾸어지리니"(μετατιθεμένης γὰρ τῆς ἱερωσύνης ἐξ ἀνάγκης καὶ νόμου μετάθεσις γίνεται)라고 확신한다. 아론(레위)의 제사장 직분만 대체되는 것이 아니다. 그 제사장직이 모세의 율법하에서 제정되었기 때문에,[33] 제사장직의 변역("바꾸어짐")은 그 "율법의 변역"(νόμου μετάθεσις)을 가져오는 것은 "피할 수 없는 일"(ἐξ ἀνάγκης)이다. 아론의 제사장직이 임시적이었다면, 온전한 것이 올 때에는 폐하여져야 한다(18절). 이는 율법도 마찬가지이다(갈 3:24-25). 여기서 "바꾸어짐"(변역)으로 번역된 헬라어 어휘(μετάθεσις)는 히브리서 11:5("옮겨짐")와 12:27("변동됨") 등에서도 사용되었는데, 18절의 "폐하고"와 관련이 있으며 약간의 수정 이상을 의미한다. 이러한 신약과 구약의 연속성(continuity)과 불연속성(discontinuity)간의 긴장은 신약 저자들에게는 어느 정도 공통적인 일이었다. 이는 그리스도에 의하여 완성된 성질 때문이다. 여기서 히브리서 저자도 불연속성을 강하게 부각시키고 있다. 그러나 율법의 변역은 있어도, 하나님의 뜻에는 변역이 없다.

"우리 주"(ὁ κύριος ἡμῶν)34) 예수께서 유다 지파에서 나신 것은 상식이다(히 7:14; 마 1:1-3; 눅 3:23, 33; 계 5:5). 모세가 유다 지파를 축복할 때 제사장에 대하여는 전혀 언급이 없었고(신 33:7), 레위 지파를 축복할 때는 언급하였다(신 33:8-11). 13절의 "제단 일을 받드는"(προσέσχηκεν τῷ θυσιαστηρίῳ) 일은 기본적으로 제사장의 의무이다(민 18:5; 고전 9:13). 물론 다윗 왕이나 솔로몬 왕이 제단을 섬긴 적이 있고(삼하 24:25; 왕상 3:4), 다윗의 아들들이 제사장이었지만(삼하 8:18), 히브리서 저자는 이런 전승은 다루지 않는다. 전혀 다른 대제사장이 있다는 저자의 관심에는 그가 레위 지파가 아니라 유다 지파에서 난 대제사장이라는 사실뿐만 아니라, 그 제사장직이 땅위에서 이루어지는 것이 아니기에 영원한 질서에 속하는 것이고 물질세계에 속하는 것이 아니라는 사실에도 있다.

### (2) 새로운 제사장직의 우월성(15-19절)

> 7:15 멜기세덱과 같은 별다른 한 제사장이 일어난 것을 보니 더욱 분명하도다 16 그는 육신에 속한 한 계명의 법을 따르지 아니하고 오직 불멸의 생명의 능력을 따라 되었으니 17 증언하기를 네가 영원히 멜기세덱의 반차를 따르는 제사장이라 하였도다 18 전에 있던 계명은 연약하고 무익하므로 폐하고 19 (율법은 아무 것도 온전하게 못할지라) 이에 더 좋은 소망이 생기니 이것으로 우리가 하나님께 가까이 가느니라.

히브리서 저자는 히브리서 7:15-19에서 시편 110:4중을 해석-적용함으로써 예수께서 "영원한 대제사장"이심을 논증하면서 새로운 대제사장 제도의 우월성을 피력한다. "네가 영원히 제사장이라"(시

110:4중)라는 시편의 어구에서 저자는 옛 제사장의 불온전성과 새 제사장의 우월성에 대한 또 다른 표징을 발견한다(15-17절). "네가 영원히 멜기세덱의 반차를 따르는 제사장이라"(σὺ ἱερεὺς εἰς τὸν αἰῶνα κατὰ τὴν τάξιν Μελχισέδεκ)라는 선언은 이제 아론의 반차를 제정하였던 이전 법의 폐지를 알리는 것이다(18-19절).

15절의 "멜기세덱과 같은"(κατὰ τὴν ὁμοιότητα Μελχισέδεκ)은 "멜기세덱의 반차를 따르는"(κατὰ τὴν τάξιν Μελχισέδεκ, 히 5:6, 10; 6:20; 7:11)이라는 어구와 교환적으로 사용되는 어구로 볼 수 있는데, 이 "멜기세덱의 반차"는 역사적으로 존재했던 어떤 반차를 말하기보다는 성격상 멜기세덱과 흡사하다는 의미로 받아들임이 더 적합하다. 예수께서는 죽으심을 통하여 죽음을 정복하시고(히 2:9-10) 높이 되셔서 하나님의 오른편에 앉혀지시고 "불멸의 생명의 능력을 따라"(κατὰ δύναμιν ζωῆς ἀκαταλύτου) 영원한 대제사장이 되셨다(16절). 이 때문에 예수께서 "네가 영원히 멜기세덱의 반차를 따르는 제사장이라"라는 사실을 성경이 증언하고 있다(17절; 시 110:4; 히 5:6, 10; 6:20). 히브리서 저자는 인간이 율법을 지키는데 실패하였기 때문에 율법이 실패한 것이 아니라(비교. 히 8:7), 오히려 근본적으로 율법이 연약하고 무익하여35) 인간에 대한 하나님의 계획을 온전하게 성취할 수 없기 때문에 폐해질 수밖에 없다고 말한다(18-19절). "<u>더 좋은 소망</u>이 생기니"(ἐπεισαγωγὴ δὲ <u>κρείττονος ἐλπίδος</u>, 19절) 이제 옛 것은 폐하여지고(18절), 이 더 나은 소망 안에서 우리가 기도와 믿음으로 최종적인 구원(히 12:22-24)을 향하여 하나님께 예배드리며 가까이 간다(19절).

### (3) 하나님의 맹세 때문에 우월함(20-22절)

> 7:20 또 예수께서 제사장이 되신 것은 맹세 없이 된 것이 아니니 21 (그들은 맹세 없이 제사장이 되었으되 오직 예수는 자기에게 말씀하신 이로 말미암아 맹세로 되신 것이라 주께서 맹세하시고 뉘우치지 아니하시리니 네가 영원히 제사장이라 하셨도다) 22 이와 같이 예수는 더 좋은 언약의 보증이 되셨느니라.

히브리서 7:20-28은 예수 그리스도의 대제사장직의 우월성을 논증하는 문단이다. 20-22절에서는 시편 110:4상을 해석-적용하여 "하나님의 맹세(ὁρκωμοσία) 때문에" 우월함을 주장한다. 이 세 절은 헬라어 원문에는 한 문장으로 구성되어 있다. 비교구문이 20절에서 시작하여 22절에서 끝난다. 이 긴 문장의 맨 마지막에 "예수"라는 단어를 둠으로써 예수를 강조하는 문장구조로 되어 있다. 히브리서 저자는 21절에서 시편 110:4(109:4, LXX)의 앞부분을 인용한다: "주께서 맹세하시고 <u>뉘우치지 아니하시리니</u> <u>네가 영원히 제사장이라</u>"(ὤμοσεν κύριος καὶ <u>οὐ μεταμεληθήσεται</u>· <u>σὺ ἱερεὺς εἰς τὸν αἰῶνα</u>). 하나님은 "뉘우치거나"(μεταμεληθήσεται) 마음을 바꾸지 않으신다(민 23:19). 그러나 가끔씩은 선을 위하여 생각을 바꾸신다(출 32:14; 렘 18:8). 바울도 하나님의 은사와 부르심에는 후회하심이 없다고 했고(롬 11:29), 히브리서 저자도 하나님의 맹세는 변치 않으신다고 말했다(히 6:17-18). 하나님의 맹세에 대한 호소는 히브리서 6:13이하에서 논의되었던 아브라함과의 계약과 관련된 내용을 상기시킨다. 여기서도 이미 확정된 것을 하나님께서 맹세로 이중적으로 확증하심을 의미한다. 레위 반차를 좇는 제사장직은 맹세 없이 된 것이었다. 예수께서 멜기세덱의 반차를 좇는 제사장으로서 그의 더 나은 권위도 확정된 것이다. 그러므로 “예수는 더 좋은 <u>언약의</u> <u>보증</u>이시다”(κρείττονος <u>διαθήκης</u> γέγονεν <u>ἔγγυος</u> Ἰησοῦς)(22절).

여기서 중요한 두 어휘가 있다. 하나는 “언약”(διαθήκη)이고 다른 하나는 “보증”(ἔγγυος)이다. “언약”은 계약(covenant)과 유언(testament 혹은 will)의 두 가지 해석이 가능하다. 계약의 근본요소는 하나님의 약속이다(창 9:8-17; 15:18). 시내 산 계약은 율법으로 정의된다(출 24:7-8). 히브리서 저자는 두 계약만을 언급 한다: 시내 산 언약과 새 언약인데, 후자가 더 나은 언약이다. 그는 히브리서 8장 이후부터 예레미야 31:31-34에 약속된 새 언약이 그리스도 안에서 실현되었음을 역설한다(히 8:6, 8, 10; 9:15; 10:16, 29; 12:24; 13:20). 또 히브리서 저자는 히브리서 9:16-17에서 언약을 유언의 개념으로도 활용한다. 히브리서의 청중을 구원을 상속받을(히 1:14; 6:12) 약속의 상속자들(히 6:17)로 볼 경우 이 해석이 적절하다. “보증”(ἔγγυος)은 다른 사람이 빚을 갚지 못할 때 자신이 그 책임을 지는 데 동의한 사람이다. 그래서 보증은 친구나 친척이 서게 된다. 성경은 이를 조심하라고 권한다(잠 17:18; 22:26). 이 “보증”은 히브리서 8:6의 언약의 “중보자”와 흡사한데, 언약 혹은 유언의 보증이라는 용례는 좀 이례적이다. 예수 그리스도는 보다 나은 언약, 즉 새 언약의 보증자이시며 동시에 중보자이시다.

### (4) 제사장직의 영원성 때문에 우월함(23-25절)

7:23 제사장된 그들의 수효가 많은 것은 죽음으로 말미암아 항상 있지 못함이로되 24 예수는 영원히 계시므로 그 제사장 직분도 갈리지 아니하느니라 25 그러므로 자기를 힘입어 하나님께 나아가는 자들을 온전히 구원하실 수 있으니 이는 그가 항상 살아 계셔서 그들을 위하여 간구하

심이라.

히브리서 7:23-25에서 히브리서 저자는 예수 그리스도의 대제사장직이 "영원히 죽음에 매여 있지 않기 때문에" 우월하다고 주장한다. 레위 제사장직은 죽음 때문에 방해를 받는다(23절). 그러나 예수는 영원히 살아 있다(24-25절, 비교. 히 13:8). 24절의 어구 "영원히"(εἰς τὸν αἰῶνα)는 시편 110:4에 대한 의도적 암시라고 볼 수 있다. 즉, 예수는 대제사장직에서 갈리지 않고 그 직분을 영원히 보유하고 계시다는 의미이다. 레위계통의 제사장들은 죽음 때문에 그 일을 계속할 수가 없어서 "그 수효가 많았다"(23절). 요세푸스는 아론으로부터 마지막 대제사장인 파나수스까지 83명의 대제사장이 있었다고 말한다(「유대상고사」, 20.227). 그러나 예수의 대제사장 사역은 죽음에 의하여 방해받지 아니하기 때문에(23, 25절), 그는 자신을 통하여 하나님께 나아오는 자들을 온전히 구원하실 수 있다. 여기서는 구원의 질을 언급하고 있다. 즉, 예수께서는 "영원한 구원"을 제공하신다(히 5:9; 9:12; 10:14; 13:20). 24-25절의 부사(구)들 "영원히, 온전히, 항상"(εἰς τὸν αἰῶνα, εἰς τὸ παντελές, πάντοτε)을 연결해보면, 이 구원은 온전하고 동시에 영원함을 알 수 있다. 여기서 이 두 단어(온전함과 영원함)는 결국 같은 뜻을 내포하고 있다.

예수께서는 항상 살아서, 그를 통하여 하나님께 나아가는 자들을 위하여 중보기도를 하여 주신다. 그 중보기도의 내용은 도움 청원과 죄 용서 청원으로 대표된다. 히브리서의 청중들은 과거에 비방과 환난, 폭력, 투옥 등을 당한 경험이 있었고 지금도 계속 당하고 있는 비방과 어려움이 있다(히 10:32-34; 13:3, 13). 이런 상황에서 예수님의 중보기도는 지속적인 도움의 원천이다(히 2:18; 4:16). 또한 히브리서에서 중보기도는 히브리서 7:26-27에 언급된 죄 용서에 대한 청원이 포함된다. 그리스도의 대제사장 사역은 대속의 죽으심(히 2:17)을 포함하고 새 언약은 죄 용서를 가져온다(히 8:12; 10:17). 구약에서 중보기도는 주로 하나님의 심판으로부터의 구원을 위함이었고(창 18:22-33; 출 32:11-14; 민 14:13-19; 삼상 7:5-9), 바울의 언급(롬 8:34)도 하나님의 심판에서의 자비와 적대세력으로부터의 구원을 의미했다고 볼 수 있다. 그러나 요한일서 2:1에서는 죄 용서를 위한 중보가 확실하다.

### (5) 예수의 성품 때문에 우월함(26-28절)

> 7:26 이러한 대제사장은 우리에게 합당하니 거룩하고 악이 없고 더러움이 없고 죄인에게서 떠나 계시고 하늘보다 높이 되신 이라 27 그는 저 대제사장들이 먼저 자기 죄를 위하고 다음에 백성의 죄를 위하여 날마다 제사 드리는 것과 같이 할 필요가 없으니 이는 그가 단번에 자기를 드려 이루셨음이라 28 율법은 약점을 가진 사람들을 제사장으로 세웠거니와 율법 후에 하신 맹세의 말씀은 영원히 온전하게 되신 아들을 세우셨느니라.

히브리서 7:26-28에서 저자는 "자신을 위한 희생제물이 필요하지 않기 때문에" 예수 그리스도의 대제사장직이 우월함을 논증한다. 26절의 "합당하다"(ἔπρεπεν)라는 어구는 하나님이 원하신다는 의미를 내포하고 있다. 즉 이 일은 하나님의 완전한 섭리를 이루는 것이다. 이 "대제사장으로서의 예수"는 물론 히브리서의 중심 주제이다. 히브리서에서 본 구절에서만 예수를 거룩하다고 언급하고 있다. "<u>거룩하고</u> <u>악이 없고</u> <u>더러움이 없고</u> <u>죄인에게서 떠나 계시고</u> <u>하늘보다 높이 되신</u>

이라"(ὅσιος ἄκακος ἀμίαντος, κεχωρισμένος ἀπὸ τῶν ἁμαρτωλῶν καὶ ὑψηλότερος τῶν οὐρανῶν γενόμενος)라는[36] 어구들은 희생제물과 제사장의 전적인 순결성을 상기시킨다. 모세율법에 따르면 제사장은 시체와 접촉하여 더러워져서는 안 되는데(레 22:4), 예수님은 우리를 대신하여 죽음을 맛보셨는데도 더러움이 없으신 분이시다(히 2:9). 예수님은 죄인들에게 억압을 받으셨으나(히 12:3) 죄에 항복하지 않으셨고(히 4:15), 이제는 죄인들의 자리에서 떠나 하늘들 위에 높이 계시다(26절).

26-27절에 나오는 어휘들은 분명히 성전 제의에 관한 것들이다. 27절의 "단번에"(ἐφάπαξ)라는 부사는 앞으로 9장과 10장에서 반복적으로 강조되어 나오면서(히 9:12; 10:10; 9:7, 26-28; 10:2; 12:26-27), 그리스도의 희생의 본질을 표현하고 있다. 이 부사는 양적으로 단 한 번이라는 뜻이지만 질적으로는 완전성을 의미한다. 이 한 행동의 완전성과 최종성은 두 가지, 즉 희생을 드린 자와 그 드려진 희생 모두를 포함하며 또한 하나님의 구원섭리의 완성을 의미한다. 이는 반복적으로 이루어져야 하는 레위 계열 제의의 무용성과 즉각적으로 대비된다. 이뿐 아니라 레위 계열 제사장들과는 달리 예수님은 짐승이 아니라 자기 자신을 제물로 드리셨다(27절, 비교. 히 9:13-14).

28절에서 레위 제사장들의 연약성이 다시금 강조된다. 율법이 세운 제사장은 약점을 지닌 인간인데, 그 약점은 인간이 죽음(히 7:23)과 죄(히 7:27)에 매여 있기 때문이다. "그러나 율법 후에 하신 맹세의 말씀은 영원히 온전케 되신 아들을 세웠다"(καθίστησιν ... ὁ λόγος δὲ τῆς ὁρκωμοσίας τῆς μετὰ τὸν νόμον υἱὸν εἰς τὸν αἰῶνα τετελειωμένον, 비교. 시 110:4). 히브리서 저자는 예수 대신에 "아들"(υἱὸν)이라고 언급함으로써 전에 이미 형성된 강력한 의미를 환기시키는데(히 1:2, 5, 8; 3:6; 4:14; 5:5, 8; 6:6; 7:3), 이는 히브리서 5:5-6에서 시편 2:7과 110:4를 연이어서 인용한 이유도 된다. 여기서 "온전하게 되신"(τετελειωμένον)이라는 헬라어 어휘는 현재완료 수동태 분사로 쓰였는데, 이는 현재까지도 지속되는 결과를 지닌 과거에 완성된 행동을 말한다. 하나님의 아들 예수님은 죽으심과 부활을 통하여 온전하게 되셔서 영원한 영광에 들어가셨을 뿐만 아니라 하나님의 약속과 맹세로 영원한 대제사장으로 임명되셔서 어제나 오늘이나 영원토록 우리의 대제사장으로 계신다.

## III. 개인 묵상이나 그룹 토론(설교 구상)을 위한 질문

1. 제사장은 어떤 조건을 갖추어야 하는가?
2. 영적 게으름의 위험성은 무엇인가?
3. 믿는 자가 배도할 수 있는가?
4. "멜기세덱의 반차를 따른"이라는 어구를 어떻게 이해해야 하는가?
5. 예수 그리스도의 대제사장직은 아론의 반차를 따른 대제사장보다 왜/어떻게 우월한가?

# 부설 III

## 멜기세덱(Μελχισέδεκ)

신구약 성경 66권을 통틀어서 멜기세덱이 나오는 책은 단 세 곳뿐이다. 창세기 14장, 시편 110편, 그리고 히브리서이다. 그래서 히브리서에 나오는 멜기세덱의 배경에 대하여 알아볼 수 있는 구약은 단지 두 구절에 지나지 않는다. 그러므로 히브리서에 출현하는 이 신비로운 존재인 멜기세덱에 관하여 여러 추론들이 많이 나왔다.[37)]

요세푸스는 멜기세덱이 예루살렘 성전 예배를 시작했기 때문에 레위계통의 제사장 제도의 선구자라고 주장하는데, 이는 히브리서 7:11-14의 내용과 상반된다. 랍비들의 전승은 멜기세덱이 아브라함에게 제사장권을 넘겨주었기 때문에 아브라함이 시편 110:4에 언급된 대로 영원한 제사장이라고 말한다. 그리고 탈굼이나 다른 랍비문서에서는 멜기세덱을 노아의 아들 셈으로 보는데, 이는 그가 아브라함보다 35년이나 더 살았다고 계산되기 때문이다(비교. 창 11:10-11). 그러나 이러한 전승들은 히브리서 저자가 멜기세덱은 "아버지도 없고 어머니도 없고 족보도 없고 시작한 날도 없고 생명의 끝도 없어 하나님의 아들과 닮아서 항상 제사장으로 있느니라"(히 7:3)라고 하는 주장과는 상반된다.

멜기세덱은 1세기 유대교에서 중요한 위치를 차지하고 있었다. 주전 1세기로부터 주후 1세기경의 쿰란 문서에서(11Q Melchizedek) 멜기세덱은 하나님의 원수를 무찌르는 신적인 심판자로서 이스라엘의 구원자와 보수자로 그려지고는 있으나, 이 문서에는 창세기 14:17-20

이나 시편 110:4에 대한 어떤 암시도 없으며 멜기세덱을 제사장이라고 부르는 어구도 없다.[38] 또한 히브리서는 예수님을 죽음의 권세에서 종말론적으로 해방시켜 주시는 분으로 그리고 있는데, 쿰란 문서에는 멜기세덱에 대하여 이러한 언급이 없다. 하나님의 심판자로서 멜기세덱은 천사장 미가엘과 흡사한 역할을 하는데, 중세기에는 이 두 인물이 동일시되기도 하였다. 또한 암브로시우스 같은 교부는 멜기세덱을 아브라함에게 나타난 천사로 보기도 하였다. 오리겐이나 디두모 같은 이들도 멜기세덱을 천사로 보았다. 하지만 히브리서 저자는 멜기세덱을 천사나 천사장으로 보고 있지 않다. 심지어 멜기세덱을 아들의 선성육신(pre-incarnation), 성령의 성육신, 혹은 아버지의 성육신으로 본 교부들도 있었으나 이러한 견해들은 히브리서에 나오는 멜기세덱에 대하여 모호성만 부상시킬지언정 그 기능과 기원에 대한 문제를 해결하는 데는 아무런 공헌을 하지 못하였다.

필로는 멜기세덱을 신적 이성(로고스)이나 덕과 같은 것으로 풍유화하여 보았는데, 이 견해는 레위계통의 제사장제도와 멜기세덱을 구별해주는 요소는 되지 못한다. 주후 1세기경의 제2에녹서 71-72장에는 멜기세덱의 탄생과 보존 경위와 그의 제사장직에 대하여 언급하는데, 여기서 히브리서 7:3이 나온 것으로 보는 이들도 있다. 주후 2-4세기경의 영지주의 문서인 나그 함마디 문헌에서는 멜기세덱을 천상의 그리스도를 닮은 인간으로 보는데, 이 자료는 히브리서의 배경을 제공해 준다기보다는 오히려 히브리서를 의지한 것 같다. "히브리서에서 멜기세덱은 예수 그리스도의 그림자에 불과한 데 반해, 후대의 그리스도교 영지주의에서 그리스도는 단지 멜기세덱의 그림자에 불과하다."[39]

이러한 다양한 전승들은 공동전승에서 나왔다기보다는 각각 독립적으로 구약 본문을 다룬 것으로 보인다. 또한 히브리서 저자가 이러한 전승들 중에서 어떤 것을 알고 있었는지에 대하여 밝혀내는 것도 불가능하다. 확실한 것은 그가 이러한 경외전적인 전승들의 개념과는 독립적으로 구약의 두 본문, 즉 창세기 14:17-20과 시편 110:4로부터 멜기세덱의 개념을 발전시킨 것으로 보아야 한다. 히브리서 저자는 이 주제를 접근함에 있어서 시편 110:4의 관점으로부터 창세기 14:17-20의 본문을 모형론적으로 해석함으로써 그 목적을 달성하였다.

# 주(註)

1) Lane, *Hebrews 1-8*, 111-2를 참조하라.

2) 보통 히브리서 5:11-6:20까지를 하나의 독립된 단위로 보지만, 그 특성과 논리적 구조에 대하여는 의견이 일치되지 않고 있다. 하지만 히브리서 5:11-6:20은 5장 초반부터 시작되어 7장에서 연속되는 대제사장론과는 관계없이 갑작스럽게 딴 얘기로 흐른 것은 분명하다. 그러나 이 문단은 문맥상 전혀 동떨어진 것이 아니라 무시할 수 없는 연관성을 지니면서, 7장부터 본격적으로 시작되는 대제사장론에 대한 사전준비의 성격이 있는 권면으로 보아야 한다.

3) 이 어휘는 마치 히브리서 3:12와 3:19에 나오는 어휘 "믿지 아니함" 혹은 "불신앙"="아피스티아"(ἀπιστία)와 흡사한 기능을 하며, 문단도 동일한 기능인 경고의 성격을 지닌다.

4) Lane, *Hebrews 1-8*, 149를 참조하라.

5) Joseph A. Fitzmyer, *The Essays On the Semitic Background of the New Testament* (Wimbledon: Scholars Press, 1974), 221-243; Lane, *Hebrews 1-8* 등을 참조하라.

6) 예물과 제사는 비슷한 말로 볼 수도 있겠지만, 여기서 "속죄하는"(문자적으로, "죄들을 위한")="휘페르 하마르티온"(ὑπὲρ ἁμαρτιῶν)이라는 어구 때문에 특별한 종류의 제사에 대한 언급임을 알 수 있다. 이것은 나중에 명백해지는데, 저자는 마음속에 매년 속죄일에 드려지는 제사를 염두에 두고 있는 것 같다.

7) 5절은 시편 2:7의 인용인데 히브리서 1:5에 이미 인용되었으며, 6절은 시편 110:4의 인용인데 이 시편의 한절(1절)이 이미 히브리서 1:13에서 인용되었다.

8) 신약에서 예수께서 우셨다 혹은 눈물을 흘리셨다는 언급은 히브리서 5:7말고, 요한복음 11:35(ἐδάκρυσεν ὁ Ἰησοῦς)와 누가복음 19:41(Καὶ ὡς ἤγγισεν ἰδὼν τὴν πόλιν ἔκλαυσεν ἐπ' αὐτὴν)에 나온다.

9) Koester, *Hebrews*, 288, 107-8을 참조하라.

10) Lane, *Hebrews 1-8*, 120을 참조하라.

11) 히브리서에서 본 문단에 처음 인용되고(히 5:6) 또한 계속 반복되는 어구 "멜기세덱의 반차를 따른" 중에서 "멜기세덱"에 관하여는 뒤에서 논의된다. 그러나 여기서 "반차"(τάξις)라는 어휘의 의미에 대하여 언급할 필요가 있다. 역사적으로 이러한 제사장의 조직화된 그룹이나 순서가 있었던 것이 아니고 히브리서 저자도 차후에 어휘를 대신하여 "닮은 꼴"(ὁμοιότητα)이라는 의미가 있는 다른 어휘를 사용하고 있기 때문에(히 7:15), 히브리서 저자는 "반차"라는 어휘를 통하여 예수와 멜기세덱이 비슷한 특성을 지니고 있었다고 이해한 듯하다.

12) 이 어휘는 신약에서 이곳 히브리서 5:11과 6:12에만 나오는데, 문자적으로 "게으른, 나태한, 느린, 둔한, 무딘" 등의 뜻이 있다. 구약외경 집회서 4:29(LXX)와 클레멘트 1서 34:1 등에서 "부실한, 게으른" 등의 뜻으로 사용되었다: Paul Ellingworth, *Commentary on Hebrews*, NIGTC. (Grand Rapids: Eerdmans, 1993), 300-1; H. Priesker, "νωθρός," *TDNT* IV:1126 등을 참조하라.

13) Koester, *Hebrews*, 308; Lane, *Hebrews 1-8*, 137 등을 참고하라.

14) Lane, *Hebrews 1-8*, 137-8.

15) 원어 "귐나조" (γυμνάζω, 형용사는 "귐노스"=γυμνός)의 현재 수동태완료분사이다. 오늘날 체육관이라는 "짐네이지움"(gymnasium)이라는 말도 나온 어휘로써, 고대 올림픽이 남자들만 옷을 다 벗고 시합을 한 것처럼, 벗는다는 말에서 파생되어 "훈련하다, 연습하다"의 뜻이 있다. 히브리서에는 이곳과 히브리서 12:11(징계로 "연단 받은 자들")에서 두 번 사용되었고, 신약의 다른 책에서는 디모데전서 4:7-8(경건에 이르도록 네 자신을 "연단하라")에서 긍정적인 의미로 그리고 베드로후서 2:14(거짓 교사들이 "탐욕에 단련된")에서 부정적인 의미로 사용되었다.

16) 히브리서 저자는 침례를 복수로 쓰고 있는데, 유대인의 씻는 예식(히 9:10; 막 7:4), 침례자 요한의 침례(요세푸스, 「유대고대사」, 11.117), 그리고 그리스도인의 침례(골 2:12) 등에 사용된 어휘와 동일하다. 복수를 사용한 이유는 이러한 침례의 종류를 다 염두에 둔 것인지, 혹은 물 침례와 성령 침례를 생각한 것인지, 혹은 다른 이유가 있었는지는 확실하지 않다. 아마도 히브리서 9:10에 언급한 유대교의 씻음과 그리스도인의 침례를 구분하기 위함이었을 것이다: 오토 미헬, 「히브리서」, 330-1; Koester, *Hebrews*, 305 등을 참조하라.

17) 헬라어로 "불가능하다"는 "아듀나톤"(ἀδύνατον)이라는 형용사인데, 이 어휘는 히브리서에서 네 번 나온다: 첫째로, "타락한 자들은 다시 새롭게 하여 회개하는 것이 불가능하다"(6:4; 원문에는 4절에 있으나, 한글성경에는 6절에 있다). 둘째로, "하나님께서 거짓말 하시는 것이 불가능하다"(6:18). 셋째로, "황소와 염소의 피가 죄를 없이 하는 것이 불가능하다"(10:4). 넷째로, "믿음이 없이는 하나님을

기쁘시게 하는 것이 불가능하다"(11:6). 이 "불가능하다"라는 어휘가 너무 심하다고 생각하여, "어렵다"로 바꾸려는 시도도 있었으나, 위의 예들에서 보는 바와 같이 히브리서 저자는 명백하게 불가능하다고 적고 있다.

18) "새롭게 하기"는 "아나카이니제인"(ἀνακαινίζειν)으로 부정사형으로 나온다. 그 의미는 마음을 새롭게 함(롬 12:2; 고후 4:16; 골 3;10) 혹은 회복과 동일하며, 회심을 가리키는 동시에 성령과 연관을 맺는다(딛 3:5; 히 6:4).

19) 히브리서 6:4-6에서 문법적으로 세 가지 해석이 가능하다: 1) "배도자가 회개하는 것이 불가능하다"－그러나 히브리서는 배도자가 회개하는 것이 불가능하다고 말하지 않고, 배도자를 "회개하도록 다시 회복시키는 것"(πάλιν ἀνακαινίζειν εἰς μετάνοιαν)이 불가능하다고 말하고 있다; 2) "다른 그리스도인들이 배도자를 회복시키는 것이 불가능하다"－ 히브리서의 다른 관련구절들(히 10:26-31; 12:16-17)은 신앙공동체가 회개를 이끌어내지 못함에 대하여 말하지 않고, 하나님의 심판에 관하여 말하고 있다; 3) "하나님께서 배도자를 회개하도록 회복시키는 것이 불가능하다"－ 히브리서는 하나님께서 배도자를 회개하도록 회복하는 능력이 부족하시다고 말하지 않는다. 하나님은 모든 것을 창조하신 분이시고 동시에 창조하신 것들을 흔들 수도 있으신 분이다(히 2:10; 12:26). 그러므로 회복이 그분의 능력 밖에 있는 것이 결코 아니다. 오히려 배도자를 회복시키기를 거절하시는 것이다. 하나님은 그분을 끝임 없이 시험하는 광야세대를 약속의 땅에 들어오지 못하도록 하셨고(히 3:7-4:13), 장자권을 팔아버린 에서의 눈물의 애원(히 12:17)을 거절하셨다. 그러므로 이 마지막 대안이 가장 가능성이 높다: Koester, *Hebrews*, 312; 오토미헬, 「히브리서」, 332-41; Lane, *Hebrews 1-8*, 141-2; Attridge, *Hebrews*, 166-71; Bruce, *The Epistle to the Hebrews*, 144-9 등을 참조하라.

20) 한글 개역성경에는 없지만, 원문에는 접속사 "그러므로"="가르"(γάρ)가 있다.

21) 히브리서 본문이 이 지점에서 마소라 본문(MT)이나 칠십인 역(LXX) 모두와 다른데, 첫째 이유는 히브리서가 칠십인 역을 인용하였기 때문이고, 둘째 이유는 히브리서 저자가 칠십인 역의 "너의 씨를"(τὸ σπέρμα σου)을 "너를"(σε)로 바꾸어 아브라함을 강조하였기 때문이다.

22) Fitzmyer는 다음과 같이 주장한다: "구약에서 단 두 군데(창 14:18-20; 시 110:4) 밖에 나오지 않는 이 구절에 대하여 그리스-로마시대의 유대교와 기독교권에서 생각을 더 첨가하여 읽어냈는데, 이 현상은 칠십인 역, 요세푸스의 글, 심지어 히브리서 등에서 이루어진 풍유화 현상(allegorization)에서 발견된다." Joseph A. Fitzmyer, "Melchizedek in the MT, LXX, and the NT," *Biblica* 81 (2000), 63-9를 참조하라.

23) 멜기세덱에 관한 여러 배경적 가설이나 해석에 대한 요약은 본장의 말미에 나오는 부설 III을 참조하라.

24) 예수 그리스도의 제사장직의 우월성을 보여주기 위하여 히브리서의 미드라쉬에서 사용된 멜기세덱 주제의 세가지 주안점은 영원성, 십일조, 축복이다: Fitzmyer, *The Essays On the Semitic Background*, 221-243.

25) "의"는 구약의 몇몇 구절들에서 메시아의 표징으로 표현되고 있고(사 9:5-7; 32:1; 렘 23:5-6; 33:15; 단 9:24; 비교. 고전 1:30), 히브리서 저자는 높이 되신 그리스도를 의로운 왕으로 묘사하고 있다(히 1:8-9).

26) 칠십인 역에 "살렘"이라고 음역된 히브리어는 원래 장소이름인데, "평강"을 의미하는 히브리어 "샬롬"과 동일한 단어이다. 이 "평강"도 구약의 몇몇 구절에서는 메시아의 표징으로 묘사된다(사 9:5-6; 슥 9:9-10; 비교. 엡 2:14).

27) Koester, *Hebrews*, 342를 참조하라.

28) 헬라어로 "멘 … 데"(μέν . . . δέ) 구조로 대조를 표현하는 대표적인 문법구조이다.

29) Koester, *Hebrews*, 350-1을 참조하라.

30) 본장 앞부분의 구조분석 단락을 참조하라.

31) 앞에서도 언급하였듯이, 히브리서에서는 여기서 "온전함"이란 인간이 하나님과의 올바른 관계 안에 있음을 의미한다. 이 온전함은 우선 인간의 양심을 깨끗하게 하고(히 10:14) 죄와 죽음의 문제를 해결하여 구원을 얻고(히 2:10, 14-16), 더 나아가서 그 완성은 영원한 영광(히 2:10), 하나님의 안식(히 4:9-10), 그리고 하나님의 도성(히 12:23)에의 참여까지를 포함한다. 율법은 이러한 "온전함"을 줄 수 없고(히 7:11, 19; 9:9; 10:1-2), 고난과 죽음을 통과하여 높이 되신 대제사장 예수 그리스도를 통해서만 가능하다(히 2:10, 17-18; 5:8-10; 12:2).

32) 11절과 15절("별다른")에 사용된 "다른"이라는 단어는 동일한 반차의 또 다른 제사장이 아닌, 완전히 종류가 다른 제사장을 뜻하는 헬라어가 사용되었다: 동종에서 또 하나의 다른 뜻인 헬라어 "알로스"(ἄλλος)가 아닌 전혀 다른 종류를 뜻하는 "헤테로스"(ἕτερος)가 사용되었다.

33) 한글 개역성경 11절의 괄호 속에 있는 문장 "백성이 그 아래에서 율법을 받았으니"는, 이스라엘 백성이 모세의 율법을 받을 때에 레위계통을 따른 제사장제도에 관한 법도 받았다는 의미이다. "그 아래에서"보다는 오히려 "그에 관하여"로 번역하는 쪽이 더 적합하다.

34) "주"(ὁ κύριος)는 하나님을 언급할 수도 있지만(히 7:21; 8:8-11; 10:16, 30; 12:5-6,

14), 여기서는 예수님을 지칭한다(히 1:10; 2:3; 13:20; 딤전 1:14; 딤후 1:8; 벧후 3:15).

35) 율법은 죄와 죽음에 노출되어 약점을 가진 인간을 제사장으로 세웠기 때문에, 이 계명은 연약하고 무익하다고 보아야 한다(히 7:28).

36) "거룩한"(ὅσιος)과 "악이 없는(흠이 없는)"(ἄκακος)은 비슷한 말이며, "더러움이 없는"(ἀμίαντος)은 신체적으로와 도덕적으로 순결함을 의미한다(히 13:4).

37) Attridge, *Hebrews*, 192-6; Bruce, *The Epistle to the Hebrews*, 15-160; Koester, *Hebrews*, 339-41; Lane, *Hebrews 1-8*, 160-3; Otto Michel, "Μελχισέδεκ," *TDNT* IV: 568-71; 오토 미헬, 「히브리서」, 353-7; 360-1; 771-2 등을 참조하라..

38) Attridge, *Hebrews*, 192-3을 참조하라.

39) 오토 미헬, 「히브리서」, 357.

제 5 장

# 제 4 강해(히 8:1-10:25): "새 언약"

| | |
|---|---|
| 설교의 서론: | 히 1:1－2:4(구약의 일곱 말씀의 연쇄인용을 통하여) |
| 제 1 강해: | 히 2:5－18(시 8:4－6에 대하여－시 22:22; 사 8:17－18과 함께) |
| 제 2 강해: | 히 3:1－4:16(시 95:7－11에 대하여－창 2:2와 함께) |
| 제 3 강해: | 히 5:1－7:28(시 110:4에 대하여－창 14:17－20과 함께) |
| **제 4 강해:** | **히 8:1－10:25(렘 31:31－34에 대하여－시 40:6－8과 함께)** |
| 제 5 강해: | 히 10:26－11:40(합 2:3하－4에 대하여) |
| 제 6 강해: | 히 12:1－13(잠 3:11－12에 대하여) |
| 제 7 강해: | 히 12:14－29(출 19:12－13을 중심으로 시내 산과 시온 산에 대하여) |
| 설교의 결론: | 히 13:1－23(구약의 두 말씀 인용과 암시들을 통하여) |

새 언약에 대한 구약말씀인 예레미야서 31장을 인용하여 강해하는 제 4 강해(히 8:1－10:25)는 히브리서 설교를 구성하는 일곱 강해 중에 중앙에 자리 잡고 있다. 그리고 히브리서 8:8－12에서 이루어진 예레미야서 31:31－34의 인용은 신약에서 이루어진 구약의 인용문 중에서 가장 길다. 이 네 번째 강해는 그 분량, 위치, 내용에서 가히 히브리서 설교의 절정이요 심장부라 할 수 있다. 여기에 더해서 시편 40편이 보조본문으로 인용되어 감동적으로 해석되고 있다.

# I. 구조 분석

히브리서 8-10장(히 8:1-10:25)은 히브리서의 기독론적 주해의 심장부이다. 주제는 언약, 성소, 그리고 대제사장 예수 그리스도의 희생제사이다. 여기에서 저자는 옛 레위적 제의와 그리스도의 제사장적 사역간의 유사성과 차이점을 아주 구체적으로 서술한다. 지금까지의 논의의 대부분은 이 목적을 염두에 두고 이루어졌다. 물론 이 히브리서의 심장부의 논의가 이미 히브리서 7:23-28에서 예견되었다. 이 작업에서 저자는 예레미야서 31:31-34(칠십인 역은 38:31-34)를 강해의 핵심 말씀으로 인용하고 해석하면서, 이와 더불어 시편 40편의 말씀과 출애굽기와 레위기의 진술들을 활용한다. 새 언약 주제가 내재되어 있는 이 예레미야서 말씀이 히브리서 8:7-13과 10:15-18에 위치함으로써, 이 인용본문은 제3 강해에서의 시편 110:4처럼 본 단락의 묶음쇄 역할을 한다. 또한 독립된 한 설교의 측면에서도 이 제 4 강해는 다음과 같이 제2 강해와도 흡사한 구조를 형성한다:[1)]

| | | | |
|---|---|---|---|
| (1) 예증(exempla) | | | |
| | 서론 | 3:1-6 | 8:1-6 |
| | 성경 | 3:7-11 | 8:7-13 |
| | 강해 | 3:12-4:13 | 9:1-10:18 |
| (2) 결론 | | 4:14상 | 10:19-21 |
| (3) 권면 | | 4:14하-16 | 10:22-25 |

히브리서 8장부터는 두 개의 층으로 이루어진 세계에 관한 진술이

다. 즉, 하늘의 세계와 이 땅의 세계이다. 히브리서 저자는 이 제 4 강해 전반에 걸쳐서 옛 레위적 제의와 그리스도의 제사장적 사역간의 유사성과 차이점을 아주 구체적으로 서술하기 때문에, 이 단락의 구조에서는 대칭구조인 다양한 교차대구법이 사용되었다. 다음과 같이 크게 보면 히브리서 8장과 9장이 이러한 대칭구조를 지니고 있고, 세부적으로는 히브리서 8:1-13; 10:1-18 등도 그러하다.

### 1. 히브리서 8-9장의 구조:[2)]

| | | |
|---|---|---|
| **히브리서 8:1-9:10** | | |
| 서론 | | 8:1-2 |
| A | 땅의 성소와 직분 | 8:3-6 |
| B | 첫 언약 | 8:7-13 |
| C | 옛 질서 하에서의 예배 | 9:1-10 |
| **히브리서 9:11-28** | | |
| A' | 새 질서 하에서의 예배 | 9:11-14 |
| B' | 새 언약 | 9:15-23 |
| C' | 하늘의 성소와 직분 | 9:24-28 |

### 2. 히브리서 8:1-13의 구조:[3)]

| | | |
|---|---|---|
| A | **그리스도, 섬기고 계신 제사장** | **8:1-6** |
| | 1. 새 직분(하늘의 제사장과 성소) | 8:1-2 |
| | 2. 옛 것과는 여러 면에서 대조됨(땅의 제사장들과 성소) | 8:3-6 |
| B | **그리스도, 새 언약의 중보자** | **8:7-13** |
| | 1. 옛 언약 | 8:7-9 |
| | 2. 옛 것과는 대조되는 새 언약의 특징들 | 8:10-13 |

### 3. 히브리서 10:1–18의 구조:4)

A 반복되는 희생 제사에 대해 규정한 율법의 부적합성(10:1–4)
B 이러한 희생 제사들과 비교되는, 하나님의 뜻을 따른 그리스도의 희생 제사의 우월성(10:5–10)
A' 레위계통의 제사장들에 대한 하나님 우편에 앉아계신 제사장의 우월성(10:11–14)
B' 죄에 대한 희생 제사가 더 이상 필요하지 않다고 규정한 새 언약의 적합성(10:15–18)

## II. 본문 해설

제4 강해도 역시 서론(히 8:1–6), 강해할 성경인용(히 8:7–13), 인용한 본문에 대한 해석(히 9:1–10:18), 결론과 권면(히 10:19–25)으로 구성된다. 다음은 이러한 각 부분에 대한 해설이다.

### 1. 서론: 더 좋은 언약의 제사장(히 8:1–6) – 참된 제사장과 그의 사역

8:1 지금 우리가 하는 말의 요점은 이러한 대제사장이 우리에게 있다는 것이라 그는 하늘에서 지극히 크신 이의 보좌 우편에 앉으셨으니 2 성
소와 참 장막에서 섬기는 이시라 이 장막은 주께서 세우신 것이요 사람이 세운 것이 아니니라 3 대제사장마다 예물과 제사 드림을 위하여 세
운 자니 그러므로 그도 무엇인가 드릴 것이 있어야 할지니라 4 예수께
서 만일 땅에 계셨더라면 제사장이 되지 아니하셨을 것이니 이는 율법을 따라 예물을 드리는 제사장이 있음이라 5 그들이 섬기는 것은 하늘에
있는 것의 모형과 그림자라 모세가 장막을 지으려 할 때에 지시하심을 얻음과 같으니 이르시되 삼가 모든 것을 산에서 네게 보이던 본을 따라

지으라 하셨느니라 6 그러나 이제 그는 더 아름다운 직분을 얻으셨으니 그는 더 좋은 약속으로 세우신 더 좋은 언약의 중보자시라.

히브리서 8:1-6은 제4 강해의 서론이다. 이미 다루었거나, 앞으로 다룰 모티브들이 열거된 것을 보면 이 문단이 새로운 강해의 서론임을 알 수 있다. 즉, 대제사장(1절), 성소와 참된 장막(2절), 예물과 제사(3절), 모형과 그림자(4-5절), 새로운 직분과 새로운 언약(6절) 등이 그러한 모티브들이다. 본 문단에서 저자는 지금까지 이루어진 자신의 논지를 요약하고 이제 새로운 단계로 이끌고 간다. 그는 그리스도의 사역의 결정적인 성격을 설명하고, 그림자와 본체라는 대비를 통하여 새롭고 매혹적인 방법으로 그 대조를 이끌어낸다.

지금까지의 논지(넓게는 히브리서 전체나 5-7장, 좁게는 히브리서 7:11-28이나 히브리서 7:26-28)의 요점은 우리의 대제사장의 실제성과 충분성에 맞추어져 있었다(1절). "지극히 크신 이"는 하나님에 대한 완곡한 표현이다(비교. 히 1:3, 13). 이 구절은 다시금 시편 110:1을 상기시킨다. 즉, 하나님 우편에 앉아 계신 분은 왕권(시 110:1; 히 1:13)과 제사장권(시 110:4; 히 8:1-2)을 다 지니고 계시다. 예수님은 메시아이시며 동시에 제사장이시다. 예수님은 이렇게 하나님의 아들(히 4:14)이시며 대제사장(시 110:4)이시기 때문에 그분이 계셔야 할 곳에 계신 것이다. 1절의 "앉으셨다"(ἐκάθισεν)라는 표현은 히브리서 10:11-14와 함께 예수의 희생사역의 최종성을 가리킨다.

우리는 하늘의 성소 즉 참 성막에서 섬기시는 분,[5] 대제사장을 모시고 있다. 이곳은 진정한 성소이고 사람에 의해서가 아니라 주께서 세우신 것이다(2절). 2절과 동일한 내용이 5절에도 나온다. 율법의 제도를 따른 레위계통의 제사장들은 하늘의 실제에 대한 모형이며 그림자일 뿐이다(5절). 히브리서 저자는 헬라 이원론의 영향을 받은 듯하나, 오히려 그는 출애굽기 25:40에서 모세에게 지시된 성막과 그 내부 장식의 모형을 염두에 두고 있을 가능성이 더 높다(참조. 출애굽기 25-30장과 35-40장). 저자의 마음을 사로잡고 있는 것은 수직적 이원론이 아니라 약속에서 성취로 나아가는 역사적 진행인 수평적 이원론이다.

"무슨 드릴 것"(3절)에 대하여 히브리서 저자가 이미 언급한 바가 있지만(히 7:27), 여기서는 또한 히브리서 9장과 10장에서 논의할 것을 미리 암시하고 있다. "만일 땅에 계셨더라면"(4절)이라는 어구는 그리스도의 역사적인 죽음을 부인하는 것은 아니다. 오히려 예수 그리스도의 구속사역이 종말론적이며 최종적인 의미를 가지고 있음을 말하는 방식이며, "지상의" 레위 제사장직의 사역과 대비되는 "천상의" 제사장직을 의미한다.

이제 레위계통의 제사장직의 열등함을 그것은 단지 천상의 실제에 대한 모형이며 그림자임을 말함으로 강조하고 있다(5절). 다시 말해서 레위 제사장직의 사역은 최종적인 의미가 있는 예수의 결정적인 구속사역의 예표일 뿐이라는 말이다. 지상의 잠정적인 성격과 천상의 최종적인 성격에 대한 대비는 히브리서 9:23과 10:1에 다시 나온다.

헬라어 원문으로 6절을 "그러나 이제"(νυν[ὶ] δὲ)로 시작함으로써 히브리서 저자는 어문적으로 4절과 대비시킬 뿐만 아니라 모세 시대와 새 시대, 이 땅의 레위 제사장의 사역과 하늘의 그리스도의 사역을 날카롭게 대조시키고 있다.[6] 이와 같이 저자는 자신의 전형적인 기술방식으로 예수의 사역이 구약의 대제사장들의 사역보다 우월함을 말하기 위하여 본 구절에서 비교급을 세 번이나 사용하고 있다: 즉, 1) 더 아름다운 직분, 2) 더 좋은 언약의 중보자, 3) 더 좋은 약속 등이다. 여기서 사용된 "중보자"(μεσίτης)는 히브리서에서 여기와 9:15; 12:24에 다시 나오는데,[7] 이는 예수의 희생제물 되심 자체가 새 언약으로 하여금 그 효력을 발생하게 한 수단이며 또한 예수께서 그 행위자라는 의미이다. 예레미야서 31장의 인용인 히브리서 8장 후반부의 내용이 바로 이 더 나은 언약에 관한 것이다. 우리의 대제사장 예수 그리스도의 사역 자체, 그 결과로 나타난 새 언약, 그 새 언약이 가리키고 있는 약속, 이 모든 것에서 새 것의 월등함에 비하여 옛 것은 그 빛이 쇠하여 간다.

## 2. 성경인용: 새 언약의 약속(히 8:7-13) – 옛 언약은 대체되었다

> 8:7 저 첫 언약이 무흠하였더라면 둘째 것을 요구할 일이 없었으려니와
> 8 그들의 잘못을 지적하여 말씀하시되 주께서 이르시되 볼지어다 날이
> 이르리니 내가 이스라엘 집과 유다 집과 더불어 새 언약을 맺으리라 9
> 또 주께서 이르시기를 이 언약은 내가 그들의 열조의 손을 잡고 애굽 땅
> 에서 인도하여 내던 날에 그들과 맺은 언약과 같지 아니하도다 그들은
> 내 언약 안에 머물러 있지 아니하므로 내가 그들을 돌보지 아니하였노라
> 10 또 주께서 이르시되 그 날 후에 내가 이스라엘 집과 맺을 언약은 이
> 것이니 내 법을 그들의 생각에 두고 그들의 마음에 이것을 기록하리라
> 나는 그들에게 하나님이 되고 그들은 내게 백성이 되리라 11 또 각각
> 자기 나라 사람과 각각 자기 형제를 가르쳐 이르기를 주를 알라 하지 아
> 니할 것은 그들이 작은 자로부터 큰 자까지 다 나를 앎이라 12 내가 그
> 들의 불의를 긍휼히 여기고 그들의 죄를 다시 기억하지 아니하리라 하셨
> 느니라 13 새 언약이라 말씀하셨으매 첫 것은 낡아지게 하신 것이니 낡

아지고 쇠하는 것은 없어져 가는 것이니라.

히브리서 저자는 이 문단에서 네 번째 강해의 주제구절인 예레미야서 31:31-34를 인용한다. 이 구약 본문에 새 언약이 분명하게 언급되고 있기 때문에 저자의 목적에 아주 이상적인 본문이다. 특별히 율법을 마음에 새기는 것과 죄용서의 실제성은 저자의 논지에 아주 중요한 사항이다. 이 구절은 히브리서 10:16-18절에서 다시금 인용된다. 이 인용을 통하여 저자는 기독교와 모세의 법 사이에 존재하는 불연속성을 강조하는 동시에 저변에 깔려 있는 하나님의 목적의 연속성을 지적할 수 있게 된다. 저자가 지금까지 아주 잘 묘사해 오던 것에 대하여 구약의 예언서에서도 이에 대한 소망이 묘사되고 있었음을 보여준다. 새 언약이라는 어휘를 명시적으로 사용한 이는 예레미야지만 에스겔도 분명히 흡사한 표현을 사용하였다(겔 11:19-20; 16:60-63; 36:26-29; 37:26-28, 에스겔은 "그들은 나의 백성이 되고, 나는 그들의 하나님이 되리라"라는 어구도 사용하고 있다). 이사야도 흡사한 표현을 하고 있고(사 54:10, 13; 59:21-롬 11:27에서 인용), 신약의 다른 저자들도 이 새 언약이라는 어휘와 개념을 사용하고 있다(눅 22:20; 고전 11:25; 고후 3:6; 갈 4:24-26).

하나님은 노아(창 6:18; 9:9-17), 아브라함(창 15:18, 17:2-14), 이삭(창 17:19-21), 야곱(출 2:24; 6:4)과 언약을 맺으셨고 또한 이것들은 언약으로 불리기도 하였으나(레 26:45), 히브리서 저자는 아브라함에게는 약속들만 주어졌다고 보고 "언약"이라는 용어는 모세와의 언약(시내 산 언약)과 새 언약을 언급할 때만 사용하고 있다. 여기서 문제가 되는 것은 단순히 첫 언약(시내 산 언약)에만 있는 것이 아니라(7절, 성격상 준비 단계일 뿐이다, 비교. 히 7:11, 19), "그들의 잘못을 지적하여"(μεμφόμενος γὰρ αὐτοὺς, 8

절상)라는 어구에서 보듯이 좀 더 근본적인 문제는 사람에게 있는 것임을 말한다. 8절에서 첫 언약 자체보다는 사람에게 실제적인 허물을 돌리는 점은 로마서 7:7-12에서 바울이 율법을 옹호하는 내용과 흡사하다.

히브리서 8:7-13은 첫 구절(7절)과 마지막 구절(13절)이 첫 언약에 대한 언급으로 이루어졌고, 가운데 부분인 8하-12절은 예레미야서 31:31-34의 인용이다. 이 인용은 신약의 구약 인용문 중에서 가장 길다. 히브리서 저자는 그의 습관대로 칠십인 역 본문을 다소 자유롭게 인용한다.[8] 이 인용문에서 가장 두드러진 점은 세 번이나 반복되는 "주께서 이르시되"(λέγει κύριος)라는 어구인데(8, 9, 10절), 이는 예언의 장엄성을 드러낸다.

새 언약은 더 나은 약속들 위에 세워졌으며 다음과 같은 독특한 요소들로 요약된다:[9] 1) "내가 나의 법을 그들의 마음속에 두리라"(διδοὺς νόμους μου εἰς τὴν διάνοιαν αὐτῶν, 10절)라는 어구에 나타나듯이, 외적인 법이 아니라 내적인 법을 강조하는 내면성(고후 3:3, 6)과 더불어 순종의 완성(겔 11:19-20; 36:26-27)을 나타낸다; 2) "나는 그들에게 하나님이 되고 그들은 내게 백성이 되리라"(ἔσομαι αὐτοῖς εἰς θεόν, καὶ αὐτοὶ ἔσονταί μοι εἰς λαόν, 10절)에서 암시하듯이 하나님과 백성간의 독특한 관계를 강조한다; 3) "그들이 모두 나를 알리라"(πάντες εἰδήσουσίν με, 11절)라는 어구에 나타나듯이 중재자 없이 백성들이 하나님의 뜻을 직접 알 수 있게 한다(비교. 마 23:8; 요일 2:27; 5:20); 4) "나는 그들의 죄를 더 이상 기억하지 않으리라"(τῶν ἁμαρτιῶν αὐτῶν οὐ μὴ μνησθῶ ἔτι, 12절)라는 어구에서 알 수 있듯이 새 언약에는 사죄와 용서뿐만 아니라 새로운 순종을 일으키는 특성이 있다.

하지만 이 지점에서 히브리서 저자는 이러한 새 언약의 특성이나 거기에 함축된 약속들보다는 8절과 13절에 나타나듯이 "새"(καινήν)라는 어휘에 모든 관심을 집중시키고 있다. 이 문단의 마지막 구절은 인용구의 첫머리에 등장하는 "새"라는 한 단어에 대한 목회적 설교(미드라쉬)로 보인다. 하나님이 이렇게 "새"라고 말씀하신 것은 사실상 처음 것은 잠정적인 것이고 또한 낡아진다는 선언이다(13절). 8절의 "볼지어다 날이 이르리니"(ἰδοὺ ἡμέραι ἔρχονται)라는 어구는 히브리서 1:2를 연상하게 하며, 그리스도 안에서의 종말론적 성취를 암시한다. 그리고 같은 절의 "계약을 맺다"라고 한글로 번역된 동사는 히브리서의 헬라어의 "완성하다"(συντελέσω)에서 왔는데,[10] 이렇게 히브리서 저자가 칠십인 역의 동사를 바꾼 의도는 히브리서의 중요한 주제인 "온전하게 함"의 반향으로 보인다(히 2:10; 5:9; 7:28; 10:14). 하나님의 계획은 새 언약을 가동시키는 예수의 희생제물을 통하여서 비로소 완성된다(히 10:14-17).

## 3. 성경 강해(히 9:1-10:18)

히브리서 저자는 네 번째 강해의 서론(히 8:1-6)과 성경인용을 끝내고(히 8:7-13), 이제 인용된 본문을 강해한다(히 9:1-10:18). 그는 인용된 본문에 나타나는 새 언약을 기초로 하여 히브리서 9:1-10에서는 옛 언약의 사역에 대하여 그리고 히브리서 9:11-28에서는 새 언약의 사역에 대하여 설명하고, 또 다시 히브리서 10:1-4에서는 옛 질서에 대하여 그리고 히브리서 10:5-10에서는 새 질서에 대하여 진술한다. 그는 마지막으로 히브리서 10:11-18에서 새 언약을 가능하게 한 예수 그리스도의 대제사장직과 그 희생 제사의 최종성을 언급함으로써 예레미야서 인용문의 해석을 마무리한다.

### 1) 옛(첫) 언약의 사역에 대한 진술(히 9:1-10)

히브리서 9:1-10은 옛 언약의 사역에 대한 설명이다. 이 문단은 1절에 진술된 대로 첫(옛) 언약의 "섬기는 예법"과 "세상에 속한 성소"에 대하여 언급하는 문단이다. 히브리서 저자는 이렇게 언급한 순서와는 역으로 옛 언약 하의 성소(히 9:1-5)에 관하여 먼저 말하고 이어서 섬기는 예법, 즉 제사제도(히 9:6-10)에 대하여 진술한다.

#### (1) 옛 언약 하의 성소(히 9:1-5): 지상적이며 물리적인 성막에 대한 진술

> 9:1 첫 언약에도 섬기는 예법과 세상에 속한 성소가 있더라 2 예비한 첫 장막이 있고 그 안에 등잔대와 상과 진설병이 있으니 이는 성소라 일컫고 3 또 둘째 휘장 뒤에 있는 장막을 지성소라 일컫나니 4 금 향로와 사면을 금으로 싼 언약궤가 있고 그 안에 만나를 담은 금 항아리와 아론의 싹난 지팡이와 언약의 돌판들이 있고 5 그 위에 속죄소를 덮는 영광의 그룹들이 있으니 이것들에 관하여는 이제 낱낱이 말할 수 없노라.

히브리서 9:1은 본 문단의 서론이다. 그리스도 사역의 중요성을 이해하기 위하여 그를 가리키고 있었던 이전의 것이 무엇이었나를 이해해야 한다. 첫 언약에서도 예법(규례)과 장소(성소)에 관하여 하나님이 지정하셨다. 2절에서 저자는 성막의 첫 장막, 보통 성소, 즉 "하기아"(῞Αγια)로 일컬어지는 곳에서부터 시작한다. 거기에는 등대, 상과 진설병(임재의 떡)(출 25:23-40), 그리고 금향로(출 30:1-6)가 있다. 성막 건축

방법에 관하여는 출애굽기 26장에 자세히 나오고 있다.

히브리서 저자는 지성소, 즉 "하기아 하기온"(Ἅγια Ἁγίων)에 관한 설명에 더 많은 지면을 할애하고 있다(3-5절). 이는 구속의 장소로서의 중요성 때문이다. 지성소는 둘째 휘장 뒤에 있다(출 26:33). 여기서 금향로는 원래 성소에 있는 것인데(출 30:1-6), 히브리서 저자는 레위기 16:13("여호와 앞에서 분향하여 향연으로 증거궤 위 속죄소를 가리게 할지니 그리하면 그가 죽지 아니할 것이며")과 민수기 16:40 등을 의식하여 지성소와 연관시키고 있는 듯하다. 이처럼 여기서 우리는 모세 오경에 나오는 성막 내부의 요소들과 히브리서의 그것들에 약간의 차이가 있음을 알 수 있는데, 그림으로 보면 다음과 같다:

<u>모세 오경의 성막</u>

그룹 언약 궤와 속죄소 그룹
언약의 돌판들
만나 항아리　　아론의 지팡이

--------휘장---------
금향로
등대　　　　진설병

<u>히브리서의 성막</u>

그룹 언약 궤와 속죄소 그룹
언약의 돌판들
만나 항아리　　아론의 지팡이
금향로
---------휘장---------
등대　　　　진설병

이는 구약의 진술들(출 30:1-10; 40:26)의 불확실성 혹은 전통적인 관습(마카비하 2:5; 계 8:3)에 따른 연유로 보인다.

### (2) 임시적인 제의(히 9:6-10): 지상의 성막과 연관된 제사제도

6 이 모든 것을 이같이 예비하였으니 제사장들이 항상 첫 장막에 들어

> 가 섬기는 예식을 행하고 7 오직 둘째 장막은 대제사장이 홀로 일 년에
> 한 번 들어가되 자기와 백성의 허물을 위하여 드리는 피 없이는 아니하
> 나니 8 성령이 이로써 보이신 것은 첫 장막이 서 있을 동안에는 성소에
> 들어가는 길이 아직 나타나지 아니한 것이라 9 이 장막은 현재까지의
> 비유니 이에 따라 드리는 예물과 제사는 섬기는 자를 그 양심상 온전하
> 게 할 수 없나니 10 이런 것은 먹고 마시는 것과 여러 가지 씻는 것과
> 함께 육체의 예법일 뿐이며 개혁할 때까지 맡겨 둔 것이니라.

히브리서 저자는 이제 이러한 지상의 성소(성막)와 관련된 제사제도를 언급한다. 6-7절에서 그는 성소에서의 사역과 지성소에서의 사역 간에 대조를 이루는 세 가지 상이한 점을 지적한다. 첫째, 대제사장만 중요한 속죄의 사역을 수행한다. 둘째, 그 대제사장은 지성소에 들어감으로 이 일을 수행한다. 셋째, 일 년에 한번, 속죄일에 이 일을 행한다(레 16:2-15; 출 30:10). 이러한 속죄일은 두 가지 중요성을 지니는데, 첫째는 대제사장만 일 년 일차 속죄의 피를 가지고 지성소에 들어간다는 것이고, 둘째는 대제사장이 일 년에 한 차례 지성소에 들어가는 것은 필수적이라는 사실이다.

8절에서 물리적인 성소의 제도와 지속적으로 드려지는 제의에서 저자는 성령께서 보여주시는 한 가지 교훈을 끌어낸다. 하늘의 지성소는 아직 나타나지 않았다. 첫 장막은 옛 언약의 무능함을 보여주는 것뿐만이 아니라 동시에 불가피하게 미래를 기약하고 있음을 보여준다. 9절의 "이 장막은 현재까지의 비유"(ἥτις παραβολὴ εἰς τὸν καιρὸν τὸν ἐνεστηκότα)라는 어구는 "현재를 위한 비유" 혹은 "현재를 비유하는 것"으로도 해석할 수 있다. 여기서 "비유"(παραβολὴ)는 상징으로도 해석될 수 있는데, 히브리서에서 이 어휘는 옛 언약과 새 언약을 이어주는

모형론적 연결들에 관한 용어로 사용되고 있다. 그리고 "현재"(τὸν καιρὸν)는 첫 언약이 아직까지 효력을 발휘하는 시기인 동시에 그리스도의 희생으로 말미암아 새 언약이 발효되는 "개혁할 때까지"(μέχρι καιροῦ διορθώσεως, 10절)를 함께 지칭한다고 볼 수 있다. 즉, 새 언약은 발효되었는데, 옛 언약이 아직 사라지지 않았다(히 8:13). 다시 말하여 바울이 말한 대로 "이 악한 현재"(갈 1:4)와 "때가 찬"(갈 4:4) 시기 사이의 "이미"와 "아직"의 종말론적인 긴장이 있는 것이다.

그러나 인간에게는 이 모든 것들을 할 수 없는 연약함이 있다(9하-10절). 인간이 자유롭게 하나님 앞으로 나가지 못하는 장애물은 물리적인 외적인 것이 아니라 내적인 것이다. 히브리서 저자는 이것을 9절 후반에서 첫 장막의 제사로는 "그 섬기는 자를 양심상 온전하게 할 수 없다"(μὴ δυνάμεναι κατὰ συνείδησιν τελειῶσαι τὸν λατρεύοντα)라고 표현한다. 이때 사용된 "양심"(συνείδησις)이라는 용어는 죄를 의식함 혹은 그 의식하는 인간 내적인 능력을 의미하는데, 주로 바울의 글에 많이 나오지만 히브리서 저자도 다섯 번이나 사용하면서 여기서처럼 주로 죄의 짐으로부터 정결하게 되는 양심의 온전함을 말하고 있다(히 9:9, 14; 10:2, 22; 13:18).[11] 인간의 양심으로부터 죄의식을 제거하고 온전하게 할 수 있는 것은 예레미야의 예언처럼 우리 마음에 새 언약이 새겨지는 길 밖에 없다. 저자는 이제 다음 문단에서(히 9:11-28) 그리스도의 사역의 중요성을 말하기 위하여 이 말을 한다. 그리스도의 사역 안에서 그리고 그것을 통하여 성취의 때가 이미 왔다(골 2:16-17). 옛 언약이 요구하는 바들은 새 언약이 새 질서와 함께 도래함으로써 대치되었다. 그리스도는 옛 언약이 기대하는 것들을 이루고, 하나님이 처음에 그의 백성을 위하여 의도하셨던 구원을 실현시켜 주셨다. 새 시대, 즉 개혁과 성취의 때가 도래한 것이다.

### 2) 새 언약의 사역에 대한 진술(히 9:11-28)

히브리서 9:11-28은 옛 언약 제의에 대한 설명(히 9:1-10)의 반대짝으로서 새 언약 제의에 대한 설명이다. 이 문단은 첫 구절(11절)과 마지막 구절(28절)에 나오는 어휘 "그리스도"([ὁ] Χριστός)가 묶음쇄 역할을 하는 독립된 문단이다. 본 문단은 뒤이어 나오는 히브리서 10:1-18과 더불어 하늘의 성소에서 이루어지는 예수 그리스도의 대제사장직에 관한 설명이다. 히브리서 9:11-14는 기반을 닦고 있고, 히브리서 9:15은 뒤이어 나오는 문단(히 9:15-23)의 결론적인 구절이다. 히브리서 9:11-28은 그리스도의 피를 통한 결정적인 속죄를 이야기함으로써 구원론과 연결된다. 여기에서 주도적인 모티브는 생명을 주는 매개로써의 "피"(αἷμα)이다. 이 피는 하나님께로 나아가게 한다. 거룩하고 깨끗하고 언약을 시작하게 하며 깨끗하게 함과 속죄함을 주는 피는 물질적 피가 아니라 그 피의 상징적 능력을 말한다. 히브리서 저자는 동물의 피와 그리스도의 피를 연결시키고 있다. 그는 그리스도의 피가 양심을 깨끗하게 하는 결정적인 능력을 가지고 있다고 말한다(히 9:13-14).

#### (1) 그리스도의 영원한 구속(히 9:11-14): 그리스도의 결정적인 사역

> 9:11 그리스도께서는 장래 좋은 일의 대제사장으로 오사 손으로 짓지 아니한 것 곧 이 창조에 속하지 아니한 더 크고 온전한 장막으로 말미암

아 12 염소와 송아지의 피로 하지 아니하고 오직 자기의 피로 영원한 속죄를 이루사 단번에 성소에 들어가셨느니라 13 염소와 황소의 피와 및 암송아지의 재를 부정한 자에게 뿌려 그 육체를 정결하게 하여 거룩하게 하거든 14 하물며 영원하신 성령으로 말미암아 흠 없는 자기를 하나님께 드린 그리스도의 피가 어찌 너희 양심을 죽은 행실에서 깨끗하게 하고 살아 계신 하나님을 섬기게 하지 못하겠느냐.

이제 히브리서 저자는 그리스도의 결정적인 사역에 대한 첫 번째 구체적인 사항을 말하기 시작한다. 이는 히브리서 10:18까지 여러 번 다른 형태로 논의되는 주제이다. 그리스도의 사역이 레위계통의 제사장직과 아주 구체적으로 상응되는 점이 있지만, 전자는 후자의 최종적인 대안으로 대조적인 위치에 서있다. 그리스도의 사역은 최종적이며, 절대적이고, 결정적이며, 완전하고, 온전하다.

11절에서 사용된 부정과거 분사(Χριστὸς δὲ παραγενόμενος)가 이미 이루어진 일을 묘사한다고 볼 수 있다. 그리스도의 십자가 사역을 통하여 성취된 것에 분명히 초점을 맞추고 있는 것이다. 여기서 우리는 "실현된 종말론(realized eschatoloty)"을 엿볼 수 있다. 이는 본서의 서두에서(히 1:2) 이미 암시되고 있고 히브리서 12:18-24에서도 나온다. 그러나 히브리서 6:11, 18; 9:28; 10:25에 나오는 "미래적 종말론(future eschatology)"과 긴장관계에 있다. 온전한 장막은 "하늘의 성소" 혹은 하나님 자신의 임재가 있는 곳이다.

12절의 그리스도 자신의 피로 지성소에 단번에 들어가셨다는 어구에서 피를 드릴 필요에 대한 언급은 히브리서 9:18, 22에서 전제로 하고 있는 내용이다. 그리스도께서 이루신 것의 우월성은 질적인 측면만이 아니라 시간적인 측면에서도 나타난다. 13-14절은 헬라어 원문에서는 긴 하나의 문장이다. 13절은 조건절이고 14절은 귀결절이다. 14절의 "영원한 영-성령"(πνεύμα αἰωνίον)에 대한 언급은 그리스도의 제사와 레위계통의 제사와 다른 점에 대한 또 하나의 특징이다. 어려운 구절이지만 이는 그리스도의 사역 전반에 나타나는 성령의 중요성에 대한 암시인 것으로 보인다. 히브리서 9:11-14의 내용을 중심으로 새 것과 옛 것을 비교해보면 다음과 같다:

| 새 것 | 옛 것 |
|---|---|
| - 이미 여기에 있는 좋은 것들(11절: 9:23-24; 10:1) | 그림자, 모형(8:5; 10:1) |
| - 더 크고 더 온전한 장막(11절: 9:24) | 사람이 만든(이 땅의) 예배장소(9:1) |
| - 단번에 지성소에 들어가심(12절: 9:25-28; 10:1-3; 10-14) | 매일 드림(7:27); 일 년에 한번 들어감(9:7) |
| - 자신의 피를 가지고 들어가심(12절: 10:4-10) | 염소와 황소의 피(9:12: 9:18-22) |
| - 영원한 구원을 이루심(12절) | 개혁할 때까지 외형적인 예법만 됨(9:10) |
| - 양심을 정결케 함(14절: 9:15) | 육체를 정결케 함(9:10) |

이 새로운 요소들은 예레미야서의 새 언약에 대한 약속들과 일치한다는 사실은 다음에 나오는 15절의 명시적 진술에 의하여 확언된다.

### (2) 새 언약의 중보자(히 9:15-22): 새 언약을 출범시킨 그리스도의 희생제사

> 15 이로 말미암아 그는 새 언약의 중보자시니 이는 첫 언약 때에 범한 죄에서 속량하려고 죽으사 부르심을 입은 자로 하여금 영원한 기업의 약속을 얻게 하려 하심이라 16 유언은 유언한 자가 죽어야 되나니 17 유언은 그 사람이 죽은 후에야 유효한즉 유언한 자가 살아 있는 동안에는 효력이 없느니라 18 이러므로 첫 언약도 피 없이 세운 것이 아니니 19 모세가 율법대로 모든 계명을 온 백성에게 말한 후에 송아지와 염소의 피 및 물과 붉은 양털과 우슬초를 취하여 그 두루마리와 온 백성에게 뿌

리며 20 이르되 이는 하나님이 너희에게 명하신 언약의 피라 하고 21 또한 이와 같이 피를 장막과 섬기는 일에 쓰는 모든 그릇에 뿌렸느니라 22 율법을 따라 거의 모든 물건이 피로써 정결하게 되나니 피흘림이 없은즉 사함이 없느니라.

본 문단에서 히브리서 저자는 15절에서 논지를 제시하고 이를 두 단계로 발전시키는데, 16-17절에서는 분석적으로, 18-21절에서는 성경석의적인 방법으로 접근한다. 22절은 본 문단의 결론이다. 저자는 이제 그리스도의 희생제사와 새 언약을 세운 것과의 연관성에 초점을 맞춘다. 후자가 있게 된 것과 그리스도인들이 그것을 경험할 수 있게 된 것은 전적으로 전자에 의존한다. 피 흘림은 옛 언약이나 새 언약 모두에게 필수적인 요소였다. 15절의 "이로 말미암아"라는 어구는 그의 죽으심으로 그리스도는 새 언약의 중보자가 되신다는 의미이다. 저자는 예레미야가 말한 "새 언약"(히 8:8-12; 10:16-17에 인용)을 마음에 두고 있음이 확실하다. 저자는 "약속"과 "기업"이라는 독특한 유대적 언어를 사용한다. 모세 율법을 어긴 죄에 대한 진정한 해답은 짐승을 드리는 제사가 아니라 그리스도의 희생이다. 그리스도의 희생제사는 과거와 현재, 즉 모든 시대의 죄에 대한 해답이다. 이것이 죄에 대한 유일한 용서의 수단이기 때문이다.

16-17절에서 개역성경은 지금까지 "언약"으로 번역된 헬라어 단어 "디아쎄케"(διαθήκη)를 "유언"으로 번역한다. "유언"(will)인가 혹은 "언약"(testament)인가가 아직도 논란이 있지만, 히브리서 저자는 여기서 헬라어 διαθήκη의 이중적인 의미를 활용한다. 그는 언약의 의미에서 유언의 의미로 옮겨가는데, 이것은 논의는 약간 상이하지만 바울이 갈

라디아서 3:15-17에서 행한 것과 동일하다. 논의의 핵심은 분명하다. 즉, 어떤 사람의 유언은 그 유언 당사자가 죽어야 효력이 발생한다는 사실이다. 이와 같이 언약도 효력이 발생하려면 그 언약 당사자의 죽음이 요구된다. 첫 언약도 희생제물의 피로 시작되었다.

18-21절은 16-17절의 내용을 좀 더 구체적으로 보여주는 동시에 출애굽기 24:3-8을 요약해준다. 물론 몇 가지 언급들에서는 차이가 나기 때문에 히브리서 저자가 출애굽기 본문과 민수기 19:18-19 등을 합쳐서 만든 회당 성구집을 사용했을 수도 있다는 의견이 있다. 어쨌든 이 구절에서의 주안점은 동물의 희생제사와 피로 물건에 뿌리는 일은 하나님과 이스라엘 사이에 언약을 세우는 일에 중요하였음을 언급하는 데 있다. 즉, 언약의 피는 언약의 사실성을 확증하며 그 언약에 충실해야 함을 강조한다. 22절에서 히브리서 저자는 피가 언약의 추인에 필수적이라고 다시 요약하여 피력한다. 물론 죄에 대한 결정적인 용서를 약속하는 새 언약의 경우에는 더욱 그러하다.

### (3) 완전한 희생제사(히 9:23-28): 새 언약의 하늘 희생제사

> 23 그러므로 하늘에 있는 것들의 모형은 이런 것들로써 정결하게 할 필요가 있었으나 하늘에 있는 그것들은 이런 것들보다 더 좋은 제물로 할
> 지니라 24 그리스도께서는 참 것의 그림자인 손으로 만든 성소에 들어
> 가지 아니하시고 바로 그 하늘에 들어가사 이제 우리를 위하여 하나님
> 앞에 나타나시고 25 대제사장이 해마다 다른 것의 피로써 성소에 들어
> 가는 것 같이 자주 자기를 드리려고 아니하실지니 26 그리하면 그가 세
> 상을 창조한 때부터 자주 고난을 받았어야 할 것이로되 이제 자기를 단
> 번에 제물로 드려 죄를 없이 하시려고 세상 끝에 나타나셨느니라 27 한
> 번 죽는 것은 사람에게 정해진 것이요 그 후에는 심판이 있으리니 28

> 이와 같이 그리스도도 많은 사람의 죄를 담당하시려고 단번에 드리신 바 되셨고 구원에 이르게 하기 위하여 죄와 상관없이 자기를 바라는 자들에게 두 번째 나타나시리라.

본 문단에서 저자는 앞에서 이루어진 논의를 간명하며 절정에 이른 어조로 요약하고 있다. 주안점들을 의도적으로 반복하고 있는 것은 저자가 그 점을 중요하게 여기고 있음을 보여준다. 24절은 11절을, 25-26절은 12절을 반복하며 우리는 여기가 히브리서의 심장부임을 알 수 있다. 앞으로 이루어질 것보다는 그리스도가 이미 단번에 이루신 것을 더 강조하고 있으며, 복음을 받은 이들이 경험한 구원은 그리스도의 강림으로 마무리될 것이다.

23-24절에서 저자는 하늘에 있는 것들의 "모형들"(τὰ ὑποδείγματα)은 19-22절에 묘사된 희생 제물들에 의하여 깨끗하게 될 필요가 있었다고 피력한다. 이것은 모세시대를 위한 하나님의 뜻이었고, 레위의 희생 제사들이 그리스도의 희생제사에 대한 그림자역할을 한 것도 하나님의 뜻이었다. 마지막 완전한 속죄가 이루어진 최종적 실제인 하늘의 것들을 위하여 이보다 더 나은 제물(들)이 필요하다. 제물들-보통의 경우는 단수를 사용하고 있으나 이곳에서는 비교를 위하여 복수가 사용되었다. 그리스도의 희생제사는 바로 하늘에서 드려진 것이며, 그는 그곳 하나님 앞에서 중보기도의 사역을 통하여 제사장의 사역을 계속하고 계시다(히 6:20, 7:25, 롬 8:34).

25-26절에서 저자는 그리스도의 대제사장적 사역과 레위계통의 대제사장적 사역 간의 대조가 가장 극명하고 놀랍게 대비를 이루고 있음을 보여준다. 그리스도의 희생제사의 단회성과 자신의 피를 의지

하여 드림, 이 두 가지를 저자가 연결시킨 것을 주목할 필요가 있다. 죄가 결정적으로 없어진 그곳에 새 시대가 열리는 전환점이 있었다. 27-28절에서 저자는 인간의 경험과 그리스도의 경험 간의 평행적 요소를 끌어낸다. 두 경우 모두 죽음이 한번 오지만 이것이 이야기의 끝은 아니다. 인간은 죽음 후에 심판을 직면하지만 그리스도는 죽음 후에 그의 백성을 심판에서 구원하였다. 심판은 모든 이들 앞에 놓여 있는 위협적인 요소이지만, 그리스도의 구속적인 사역을 의지하고 그를 기다리는 이들(빌 3:20; 딤후 4:8)은 심판으로부터 구원을 얻게 될 것이다.

### 3) 옛 질서의 불완전성과 새 질서의 완전성(히 10:1-18)

앞의 두 장(히브리서 8, 9장)에서 논의된 내용이 히브리서 10:1-18에서 결론적으로 다시 진술되고 있는데, 이는 히브리서 설교의 중심주제인 옛 질서의 불완전성과 새 질서의 완전성이다. 히브리서 10:1-18에서 새로운 부분이란 단지 5-10절인데, 여기서 저자는 시편 40:6-8을 석의함으로써 자신의 논지를 지지하고 있다. 나머지 내용은 이전에 나온 내용의 재진술이다(1-4, 11-14절). 히브리서 저자는 이 단락 전체를 예레미야서 31:33-34를 재인용하면서 마무리 짓는다(15-18절).

#### (1) 옛 질서: 실제의 그림자(히 10:1-4)

> 10:1 율법은 장차 올 좋은 일의 그림자일 뿐이요 참 형상이 아니므로 해마다 늘 드리는 같은 제사로는 나아오는 자들을 언제나 온전하게 할 수 없느니라 2 그렇지 아니하면 섬기는 자들이 단번에 정결하게 되어 다시 죄를 깨닫는 일이 없으리니 어찌 제사 드리는 일을 그치지 아니하

였으리요 3 그러나 이 제사들에는 해마다 죄를 기억하게 하는 것이 있나니 4 이는 황소와 염소의 피가 능히 죄를 없이 하지 못함이라.

히브리서 10:1-4에서 저자는 율법의 무효성과 무능성을 다시 한 번 선언한다. 그는 우선 레위계통 제사의 반복적인 성격에 초점을 맞춤으로써 이 제도의 내재적인 부적합성을 지적한다. 1절에서 "율법은 장차올 좋은 일의 그림자(σκιά)"일뿐이요(비교. 골 2:17) "참 형상이 아니라"는 선언은 히브리서 9:23-24에서 이미 참된 하늘의 것들을 언급하였기 때문에, 그렇게 놀라운 일이 아니다. 이 "장차 올 좋은 일들"(τῶν μελλόντων ἀγαθῶν)은 앞으로 올 세대의 요소들로(히 2:5) 그리스도께서 온전한 구원을 이루실 때까지는(히 9:28) 그 온전한 성취가 아직 이루어지지 않았다(히 13:14). 하지만 그리스도께서 이루신 일 때문에(히 9:10-11) 그것들을 이곳에서 지금 맛볼 수는 있다(히 6:5). "그림자"와 짝을 이루면서 율법을 묘사하는 데 사용된 어구가 개역성경에서는 "참 형상"으로만 번역되었는데, 원어에는 "사물들의 참 형상"(αὐτὴν τὴν εἰκόνα τῶν πραγμάτων)이다. 그러므로 이때 사용된 어휘가 "형상"(εἰκών)일지라도, 바울이 골로새서 2:17("이것들은 장래일의 그림자이나 몸은 그리스도의 것이니라")에서 "그림자"(σκιά)와 대비하여 사용한 "몸"(σῶμα)을 언급한 구절에서와 같이 이미지가 아니라 실체로 보아야 한다.

1절의 뒷부분에 언급된 "해마다 늘 드리는 같은 제사"는 옛 언약하에서 해마다 속죄일에 드려지는 짐승제사를 의미하는데, 이것으로 나아오는 자들은 언제나 온전하게도 못하고 단번에 정결하게도 못한다. 이렇게 실체의 그림자이며 참 형상이 아닌 율법에 기초하여 반복적으로 드려지는 제사를 의지하는 것으로는 인간의 죄 문제를 결코 해결할 수 없고, 오히려 그때마다 반복적으로 죄를 다시 기억하게 할 뿐이며 "죄를 깨닫는 일"(συνείδησιν ἁμαρτιῶν) 즉 죄의식(consciousness of sins)을 없이 하지 못한다(1-3절). 왜냐하면 짐승 제사가 죄를 없게 할 수 없기 때문이다(4절).[12] 여기에 반복적으로 언급되는 "죄의 기억"(ἀνάμνησις ἁμαρτιῶν) (비교. 민 5:15)은 "그들의 죄와 그들의 불법을 내가 다시 기억하지 아니하리라(οὐ μὴ μνησθήσομαι)"(렘 31:34하)는 새 언약의 약속과 극명하게 대조된다(히 8:12; 10:17).

### (2) 새 질서: 실제(히 10:5-10)

> 10:5 그러므로 주께서 세상에 임하실 때에 이르시되 하나님이 제사와 예물을 원하지 아니하시고 오직 나를 위하여 한 몸을 예비하셨도다 6 번제와 속죄제는 기뻐하지 아니하시나니 7 이에 내가 말하기를 하나님이여 보시옵소서 두루마리 책에 나를 가리켜 기록된 것과 같이 하나님의 뜻을 행하러 왔나이다 하셨느니라 8 위에 말씀하시기를 주께서는 제사와 예물과 번제와 속죄제는 원하지도 아니하고 기뻐하지도 아니하신다 하셨고 (이는 다 율법을 따라 드리는 것이라) 9 그 후에 말씀하시기를 보시옵소서 내가 하나님의 뜻을 행하러 왔나이다 하셨으니 그 첫째 것을 폐하심은 둘째 것을 세우려 하심이라 10 이 뜻을 따라 예수 그리스도의 몸을 단번에 드리심으로 말미암아 우리가 거룩함을 얻었노라.

5-7절은 시편 40:6-8(39:7-9, LXX)의 인용이며 8-10절은 그에 대한 히브리서 저자의 기독론적인 해석이다. 앞에서도 그러하였던 것처럼(히 2:6-9; 3:7-4:10) 본 문단에서 우리는 히브리서 저자의 또 다른 구약성경에 대한 재기 넘치는 기독론적인 해석을 접하게 된다. 이미 우리가 알고 있는 대로 히브리서의 네 번째 강해는 예레미야서 31장

을 인용하고 해석함으로써 이루어지고 있는데 여기에 중요한 보조 본문으로 시편 40편이 인용되고 해석된다. 본 문단의 주안점은 레위제사의 잠정성과 그리스도께서 하신 사역의 영원성이다. 히브리서 저자는 자신의 목적에 맞는 이상적인 구약본문을 발견하고 나서, 자신의 해석학적인 열쇠인 그리스도를 통한 성취의 관점에서 그 본문의 더 깊은 의미를 이끌어내고 있다.

인용문인 5-7절에서 히브리서 저자는 대체적으로 칠십인 역 본문(시 39:7-9)을 인용하지만 히브리어 본문(MT)도 아니고 칠십인 역(LXX)도 아닌 자신만의 방식으로 본문을 바꾸기도 하였다.[13] 더 유력한 전승을 따르는 칠십인 역 및 히브리서 본문과 히브리 성경 간의 현격한 차이점은 "당신이 나를 위하여 예비한 몸"(히브리서와 LXX의 일부 전승)과 "당신이 판(연) 나의 귀들"(MT)이다. 그리고 마소라 본문에는 시편 40:7에 "두루마리 책"으로 되어 있지만, 칠십인 역과 히브리서 본문에는 "책머리"로 되어 있다.[14] 또한 시편 40:6에 마소라 본문과 칠십인 역에는 "요구하시다"(ἠθέλησας)이지만 히브리서에서는 "기뻐하시다"(εὐδόκησας)로 되어있고(시 51:16, 19의 영향인 듯), 마소라 본문과 칠십인 역의 시편 40:7의 당신의 뜻 행하기를 "내가 원한다(기뻐한다)"(ἐβουλήθην)라는 동사가 히브리서에서는 생략되었다. 이렇게 되어 히브리서의 경우는 그리스도가 칠십인 역처럼 "나의 하나님이여 당신의 뜻을 행하기를 내가 원하나이다"(τοῦ ποιῆσαι τὸ θέλημά σου ὁ θεός μου ἐβουλήθην)가 아니라 "하나님이여 당신의 뜻을 행하러 내가 왔나이다"(ἥκω τοῦ ποιῆσαι ὁ θεὸς τὸ θέλημά σου)라는 표현이 되었다.

그 당시 역사적 배경 안에서의 이 시편의 내용은 자명하다. 원래의 문맥 속에서 시편 40:6-8은 고대 이스라엘 희생제사에 대한 비난이라기보다 왕들의 율법인 신명기 17:14-20의 내용에서 해석되어야 한다.[15] 히브리서 10:5의 "그러므로 주께서 세상에 임하실 때에 이르시되"(Διὸ εἰσερχόμενος εἰς τὸν κόσμον λέγει)라는 도입부는 예수 그리스도의 성육신을 말한다.[16] 이 도입부는 7절 후반부와 9절의 "보시옵소서 하나님이여 당신의 뜻을 행하러 왔나이다"(ἰδοὺ ἥκω τοῦ ποιῆσαι ὁ θεὸς τὸ θέλημά σου)와 짝을 이루면서, 예수 그리스도의 생애와 사역을 요약하여 하나님께서 기뻐하시는 참된 희생 제사를 표현하고 있다(10절). 히브리서 저자는 기독론적인 관점에서 그리스도가 이 시편의 화자인 것으로 이해하고 있다. 히브리서 저자에게는 그리스도는 구약의 목적이었다. 그리스도에 의하여 성취된 것이 구약을 기독론적으로 해석하는 것을 정당화해준다. 이렇게 히브리서 저자는 시편 40:5-7을 인용하여 왕과 대제사장이시며 동시에 제물이 되신 예수 그리스도에게 적용하고 있다.

8-10절은 시편 40편의 인용문에 대한 히브리서 저자의 해석이다. 8절에서는 5절과 6절에 인용된 제사들("제사와 예물과 번제와 속죄제")을 함께 언급하고, 또 각 절의 동사, "원하지도 않으시고"(οὐκ ἠθέλησας) "기뻐하지도 않으시고"(οὐδὲ εὐδόκησας)를 함께 연결시켜 요약적으로 강세를 주어 해석하되 율법을 따른 제의전반이 하나님의 인정을 받지 못한다고 설명한다. 8절 괄호 안의 언급 "이는 다 율법을 따라 드리는 것이라"(αἵτινες κατὰ νόμον προσφέρονται)와 9절의 "그 첫째 것을 폐하심은 둘째 것을 세우려 하심이라"(ἀναιρεῖ τὸ πρῶτον ἵνα τὸ δεύτερον στήσῃ)같은 어구 등은 본 제4 강해의 핵심 인용문인 예레미야서 31:31-34를 떠오르게

한다(히 8:13). 히브리서 저자는 이 시편의 성취가 그리스도께서 그 몸을 "단번에"(ἐφάπαξ)[17] 드리심으로 이루어졌으며 우리가 거룩함을 입었다고 간단명료하게 그의 해석의 결론을 맺는다. 죄 사함의 온전한 효력도 없고 하나님께 나아가는 완전한 길도 아닌 옛 언약은 폐기되고 하나님의 뜻에 따라 자신의 몸을 드리는 그리스도의 온전한 순종의 행위로 새 언약이 세워지고 이를 믿는 우리에게 온전한 성결의 길이 열렸다.

### (3) 보좌에 앉으신 대제사장: 그리스도의 희생제사의 결정적인 결과(히 10:11-18)

> 10:11 제사장마다 매일 서서 섬기며 자주 같은 제사를 드리되 이 제사
> 는 언제나 죄를 없게 하지 못하거니와 12 오직 그리스도는 죄를 위하여
> 한 영원한 제사를 드리시고 하나님 우편에 앉으사 13 그 후에 자기 원
> 수들을 자기 발등상이 되게 하실 때까지 기다리시나니 14 그가 거룩하
> 게 된 자들을 한 번의 제사로 영원히 온전하게 하셨느니라 15 또한 성
> 령이 우리에게 증언하시되 16 주께서 이르시되 그 날 후로는 그들과 맺
> 을 언약이 이것이라 하시고 내 법을 그들의 마음에 두고 그들의 생각에
> 기록하리라 하신 후에 17 또 그들의 죄와 그들의 불법을 내가 다시 기
> 억하지 아니하리라 하셨으니 18 이것들을 사하셨은즉 다시 죄를 위하여
> 제사 드릴 것이 없느니라.

우리는 이제 히브리서 중심 설교주제의 최종적이며 절정의 지점에 와있다. 여기서 저자는 다시금 그리스도의 희생제사의 결정적인 성격, 즉 그 완결성과 최종성을 확언한다(11-14절). 옛 언약의 제사장마다 매일 섬기며 "자주 같은 제사"(τὰς αὐτὰς πολλάκις θυσίας)를 "드리며 서있으나"(προσφέρων, ἕστηκεν),[18] 새 언약의 대 제사장 그리스도는 죄를 위한

"한 영원한 제사"(μίαν θυσίαν εἰς τὸ διηνεκές)[19]를 "드리시고 앉아계신다"(προσενέγκας, ἐκάθισεν)[20]라고 간명하게 대비한다(11-12절). 이는 옛 언약의 제사장들의 제사는 죄를 없게 하지 못하나, 그리스도는 자신을 드리는 한 번의 제사로 거룩하게 된 자들을 영원히 온전하게 하셨기 때문이다(11, 14절). 저자는 또한 설교의 서론에서 인용하였던(히 1:13) 자신이 좋아하는 시편 110:1도 암시한다(13절). 13절에서 저자는 "그의 원수들이 자기 발등상이 되게 하실 때까지 기다리시나니"(ἐκδεχόμενος ἕως τεθῶσιν οἱ ἐχθροὶ αὐτοῦ ὑποπόδιον τῶν ποδῶν αὐτοῦ)라는 어구를 통하여 그리스도의 주 되심이 완성되는 때를 언급하면서 히브리서 9:28에서 언급했던 종말론적인 암시를 상기시키는 동시에 뒤이어 나오는 종말론적으로 발전된 해석들을 위한 길을 닦는다(히 10:25, 30-31, 37-38; 12:27).

예레미야서 31:31-34는 논의의 시작부분인 히브리서 8장에서 인용되었는데, 논의의 결론부분에 이르러 저자는 이를 다시금 인용한다(15-17절). 그리스도의 희생 제사는 항구적인 완전함과 성결을 가져온다는 사실이 구약성경에 의하여 확언된다. 15절에서 히브리서 저자의 구약인용 도입부의 특색이 다시 나타나는데, 히브리서 3:9에서 그러하였듯이 구약인용구의 원천이 "성령"(τὸ πνεῦμα τὸ ἅγιον)임이 언급된다. 16-17절의 예레미야서 인용문은 히브리서 8장에서 처음 인용될 때와는 다음과 같이 몇 가지 점이 달라졌다.[21] 첫째는, "이스라엘 집과"가 아니라 "그들과"(πρὸς αὐτοὺς) 맺을 언약이라고 하였는데, 이것은 아마도 히브리서 저자가 새 언약이 더 우주적인 영역을 지니게 됨을 암시했다고 볼 수도 있다. 둘째로, 그들의 "마음"과 "생각"(ἐπὶ καρδίας αὐτῶν καὶ ἐπὶ τὴν διάνοιαν αὐτῶν)이라는 어휘의 순서가 바뀌었는데, 이것은 뒤이어 나오는 히브리서 10:22에서 언급되는 "마음"(καρδίας)을 강조하기 위함일 수도 있다. 셋째로, 17절에서 "그들의 불법을"(καὶ τῶν ἀνομιῶν αὐτῶν)이라는 어구가 추가된 것은 죄를 기억하지 않으시겠다는 약속을 강조하는 역할을 하고, 가정법(οὐ μὴ μνησθῶ) 대신 "내가 (결단코) 기억하지 않으리라"(οὐ μὴ μνησθήσομαι)라는 미래직설법으로 바꾼 것은 약속을 좀 더 생생하게 강화하는 역할을 한다. 하지만 마지막으로 더 중요한 차이점은, 히브리서 저자가 중간의 내용은 생략하고 새 언약의 핵심적이고 상호 연관성이 있는 두 가지 특성, 즉 "법을 마음에 기록하리라"와 "죄를 기억하지 아니 하리라"라는 약속을 긴밀하게 연결시킨 점이다. 마음에 새겨진 법, 즉 자원하는 순종의 표상인 그리스도께서 하나님과 내적-영적으로 합일되심으로써 새 언약을 출발시키고 죄가 사함 받게 하셨다. 이는 죄가 사함 받아야 하나님과의 친밀한 언약적 관계를 가능하게 하기 때문이다.

히브리서 저자는 마지막 문장에서 예레미야서의 약속이 성취되었음을 지적하고 제사제도가 당연히 끝이 났음을 밝히고 있다(18절). 히브리서 저자는 그리스도의 희생 제사의 결정적인 중요성을 강조하는 간단한 언급으로 예레미야서 인용문을 마무리한다.

## 4. 결론과 권면: 충성의 근거들(히 10:19-21)과 소망에 대한 권면(히 10:22-25)

> 10:19 그러므로 형제들아 우리가 예수의 피를 힘입어 성소에 들어갈 담력을 얻었나니 20 그 길은 우리를 위하여 휘장 가운데로 열어 놓으신 새로운 살 길이요 휘장은 곧 그의 육체니라 21 또 하나님의 집 다스리는 큰 제사장이 계시매 22 우리가 마음에 뿌림을 받아 악한 양심으로부

터 벗어나고 몸은 맑은 물로 씻음을 받았으니 참 마음과 온전한 믿음으로 하나님께 나아가자 23 또 약속하신 이는 미쁘시니 우리가 믿는 도리의 소망을 움직이지 말며 굳게 잡고 24 서로 돌아보아 사랑과 선행을 격려하며 25 모이기를 폐하는 어떤 사람들의 습관과 같이 하지 말고 오직 권하여 그 날이 가까움을 볼수록 더욱 그리하자.

히브리서 10:19-25는 히브리서 4:14-16과 구조나 어휘, 그리고 그리스도의 제사장직이라는 히브리서의 핵심 주제의 면에서도 평행을 이룬다. 히브리서 저자는 자신의 중심적인 신학적 논의를 마무리하면서 이제 그 논의에 대한 실제적인 적용을 언급한다. 히브리서 전반에 걸쳐 나타나듯이 저자는 그저 신학적인 논의에 단순히 만족하는 것이 아니라 그것의 실제적인 적용에 관심을 쏟고 있다. 앞선 논의에서 저자는 유대적 배경을 가진 독자층에 관심을 두고 있었다. 저자는 이제 그 앞에서도 논의된 모든 모티브를 동원하여 독자들이 충성스러워야 할 것을 권면한다. 바로 뒤에 나오는 히브리서 10:26-36에도 나오지만, 히브리서 독자들 중에는 기독교 진리에서 떨어져나갈 위험에 처해 있는 이들도 있음을 알 수 있다. 히브리서 저자의 견고한 확신은 독자들이 그리스도와 그분의 사역의 진정한 의미를 알고 그분이 제공한 원천으로 나아와 그들에게 주어진 것들을 활용하기만 한다면, 그들은 보존되고 하나님께서 충성된 자들에게 베푸시는 상급을 얻게 된다는 것이다. 그래서 본 문단의 권면은 히브리서 4:14-16의 권면 내용과 아주 흡사하다. 히브리서 10:19-25는 직설법의 연속인 19-21절과 연속적인 권유법으로 구성된 22-25절로 나눠진다.

히브리서 10:19-21에서 히브리서 저자는 그리스도의 희생제사로 인하여 활짝 열린 하늘의 성소로 청중들의 관심을 이끈다. 그는 이 문단에서 히브리서의 중심부분을 다시 요약하고 있다. 즉, 19-20절은 히브리서 8:1-10:18을, 21절은 히브리서 7:1-28을 요약해준다. 19절에서 저자는 이미 그랬듯이(히 3:1, 12; 비교. 2:14; 13:22) 독자들을 "형제들아"라고 부르면서, 20절에는 "우리"(ἡμῖν)라는 대명사를 삽입하여 자신을 청중들과 동일시하고 있다. 19절에서 저자가 자신의 독자들에게 처음으로 말하는 것은 "담력" 혹은 "담대함"(παρρησίαν)인데, 그들은 이미 이 담대함을 유지하라는 말을 들었고(히 3:6; 4:16) 곧이어 또 듣게 된다(히 10:35). 물론 이 담대함은 주관적인 측면과 객관적인 측면이 있으며 하나님 앞에서와 사람 앞에서 자유롭고 거리낌 없는 행동으로 나타나게 하는 확신 있는 태도인데, 현재의 문단에서는 그리스도의 희생으로 이루어진 내적인 새로움(19-22절)으로, 차후에 나오는 문단에서는 그 새로움 때문에 사람의 박해 앞에 두려움 없는 행동으로 나타나는 것으로 묘사된다(히 10:32-35). 이렇게 "성소"(τῶν ἁγίων) 즉 하나님의 임재 앞으로 "들어감"(εἴσοδον)을 얻게 하는 담대함을 가능하게 한 것은 "예수의 피"(ἐν τῷ αἵματι Ἰησοῦ)이다. 그리스도의 피 흘리심, 즉 단번에 드리신 주님의 자기희생의 피를 통하여 이루어진 죄사하심만이 그리스도인으로 하여금 하나님의 임재 안으로 들어갈 확신과 담대함의 기반이 된다(히 9:12, 14, 25).

19절의 "성소"와 "들어감"은 관계대명사로 연결된 20절에서 각각 "휘장"과 "길"로 표현된다. 그래서 20절의 마지막 어구인 "곧 그의 육체니라"(τοῦτ' ἔστιν τῆς σαρκὸς αὐτοῦ)라는 표현은 19절의 마지막 어구인 "예수의 피를 힘입어"(ἐν τῷ αἵματι Ἰησοῦ)와 동격관계에 있는 병렬구이다.[22] 참 성소에 들어가는 "새로운 살"(πρόσφατον καὶ ζῶσαν)[23] 길을 선구자(히 2:10; 12:2)와 선두주자(히 6:20)이신 그리스도께서 자신의 육체를 찢어 그 피로 여셨다. 하지만 "휘장이 곧 주님의 육체"라는 번역은 분명하지 않은 점이 남는다. 휘장과 예수님의 육체 간의 긴밀한 연관성은 예수께서 십자가에서 운명하실 때 성전의 휘장이 위에서 아래로 갈라졌다는 공관복음서의 증언(막 15:38; 마 27:51; 눅 23:45)에 의하여 지지를 받지만, 이 견해는 히브리서 7:16나 9:10 같은 곳에서는 "육체"(σάρξ)라는 어휘가 율법 및 그 제의와 연관되어 부정적인 의미로 사용되었기 때문에 그 설득력을 잃기도 한다.[24] 여러 가지를 고려해본다면, 여기서 "휘장"(καταπετάσμα)은 문자적인 의미로 보아야 한다.[25] 그리고 "곧 그의 육체니라"(τοῦτ᾽ ἔστιν τῆς σαρκὸς αὐτοῦ)라는 어구는 19절 마지막 부분의 병행구이며, 히브리서 저자가 자신의 언어적인 습관대로 이 어구를 통하여 20절 혹은 19-20절 모두를 다시 설명하는 것으로 보아야 한다.[26] 물론 여기서 그리스도의 육체는 분명히 그리스도의 성육신을 전제로 한 그분의 희생적인 죽음을 의미한다.

원문에서는, 21절의 처음 부분 "큰 제사장이 계시매"(καὶ ἔχοντες ἱερέα μέγαν)는 "그러므로 우리에게 큰 대제사장이 계시니"(Ἔχοντες λοιπὸν ἀρχιερέα μέγαν)로 시작하는 대제사장 문단인 히브리서 4:14-16을 떠올리게 하고, 21절의 뒷부분 "하나님의 집 다스리는"(ἐπὶ τὸν οἶκον τοῦ θεοῦ)이라는 어구는 그리스도와 모세의 비교문단인 히브리서 3:6을 떠올리게 한다. 21절의 "집"에 대한 히브리서 3:6의 교회론적인 의미가 22절부터 이어지는 권면에서 더 분명해진다.

히브리서 10:22-25에서 히브리서 저자는 하늘의 성소의 반대 짝인 이 땅의 성소, 즉 성도들의 모임에 관하여 말한다. 이 문단에서 저자는 세 가지 권유법을 사용하여 독자들에게 세 가지 권면을 하고 있다. 즉, 22절의 "참 마음과 온전한 믿음으로 나아갑시다"(προσερχώμεθα μετὰ ἀληθινῆς καρδίας ἐν πληροφορίᾳ πίστεως)와 23절의 "소망의 신앙고백을 굳게 잡읍시다"(κατέχωμεν τὴν ὁμολογίαν τῆς ἐλπίδος)와 24-25절의 "사랑과 선행의 격려를 위하여 서로를 돌아봅시다"(κατανοῶμεν ἀλλήλους εἰς παροξυσμὸν ἀγάπης καὶ καλῶν ἔργων)이다. 여기에 제시한 헬라어 본문과 필자의 문자적인 번역에서 보듯이 이 세 가지 권면은 세 가지 주요한 덕목과 연관되어 있다. 즉, 22절의 "믿음"(πίστις), 23절의 "소망"(ἐλπίς), 그리고 24절의 "사랑"(ἀγάπη)이다(비교. 고전 13:13; 살전 1:3).

첫 번째 권면인 22절은 이전의 히브리서 4:16의 권면을 연상시키는데, 히브리서 저자는 그의 독자들에게 그리스도 안에서 가능해진 하나님의 임재 앞으로 나가라고 촉구한다. 이 권면은 상호보완적인 두 개의 분사 구문, 즉 "마음에 뿌림을 받아 악한 양심으로부터 벗어나고 몸은 맑은 물로 씻음을 받았으니"인데, 이는 "참 마음과 온전한 믿음"을 가질 수 있는 근거이자 더 근원적으로는 하나님의 임재 앞에 나갈 수 있는 근거이다. "참 마음으로"(μετὰ ἀληθινῆς καρδίας)는 신실성 혹은 충성심을 의미하고, "온전한 믿음으로" 혹은 "믿음의 충만함으로"(ἐν πληροφορίᾳ πίστεως)는 마음이 얼마나 진실한가를 가늠하는 척도이다. 첫 번째 분사, "뿌림을 받아"(ῥεραντισμένοι)는 그 목적어가 마음이므로 제의적인 의미보다는 은유적인 의미로서 예수의 피로만 가능한 내적인 정결을 뜻하고, "악한 양심"(συνειδήσεως πονηρᾶς)은 히브리서 10:2에 나왔던 "죄를 깨닫는 일"(συνείδησιν ἁμαρτιῶν)과 동등한 의미가 있다. 두 번째 분사, "씻음을 받았으니"(λελουσμένοι) 구문은 에스겔서의 예언

(겔 36:25-26)을 생각나게 하는데, 이것은 신앙고백을 토대로 이루어지는 침례를 암시한다고 볼 수 있다.

두 번째 권면인 23절은 가장 짧은데, 경직되고 고루한 전통을 고수하라는 말이 아니라 종말론적인 온전한 성취를 소망하며 독자들이 고백하는 신앙의 내용을 "움직이지 말고"27) 굳세게 잡으라는 의미이다. 이는 약속하신 이, 즉 하나님은 미쁘시기 때문이며(비교. 고전 1:9; 살전 5:24; 요일 1:9), 이것이야말로 그리스도인의 소망의 기초이다.

24-25절의 세 번째 권면은 사랑과 선행의 격려를28) 위해서 신앙공동체의 지체들을 서로 돌보라는 내용이다. 히브리서 독자들의 "사랑과 선행"에 관하여는 앞에서도 나왔고(히 6:10) 바로 뒤에서도(히 10:32-35) 언급되며 히브리서 13장의 짧은 마지막 권고들 가운데에서도 다시 나온다(히 13:1-3; 13:16). 이 세 번째 권면에도 두 개의 현재형 분사들이 딸려 있는데, 각각 "폐하지 말라"와 "권하라"이다. 25절의 첫 번째 분사 구문은 "어떤 이들의 습관처럼, 자신들의 모임을 버리지 말고"(μὴ ἐγκαταλείποντες τὴν ἐπισυναγωγὴν ἑαυτῶν, καθὼς ἔθος τισίν)라고 번역될 수 있는데,29) 여기에서 우리는 그리스도인 신앙공동체 혹은 그들의 집회를 버리려는 사람들이 있었음을 짐작할 수 있다. 신앙공동체 혹은 신앙을 저버리는 위험에 대하여는 앞에서 여러 번 경고하였는데(히 2:1-5; 3:12; 4:11; 6:4-12), 그 이유는 박해(히 10:32-34), 잘못된 가르침(히 10:29; 13:9-10), 주의 재림이 지연되는 것에 대한 실망감(히 10:36-39) 등일 것이다. 두 번째 분사 구문 "오히려 그 날이 가까움을 볼수록 더욱 권하며"(ἀλλὰ παρακαλοῦντες, καὶ τοσούτῳ μᾶλλον ὅσῳ βλέπετε ἐγγίζουσαν τὴν ἡμέραν)에서 우리는 지연된 "파루시아"(παρουσία, 주님의 재림)가 어떤 이들

이 모임을 떠나는 이유 중의 하나였을 것이라고 짐작할 수 있다. 하지만 이유가 어찌 되었든, 히브리서 저자는 자신의 청중들에게 하나가 되어서 싸우듯이 강하게 서로 돌아보며 권하라고 호소한다.

## III. 개인 묵상이나 그룹 토론(설교구성)을 위한 질문

1. 제 4 강해가 히브리서 설교에서 어떻게 그리고 왜 중요한가?
2. 옛 언약과 새 언약의 핵심적인 차이점들이 무엇인가?
3. 두 언약에서 동시에 중요했던 "피"의 의미는 무엇인가?
4. 본 강해에서 예레미야서와 시편의 인용구들이 어떤 역할들을 하고 있는가?
5. 제 4 강해의 결론과 권면은 지금 나 혹은 우리에게 어떤 도전을 주는가?

# 주(註)

1) Wills, "The Form of the Sermon," 282.

2) Lane, *Hebrews 1-8*, 203을 참조하라.

3) Koester, *Hebrews*, 380; 389; Lane, *Hebrews 1-8*, 204 등을 참조하라.

4) Koester, *Hebrews*, 436; Lane, *Hebrews 9-13*, 258 등을 참조하라.

5) 원문은 "종, 사역자, 직분 맡은 자, 봉사자"의 뜻이 있는 명사 "레이투르고스"(λειτουργός)인데, 하나님의 천상의 사역자(히 1:7)나 제사장(느 10:39; 롬 15:16)을 지칭하는 데 사용되었고 그 파생어 "레이투르기아"(λειτουργία)는 성소의 일(민 8:22, 24; 히 8:6; 9:21)을 지칭하는 데 사용되었다.

6) 원문으로 "뉘니 데"(νυν[ί] δέ)로써 예수 그리스도의 사역을 통하여 나타난 옛 시대와 새 시대를 극적으로 나누기로 유명한 로마서 3:21과 어구와 내용이 흡사하다.

7) "중보자"는 헬라어 "메시테스"(μεσίτης)로, 양자 간의 이견을 제거하여 공동 목표에 도달하도록 조정하는 중재자(intermediary)를 의미하거나, 합의가 깨어질 경우 당사자를 도와주고 상대역이 더 이상의 행동을 취하는 것을 막아주는 역할을 하며 빚에 대한 보증이나 법적인 계약이 실행되도록 해주는 보증인(guarantor)의 뜻도 있다(히 6:17). 시내 산에서 율법을 받은 모세는 첫 언약의 중보였고(출 20:19; 갈 3:19), 그리스도는 새 언약의 중보이시다(히 8:6; 9:15; 12:24): Koester, *Hebrews*, 378-9; 미헬, 「히브리서」, 403-4 등을 참조하라.

8) 히브리서 저자는 칠십인 역의 본문을 인용하되, 어순이나 스타일을 다소 바꾸고 있다. 하지만 칠십인 역은 히브리어 본문과는 많이 다르다. 예를 들면, 예레미야서 31:32의 히브리어 본문은 "그들은 나의 언약을 파기하였다"인데 칠십인역에는 "그들은 내 언약 안에 머물러 있지 아니하였다"이고, 같은 절에서 히브리어 본문은 "나는 그들의 남편이었다"("나는 그들을 역겨워하였다"로도 번역할 수 있다)인데 칠십인 역에는 "나는 그들에게 관심을 쏟지 않았다"로 번역되었다. 그리고 예레미야서 31:33에서 히브리어 본문은 단수로 "율법"인데 칠십인 역은 복수로 "법들"이며, 예레미야서 31:34에 히브리어 본문은 "주께서 말씀하시길"이

포함되었는데 칠십인 역에는 없다.

9) Koester, *Hebrews*, 391-3; 이홍기 역주, 「히브리서」, 71 등을 참조하라.

10) 칠십인 역의 주요한 사본들에는 마소라 본문의 "계약을 맺다"라는 동사가 그대로 직역되어있으나, 히브리서에서는 "완성하다"는 의미가 있는 동사로 대체되었다. 이는 히브리서 저자가 칠십인 역의 다른 사본 전승을 따랐거나, 예레미야서 34:8, 15(41:8, 15, LXX) 등에 사용된 동사를 보고 자신의 필요에 적합하여 바꾸었을 가능성이 있다.

11) "양심"(συνείδησις)이라는 어휘는 신약에서 적잖게 나오는 중요한 어휘인데, 히브리서 이외에는 주로 바울의 글에 많이 나온다(롬 2:15; 9:1; 13:5; 고전 4:4; 8:7, 10, 12; 10:25-28; 고후 1:2; 4:2; 5:11; 딤전 1:5; 3:9; 4:2; 딤후 1:3; 딛 1:15; 행 23:1; 24:16; 벧전 2:14; 3:16, 21). 목회서신과 연관된 양심에 관한 논의는, I. H. Marshall, *The Pastoral Epistles*, ICC. (London: T&T Clark Ltd., 1999), 217-27을 참조하라. 그리고 양심에 관한 좀 오래 되었지만 아주 유익한 책인, 오. 헬레스비, 「양심」, 이현주 역 (서울: 대한기독교출판사, 1982)을 보라.

12) 히브리서에서 유명한 "불가능한"(ἀδύνατον) 것 네 가지가 나오는데(히 6:4, 18; 10:4; 11:6), 이곳이 그 세 번째이다.

13) 시편 40:6하의 인용인 히브리서 10:5에는 "귀"(אָזְנַיִם, MT=LXX, ὠτία) 대신 "몸"(σῶμα)이 선택되었다. 원래는 히브리서에서 "몸"이라고 먼저 쓰고 후에 역으로 칠십인 역에 전이되었다고 볼 수 있으나, 사본적 증거는 그렇게 보이지는 않는다. 칠십인 역의 더 믿을 만한 전승(א A B)은 "몸(σῶμα)"으로 되어있기 때문이다. 귀는 전체인 몸을 대표하는 부분이라고 보아, 칠십인 역의 일부 사본과 히브리어 본문은 제유법(提喩法, synecdoche)을 사용하였다고 볼 수도 있다. 이는 일면에서 하나님의 명령의 목소리에 민감하고 들어야 하기 때문에, 여호와의 종의 전체 몸을 대표하는 귀를 강조했다고 볼 수도 있다.

14) 히브리서 10:7과 시편 40편의 칠십인 역에 나오는 "ἐν κεφαλίδι βιβλίου"라는 어구를 개역성경에서는 "두루마리 책"이라 번역하였다. 원래 κεφαλίς의 뜻은 "머리"이어서 이 어구는 정확하게 "책머리에"가 되기 때문에, 구약의 어떤 특정한 부분이 될 것이다. 그러나 에스겔서 2:9; 3:1-3나 시편 39:8(LXX)에서처럼 두루마리를 감는 막대기의 머리를 칠십인 역에서는 아예 "두루마리" 자체로 보았을 수도 있다.

15) 시편 40편은 다윗 왕이 하나님께 드린 왕의 기도인데, 과거의 하나님의 구원 행위에 대한 개인적인 감사(1-10절)와 또 다시 자신과 나라를 위협하는 위기로부터

의 구원을 호소하는 개인적인 애가(11-17절)로 구성된다. 좀 더 자세한 내용은, Peter Craigie, *Psalms 1-50*, WBC (Waco: Word Books, 1987), 410-7; Hans-Joachim Kraus, *Psalms 1-59* (Minneapolis : Fotress Press, 1988), 423-4; 바이저, 「시편(I)」, 445-59 등을 참조하라.

16) 이 5절 도입부의 언급은 뒤에 나오는 7절이나 10절의 언급과 합하여 본다면, 물론 성육신만이 아니라 하나님의 뜻에 대한 그리스도의 특정한 순종의 순간 즉, 결정적으로 자신의 몸을 드린 때를 언급한다고 볼 수 있다: Attridge, *Hebrews*, 273.

17) 이 "단번에"(ἐφάπαξ)라는 용어는(히 7:27; 9:12; 10:10) 동일한 뜻이 있는 "ἅπαξ"와(히 6:4; 9:7, 26-28; 10:2; 12:26-27) 함께 신약성경에서 히브리서에 가장 많이 나오는 어휘인데, 주로 예수님의 자신을 드린 희생제사의 최종성을 강조하는 의미로 사용되었다.

18) 히브리서 저자는 여기서 주동사의 행동과 동시에 일어나고 있는 일을 묘사하는 동사의 현재분사형(προσφέρων)과 현재완료형(ἕστηκεν)을 사용하고 있다.

19) "영원한" 혹은 "영원히"의 의미로 사용된 헬라어 부사구 "εἰς τὸ διηνεκές"는 신약에서 히브리서에만 네 번(히 7:3; 10:1, 12, 14) 나오는 독특한 표현이다.

20) 여기서는 주동사의 행동 이전에 일어난 일을 묘사하는 동사의 과거분사형(προσενέγκας)과 부정과거형(ἐκάθισεν)이 사용되었다.

21) 이하의 논의는 Attridge, *Hebrews*, 281을 참조바람.

22) 19-20절, 특히 휘장과 육체에 관련된 논의는, Koester, *Hebrews*, 442-4; Lane, *Hebrews 9-13*, 282-5; Attridge, *Hebrews*, 285-7 등을 참조바람.

23) 여기서 사용된 새롭다는 헬라어 어휘는 신약에서 여기에서만 사용되었고 부사(προσφάτως)로는 사도행전 18:2("새로")에서 사용되었다. 히브리서에서는 하나님의 말씀(히 4:12)도 그리스도(히 7:25)도 하나님(히 10:31)도 살아계신 것처럼 하나님의 임재에 들어가는 길도 "살 길"(ζῶσαν ὁδὸν)이다. 그리스도는 산 돌이시고(벧전 2:4), 생수시며(요 4:10) 살아있는 떡이신(요 6:51) 것처럼, 하나님께로 가는 "살 길"도 되신다(비교. 요 14:6).

24) 하지만 히브리서 2:14이나 5:7 같은 곳에서는 이 "육체"(σάρξ)라는 어휘가 성육신을 전제로 한 고난이나 죽음을 의미하기도 하였기 때문에, 히브리서에서는 이 어휘가 두 가지 의미로 사용되었다고 보아야 한다.

25) "휘장"(καταπετάσμα)은 앞에서도 히브리서 6:19와 9:3에서 각각 하늘의 성소, 지상의 성소와 지성소로 들어가는 커튼의 의미로 사용되었다.

26) "곧"(τοῦτ' ἔστιν)이라는 표현은 히브리서 저자가 즐겨 사용하는 어구이기 때문에 (히 2:14; 7:5; 9:11; 10:20; 11:16; 13:15), 이 부분을 후대에 첨가된 이문으로 보기는 어렵다. 그래서 20절의 번역은 "그것은 우리를 위하여 휘장 가운데로 열어 놓으신 새롭고 산 길인데, 곧 그의 육체로 된 것이라"정도가 되어야 하고, 이때 "그의 육체로"는 장소적인 의미보다는 도구적인 의미로 보아야 한다.

27) 여기서 "움직이지 말며"(ἀκλινῆ)라는 부사는 신약에 한번밖에 나오지 않는 어휘이나 히브리서 3:6, 11; 6:19에 나오는 "굳게" 혹은 "견고히" 혹은 "튼튼히"(βέβαιος)와 비슷한 말로 보는 것이 좋다.

28) 이 "격려"(παροξυσμός)라는 어휘는 개역성경에서 사도행전 15:39에서는 "다툼"으로, 동사형(παροξύνομαι)은 사도행전 17:16과 고린도전서 13:5에서 각각 "격분하다" 혹은 "성내다"로 번역되었다.

29) 개역성경에서 "폐하다"라고 번역된 헬라어 동사, ἐγκαταλείπω는 이곳 말고는 신약에서 마태복음 27:46; 디모데후서 4:10, 16; 고린도후서 4:9; 히브리서 13:5 등에서 사용되었는데, 개역성경에서는 모두 "버리다"로 번역되었는데 더 정확하게는 모두 "부당하게 유기하다"라는 뜻이다.

제 6 장

# 제 5 강해(히 10:26-11:40): "의인은 믿음으로 살리라"

설교의 서론: 히 1:1-2:4(구약의 일곱 말씀의 연쇄인용을 통하여)
제 1 강해: 히 2:5-18(시 8:4-6에 대하여-시 22:22; 사 8:17-18과 함께)
제 2 강해: 히 3:1-4:16(시 95:7-11에 대하여-창 2:2와 함께)
제 3 강해: 히 5:1-7:28(시 110:4에 대하여-창 14:17-20과 함께)
제 4 강해: 히 8:1-10:25(렘 31:31-34에 대하여-시 40:6-8과 함께)
**제 5 강해: 히 10:26-11:40(합 2:3하-4에 대하여)**
제 6 강해: 히 12:1-13(잠 3:11-12에 대하여)
제 7 강해: 히 12:14-29(출 19:12-13을 중심으로 시내 산과 시온 산에 대하여)
설교의 결론: 히 13:1-23(구약의 두 말씀 인용과 암시들을 통하여)

서론(히 1:1-2:4)과 결론(히브리서 13장) 사이에 모두 일곱 개의 작은 성경 강해로 이루어진 히브리서 설교는 이제 가장 길었던 회심(會心)의 절정(제 4 강해, 히 8:1-10:25)을 막 지나왔다. 히브리서 저자는 이 기세를 몰아 그 절정의 끈을 놓지 않고 청중의 신앙을 다시금 강화하기 위하여 경고와 권면 그리고 이전 시대의 위대한 영웅들을 열거하는 그의 다섯 번째 강해를 시작한다.

우리가 히브리서를 본문으로 듣는 설교 중에서 아주 많은 경우가 히브리서 11장을 설교본문으로 두고 있다. 히브리서 11장은 구약 시대의 신앙의 영웅들이 믿음으로 살았던 예들을 아주 감동적으로 열거한 것이다. 그리고 이 11장은 히브리서 저자의 큰 설교 속에 자리 잡고 있는 하나의 작은 설교(제 5 강해)의 인용 본문(히 10:38)인 하박국서의 구절("나의 의인은 믿음으로 말미암아 살리라 또한 뒤로 물러가면 내 마음이 그를 기뻐하지 아니하리라")을 강해하기 위한 예화목록과 권면자료로 사용되고 있다. 예화가 없으면 지루하고 건조한 설교가 되겠지만, 엄밀하게 말한다면 히브리서 11장은 히브리서 전체 설교 전개에서는 없어도 되는 예화의 위치에 있기 때문에, 히브리서 10장에서 바로 12장으로 건너뛰어도 히브리서 설교의 논리전개에는 영향을 미치지 않는다. 그러므로 우리는 히브리서 11장의 믿음의 영웅들에 대하여 설교하거나 알기 원한다면 구약성경이나 그 해당 본문을 직접 찾아가서 그것들로부터 직접적으로 교훈을 발견해야 하고 히브리서 11장은 참고본문으로 해야 옳은 일이며, 히브리서에서는 예화목록인 11장보다 더 중요하고 본래적인 가르침을 찾아 그것들을 설교해야 할 것이다.

## I. 구조 분석

히브리서에서 제5 강해를 형성하는 히브리서 10:26-11:40은 비교적 길다. 그래서 다음과 같이 중첩구조로 되어 있다는 주장이 있다.[1)]

*** 히브리서 10:26-11:40의 중첩구조**

| | | |
|---|---|---|
| **예증** | 히 10:26-33 | 히 10:36-11:38(예증: 서론, 성경, 강해 논증) |
| **결론** | 히 10:34 | 히 11:39 |
| **권면** | 히 10:35 | 히 11:40 |

하지만 이 문단을 크게 하나로 단순하게 볼 수도 있다. 즉, 히브리

서 10:26부터 경고로 시작하여 10장 말미에서 다시금 권면과 함께 강해할 구절을 인용하고, 히브리서 11장에서 긴 목록의 예증을 통하여 강해와 권면을 한 다음 마무리한다. 이렇게 되면, 히브리서의 제5 강해의 구조는 경고적 서론(히 10:26-31), 권면과 성경인용(히 10:32-39), 예증을 통해 인용된 성경에 대해 강해하기(히 11:1-38), 요약과 결론(히 11:39-40)으로 볼 수 있다. 그래서 본서에서는 위에서 언급한 대로 중첩구조로 이루어졌다고도 볼 수 있는 히브리서 설교의 다섯 번째 강해를 다음과 같이 크게 네 부분으로 구분하였다.

1. 경고적인 서론: 배도의 죄와 심판의 실제성(히 10:26-31)
2. 소망을 새롭게 하라는 권면과 강해할 성경인용(히 10:32-39)
3. 예증을 통한 성경 강해(히 11:1-38)
4. 요약적인 결론(히 11:39-40)

이러한 구조에서 예증을 통한 성경 강해와 권면자료 및 요약적 결론의 역할을 하는 히브리서 11장은 단독으로도 짜임새 있고 주의 깊게 구성되어 한 단위를 이룬다. 히브리서 11:1-2(πίστις, ἐμαρτυρήθησαν)와 11:39-40(μαρτυρηθέντες διὰ τῆς πίστεως)에는 히브리서 10장 말미에 인용한 하박국서의 "믿음"(πίστις) 주제가 묶음쇄로 등장한다. 히브리서 11장과 같은 자료의 예로는 시편 78편; 지혜서 10장; 집회서(벤시락) 44-50장; 마카비 상 2:51-64; 사도행전 7장; 클레멘트 1서 10-12, 17장 등이 있다. 히브리서 저자가 이 중에서 어떤 자료를 활용하였는지, 혹은 그 자료의 일부 혹은 전부를 사용하였는지, 혹은 자신이 작문을 하였는지는 알 수가 없다. 이 자료들 중에서 시기적으로 클레멘트 1서는 오히려 히브리서를 참조하였을 가능성이 높다.

# II. 본문 해설

## 1. 경고적인 서론: 배도의 죄와 심판의 실제성(히 10:26-31)

> 10:26 우리가 진리를 아는 지식을 받은 후 짐짓 죄를 범한즉 다시 속죄하는 제사가 없고 27 오직 무서운 마음으로 심판을 기다리는 것과 대적하는 자를 태울 맹렬한 불만 있으리라 28 모세의 법을 폐한 자도 두세 증인으로 말미암아 불쌍히 여김을 받지 못하고 죽었거든 29 하물며 하나님의 아들을 짓밟고 자기를 거룩하게 한 언약의 피를 부정한 것으로 여기고 은혜의 성령을 욕되게 하는 자가 당연히 받을 형벌은 얼마나 더 무겁겠느냐 너희는 생각하라 30 원수 갚는 것이 내게 있으니 내가 갚으리라 하시고 또 다시 주께서 그의 백성을 심판하리라 말씀하신 것을 우리가 아노니 31 살아 계신 하나님의 손에 빠져 들어가는 것이 무서울진저.

바로 앞 문단의 맨 끝에 나오는 "다가오고 그 날"(ἐγγίζουσαν τὴν ἡμέραν, 히 10:25)에 대한 언급이 자연스럽게 미래의 심판에 대한 주제로 이끈다. 이제 이 문단은 충성스럽게 되어 배도를 피할 수 있도록 청중을 경고하고 더 격려하면서 새로운 강해의 도입부로 들어가게 하는 역할을 한다. 본 문단의 핵심적인 내용은 앞에서 나온 유명한 경고구절인 히브리서 6:4-8(비교. 히 3:12)과 흡사하다. 하지만 여기에서는 히브리서 6:4-8보다 좀 더 일반적인 용어로 이루어져 있다. 그리스도인의 어떤 죄들에 대해서는 새롭게 드려지는 제사가 없고(26절) 오직 심판과 형벌만이 있다(27절). 이러한 경고는 히브리서 설교의 서론의 결론이었던 히브리서 2:1-4를 생각나게 하는 더 강한 논의에 의하여 더욱 강화된다(28-29절). 이어서 히브리서 저자는 하나님의 심판에 대한 구약의 두 말씀(이사야서 26:11과 신명기 32:35)을 인용하고(30절) 마무리 코멘트를 한다(31절).

26절상, "우리가 진리를 아는 지식을 받은 후 짐짓 죄를 범한즉"(Ἑκουσίως γὰρ ἁμαρτανόντων ἡμῶν μετὰ τὸ λαβεῖν τὴν ἐπίγνωσιν τῆς ἀληθείας)에서 원문의 첫 단어인 "짐짓"(ἑκουσίως)이라는 헬라어 부사는 자원하여 의도적으로 어떤 행위를 한다는 의미이다.2) 그러므로 "짐짓 죄를 범하다"(Ἑκουσίως ἁμαρτανόντων)라는 것은 보통의 죄를 언급하는 것이 아니며, 극도로 중대하고 마지막으로 저지를 수 있는 죄, 즉 그리스도를 지속적으로 부인하는 배도의 죄(apostasy)를 의미한다.3) 이 어휘가 26절의 처음에 나옴으로써 자발적이며 고의적인 죄에 대하여 강조하기 위하여 사용되었다고 볼 수 있지만, 히브리서 저자는 "우리가"(ἡμῶν)라고 자신을 포함함으로써 경고의 혹독함을 조절하고 있다. 이와 같은 고의적이고 지속적인 죄는 "진리를 아는 지식을 받은 후"(μετὰ τὸ λαβεῖν τὴν ἐπίγνωσιν τῆς ἀληθείας), 즉 분명한 회심 이후에 일어난 죄이기 때문에, 이제는 "다시 속죄하는 제사가 남아 있지 않고"(οὐκέτι περὶ ἁμαρτιῶν ἀπολείπεται θυσία) 그 이후에 오는 것은 오직 하나님의 "심판"(κρίσεως)과 대적하는 자를 태우는 "맹렬한 불"(πυρὸς ζῆλος)과 "형벌"(τιμωρίας)뿐이다(27, 29절).

이처럼 심판과 형벌을 받을 수밖에 없는 고의적이며 지속적인 죄에 대하여 저자는 의문문 형식으로 29절에서 자세하게 묘사하고 있는데, 그것은 "하나님의 아들을 짓밟고"(ὁ τὸν υἱὸν τοῦ θεοῦ καταπατήσας)(신앙고백과는 정반대의 행위, 비교. 히 4:14; 10:23), "자기를 거룩하게 한 언약의 피를 부정한 것으로 여기고"(καὶ τὸ αἷμα τῆς διαθήκης κοινὸν ἡγησάμενος ἐν ᾧ ἡγιάσθη)(비교. 히 9:12, 14; 10:19; 참고. 마 26:28과 평행구절; 고전 11:25),[4] "은혜의 성령을 욕되게 하는 자"(καὶ τὸ πνεῦμα τῆς χάριτος ἐνυβρίσας)(비교. 히 9:14; 막 3:29; 눅 12:10)의 죄이다(29절). 구약성경에서도 의도적인 죄와 실수로 부지중에 지은 죄에 대한 구별이 있는데(레 4:1-5:13; 민 15:22-31), 부지중에 지은 죄에 대한 제사는 있지만(민 15:22-28) 고의적인 죄를 지은 자들은 이스라엘 회중에서 끊어졌다(민 15:30-31).

28-29절에서 저자는 자신의 논지를 강하게 주장하기 위하여 히브리서 2:1-3에서 사용하였던 논의방법을 사용하고 있다. 즉 모세 시대에도 사실이었던 것이(레 24:14-16; 신 17:2-7; 19:15-21) 그리스도의 성취의 시대에는 더욱 그러하지 않겠느냐는 것이다. 30절에서 저자는 "말씀하신 분을 우리가 안다"(οἴδαμεν γὰρ τὸν εἰπόντα)라는 도입부와 중간에 "그리고 다시"(καὶ πάλιν)라는 어구를 두고, 하나님의 심판을 언급한 신명기 32:35("원수 갚는 것이 내게 있으니, 내가 갚으리라": ἐμοὶ ἐκδίκησις, ἐγὼ ἀνταποδώσω)과 32:36("주께서 그의 백성을 심판하시리라": κρινεῖ κύριος τὸν λαὸν αὐτοῦ)을 연쇄적으로 자유롭게[5] 인용함으로써 하나님이 제공하신 구원을 무시한 이들에게 내리는 하나님의 존재와 그분이 말씀하신 심판의 실제성을 강조한다. 31절은 인용구를 포함하여 전체 문단에 대한 마무리 언급이다. 감탄문 형식을 취한 이 구절의 요지는 이러한 하나님의 심판, 즉 "살아계신 하나님의 손에 빠져 들어가는 일"(τὸ ἐμπεσεῖν εἰς χεῖρας θεοῦ ζῶντος)[6]의 "두려움"(φοβερόν)[7]에 대한 진술이다.

## 2. 소망을 새롭게 하라는 권면과 강해할 성경인용(히 10:32-39)

> 10:32 전날에 너희가 빛을 받은 후에 고난의 큰 싸움을 견디어 낸 것을
> 생각하라 33 혹은 비방과 환난으로써 사람에게 구경거리가 되고 혹은
> 이런 형편에 있는 자들과 사귀는 자가 되었으니 34 너희가 갇힌 자를
> 동정하고 너희 소유를 빼앗기는 것도 기쁘게 당한 것은 더 낫고 영구한
> 소유가 있는 줄 앎이라 35 그러므로 너희 담대함을 버리지 말라 이것이
> 큰 상을 얻게 하느니라 36 너희에게 인내가 필요함은 너희가 하나님의
> 뜻을 행한 후에 약속하신 것을 받기 위함이라 37 잠시 잠깐 후면 오실
> 이가 오시리니 지체하지 아니하시리라 38 나의 의인은 믿음으로 말미암
> 아 살리라 또한 뒤로 물러가면 내 마음이 그를 기뻐하지 아니하리라 하
> 셨느니라 39 우리는 뒤로 물러가 멸망할 자가 아니요 오직 영혼을 구원
> 함에 이르는 믿음을 가진 자니라.

히브리서 10:32-39는 심한 경고(히 10:26-31) 뒤에 긍정적으로 주어지는 위로의 메시지라는 점에서 심한 경고(히 6:4-8) 뒤에 주어진 격려의 메시지인 히브리서 6:9-12와 흡사한 면이 있다. 히브리서 저자는 다시금 권면을 시작하되, 이제는 그 권면의 근거를 과거 아주 어려운 시련의 시기에 독자들이 승리한 성공의 경험에 두고 있다. 이 문단은 우리가 히브리서 설교를 듣고 있는 청중들이 처한 상황에 관한 정보를 얻을 수 있는 가장 명시적인 문단이다. 청중들은 과거에 상당한 핍박을 받았고 그것을 성공적으로 이겨냈다. 이제 그들은 다시금 그리스도에 대한 신앙까지도 져버릴 시험을 받고 있는 시련에 봉착해 있다(히 2:1-3; 3:12-14; 4:1, 11; 6:4-6; 12:3-11; 13:13). 이 권면에서 저자는 과거에 그들이 충성스러웠던 것을 상기시킨다. 그들은 현재의 압력에 굴복하여 과거의 승리를 내던져 버려서는 안 된다. 그들

이 과거에 참아냈다면, 현재나 미래에도 참아낼 수 있는 것이다. 과거의 경험은 현재 충성스러워야 하는 것에 동기부여가 된다. 여전히 신실하신 하나님은 필요한 힘을 공급해 주실 것이기 때문이다. 이러한 과거회상과 권면 이후에 저자는 이 문단에서 앞으로 강해할 화두("믿음"–πίστις)인 그 유명한 구절(합 2:3하–4)을 인용한다.

32절에서 저자는 청중들에게 신앙을 가진 후에 그들이 싸웠던 믿음의 싸움을 생각해 보라고 회상한다. 33절에서는 그들이 견뎌냈던 수치들을 상기시킨다. 34절에서는 청중들이 투옥된 이들을 기쁘게 돌보느라 물질적 피해를 당했던 것도 상기해 보라고 한다. 그러므로 35–36절에서 히브리서 저자는 자신의 청중들이 과거에 그러하였듯이 이제도 "담대함"(παρρησία)과 "인내"(ὑπομονή)를 가질 필요가 있다고 역설한다. 이를 뒷받침하기 위하여 그 유명한 하박국서를 인용하고(37–38절) 그 인용구의 핵심주제인 믿음을 독자(청자)들과 연관하여 설명하면서 마무리한다(39절).

37–38절은 하박국서 2:3하–4의 인용이다.[8] 일반적으로 히브리서 저자는 칠십인 역을 인용하는데, 이 경우에는 인용된 본문 하박국서가 마소라 본문(MT), 칠십인 역(LXX), 그리고 히브리서 본문이 각각 서로 다르다.

| 마소라 본문(MT) | 칠십인역 본문(LXX) | 히브리서 본문 |
|---|---|---|
| (묵시는) 이르겠고 | 오는 이 | 오실 이 |
| 그것은 올 것이다 | 그는 올 것이다 | 그는 올 것이다 |
| 지체하지 않는다. | 지체하지 않는다. | 지체하지 않는다. |
| | | 그러나 나의 의인은 |
| | | 믿음으로 살리라. |
| <보라 교만한 자 | <그가 뒤로 물러가면 | <그리고 그가 뒤로 물러가면 |
| 그의 마음은 그 안에서 | 나의 마음이 그를 | 나의 마음이 그를 |
| 정직하지 못하다.> | 기뻐하지 아니 하리라.> | 기뻐하지 아니 하리라.> |
| 그러나 의인은 | 그러나 의인은 | |
| 그의 믿음으로 살리라. | 나의 믿음으로 살리라. | |

위의 표에서 세 본문의 두드러진 차이점들만을 살펴보면, 우선 마소라 본문은 "그것이(묵시가)" 올 것이라고 하고, 칠십인 역과 히브리서 본문은 "오(시)는 (그)이가" 올 것이라고 되어 있다(칠십인 역에는 관사 없이 ἐρχόμενος로, 히브리서 본문은 관사를 붙인 ὁ ἐρχόμενος로 되어 있음). 결과적으로 묵시가 주어로 되어 있던 하박국서의 본문을 히브리서 저자는 "오실 이"(ὁ ἐρχόμενος) 즉 "그리스도"로 바꾸어 기독론적인 관점을 제시하고 있다.[9] 그리고 또 다른 차이는 마소라 본문은 "보라 교만한 자 그의 마음은 그 안에서 정직하지 못하다"라는 부분이 칠십인 역과 히브리서 본문에서는 "그가 뒤로 물러가면 나의 마음이 그를 기뻐하지 아니 하리라"라고 되어 있다.

하지만 가장 중요한 차이점은 믿음 주제가 소개되는 구절에서 나타난다. 마소라 본문에는 "그러나 의인은 그의 믿음으로 살리라"인데, 칠십인 역은 "그러나 의인은 나의 믿음으로 살리라"(ὁ δὲ δίκαιος ἐκ πίστεώς μου ζήσεται)이며, 히브리서 본문은 "그러나 나의 의인은 믿음으로 살리라"(ὁ δὲ <u>δίκαιός μου</u> ἐκ πίστεως ζήσεται)로 각각 되어 있어서 소유대명사의 종류와 위치들이 바뀌어 있다. 이뿐만 아니라 하박국서 2:4의 앞 문장과 뒷문장이 칠십인 역과 히브리서 본문에서는 바뀌어 있다. 여기서도 히브리서 저자는 "뒤로 물러가는 이"가 "오시는 그분"(ὁ ἐρχόμενος), 즉 그리스도가 아니라 "의인"(ὁ δίκαιος), 즉 경고를 받고 있는 신자들임을 분명히 하기 위하여 어순을 바꾸었다고 볼 수 있다.

하박국서는 구약에서 아주 작은 책이지만 신약의 중요한 책들인 바울의 로마서와 갈라디아서, 그리고 히브리서의 중요한 지점에서 인용되었다. 히브리서 저자가 하박국서 2:4를 사용하는 것은 바울이 이 구절을 사용한 것과 어느 정도는 구별되나 그 차이를 너무 과장해서는 안 된다. 바울은 이 구절을 갈라디아서 3:11과 로마서 1:17에서 인용하는데, 두 군데에서 모두 문제가 되는 소유 대명사를 생략하였다. 또한 바울은 두 군데에서 모두 자신의 신학적 그리고 변증적인 맥락에 맞게 믿음을 강조하는 데 이 구절을 사용한다. 로마서에서는 서신서 전체의 주제구절(롬 1:16-17)에서 인용되어 유대인이나 이방인이나 동일하게 믿음으로 구원받아 생명을 얻고 살리라는 복음의 핵심을 제시하는 구절로 사용되었다. 갈라디아서에서는 창세기 15:6을 강해하는 과정에서 율법의 행위가 아니라 믿음으로 유대인이나 이방인이나 평등하게 성령 받고 의롭게 된다는 논의에서 하박국서가 인용되었다(갈 3:1-14).

여기서 히브리서 저자는 이 동일한 구절을 인용하여 하박국서의 정황을 살려서 믿음은 어떤 상황 속에서도 하나님에 대한 신뢰와 충성을 지속적으로 유지하면서 약속하신 것을 받을 때까지 인내하는 것임을 강조한다(히 6:12; 10:36). 이 사상이 문단의 마지막 구절이며 인용 본문을 요약해주는 39절에서도 진술된다. 여기서 그는 독자들과 자신이 동일시되어 인용하였던 구절을 믿는 자들에게 적용하여 "우리는 뒤로 물러가 멸망할 자가 아니요 오직 영혼을 구원함에 이르는 믿음을 가진 자들"(ἡμεῖς δὲ οὐκ ἐσμὲν ὑποστολῆς εἰς ἀπώλειαν ἀλλὰ πίστεως εἰς περιποίησιν ψυχῆς)이라고 선언한다.10) 이 구절에서 저자는 앞으로 히브리서 11장에서 이루어질 긴 예증적 강해를 위한 핵심 단어 "믿음"(πίστις)을 다시 한 번 언급하여 독자들을 격려하면서 숨을 고른다.

## 3. 예증을 통한 성경 강해: 믿음(히 11:1-38)

히브리서 10장의 마지막 두 구절(히 10:38-39)에 나오는 믿음에 대한 언급은 자연스럽게 이 유명한 믿음 장인 히브리서 11장으로 이끌어준다. 본 장에서 저자의 목적은 그의 청중들이 이러한 믿음의 영웅들을 예증으로 제시하여 본받으라고 격려함으로써 그가 앞장에서(히 10:37-38) 제시한 하박국서 2:4를 강해하려는 것이다. 이 믿음의 영웅들은 자신들이 하나님에 대하여 알고 있는 바에 근거하여 용기를 가지고 보지 못하고 알지 못한 곳으로 나아갔고, 이것에 의하여 그들의 삶이 지배를 받았다. 영웅들의 목록은 어려움을 겪고 있는 히브리서 설교의 청중들에게 힘과 용기를 주고 있다. 저자에 따르면 효과적인 그리스도인 체험의 문을 여는 열쇠는 믿음의 실재성과 동기를 부여하는 능력에 있다.

이 유명한 히브리서 11장은 "믿음의 찬가"임에는 틀림이 없다. 고린도전서 13장이 사랑 장이요 고린도전서 15장이 부활(소망) 장이라면 히브리서 11장은 믿음 장이다. 히브리서 설교에서는 히브리서 11장이 제5 강해의 중요한 예증 목록으로 일종의 성경강해의 기능을 하고 있다. 히브리서 11장의 제목을 "믿음 안에서 인내함의 승리"라고 명명한 William Lane은 11장의 개요를 1) 홍수이전 시대(11:1-7); 2) 족장 시대(11:8-22); 3) 모세 시대(11:23-31); 4) 그 이후 시대(11:32-40)로 시대별로 구분하고 있다.[11] 이러한 구분들이 주석 학자들 간에 대동소이하지만, 여기서는 처음과 끝에 서론(1-3절)과 결론(39-40절)을 두고 중간 부분(4-38절)은 믿음의 영웅들을 부각시키는 의미에서 다음과 같이 인물 중심으로 분류하였다.

### 1) 서론: 믿음의 본질과 중요성(히 11:1-3)

> 11:1 믿음은 바라는 것들의 실상이요 보이지 않는 것들의 증거니 2 선진들이 이로써 증거를 얻었느니라 3 믿음으로 모든 세계가 하나님의 말씀으로 지어진 줄을 우리가 아나니 보이는 것은 나타난 것으로 말미암아 된 것이 아니니라.

히브리서 11:1-2는 믿음에 대한 정의(definition) 구절로 유명하다. 1-3절을 원문과 함께 나열하여 문자적으로 번역하면 다음과 같다:

11:1 Ἔστιν δὲ πίστις ἐλπιζομένων ὑπόστασις, πραγμάτων ἔλεγχος οὐ βλεπομένων.
11:1 그런데 믿음은 바라는 것들의 본질(실상)이며, 보지 못하는 것들의 물증이다.
2 ἐν ταύτῃ γὰρ ἐμαρτυρήθησαν οἱ πρεσβύτεροι.
2 이로써 선조들이 검증을 받았기 때문이다.
3 Πίστει νοοῦμεν κατηρτίσθαι τοὺς αἰῶνας ῥήματι θεοῦ,
3 믿음으로 우리는 세상이 하나님의 말씀으로 완성되었음과,

εἰς τὸ μὴ ἐκ φαινομένων τὸ βλεπόμενον γεγονέναι.
보이는 것은 나타난 것들로부터 된 것이 아님을 안다.

이 "믿음"(πίστις)은 히브리서에서 명사형으로 32번 동사형으로는 두 번 나오는데, 하나님 혹은 약속의 말씀에 대한 신뢰(히 4:2-3; 6:1; 10:22-23; 11:6-8, 11, 19-22, 26)뿐만 아니라 충성(히 3:2, 5; 10:23; 11:23, 27)을 의미하는 어휘이다. 이 πίστις는 1절의 열쇠가 되는 두 단어, "실상"(ὑπόστασις)[12]과 "증거"(ἔλεγχος)[13]와 연결되어 주관적으로 혹은 객관적으로 해석이 가능하나, 히브리서 11장 전체에 걸쳐서 사람의 주관적인 확신보다는 믿음을 어떻게 표현하는가에 대한 객관적인 방법에 초점을 맞추고 있기 때문에 객관적으로 해석하는 것이 좋다. 물론 여기서 객관적인 해석은 주관적인 확신의 실재성을 전제로 하고 있는 것이다(비교. 고후 4:18; 5:7). "바라는 것들"(ἐλπιζομένων)과 "보이지 않는 것들" 혹은 "볼 수 없는 것들"(οὐ βλεπομένων)은 비슷한 말로 보아야 하는데, 이 "보이지 않는 것들"의 실재성이 히브리서 11장의 중심주제이다.[14]

2절의 "이로써 증거를 얻었느니라"(ἐν ταύτῃ γὰρ ἐμαρτυρήθησαν)는 39절("믿음으로 말미암아 증거를 받았으나": μαρτυρηθέντες διὰ τῆς πίστεως)에도 나옴으로써 묶음쇄 역할을 한다. "장로들"로 번역될 수 있는 "선진" 혹은 "선조들"(οἱ πρεσβύτεροι)은 물론 이스라엘의 조상들을 의미하는데(수 24:31; 삿 2:7), 이들이 "이로써 증거를 얻었느니라"는 것은 공개적으로 증인들에 의하여 믿음이 있다고 인정을 받았다는 의미이다. 그런데 여기서 사용된 수동태는 하나님이 행위자로 숨겨져 있는 신적 수동태(divine passive)로 보인다. 즉, 바로 다음 구절에서처럼(히 11:4-5, 그리고 39절) 하나님께서 직접 그들이 믿음이 있다고 "증언해 주셨다"는 말이다.

3절에서 저자는 창조된 질서의 원천을 언급하면서 그의 위대한 믿음의 영웅목록을 시작한다. 이것은 저자가 믿음 안에 있는 원리와 동일한 보이지 않는 실제가 구체적인 표현으로 나타나는 원리를 창조현상에서도 발견하였기 때문이다.

## 2) 아벨과 에녹과 노아의 믿음(11:4-7)

> 11:4 믿음으로 아벨은 가인보다 더 나은 제사를 하나님께 드림으로 의로운 자라 하시는 증거를 얻었으니 하나님이 그 예물에 대하여 증언하심이라 그가 죽었으나 그 믿음으로써 지금도 말하느니라 5 믿음으로 에녹은 죽음을 보지 않고 옮겨졌으니 하나님이 그를 옮기심으로 다시 보이지 아니하였느니라 그는 옮겨지기 전에 하나님을 기쁘시게 하는 자라 하는 증거를 받았느니라 6 믿음이 없이는 하나님을 기쁘시게 하지 못하나니 하나님께 나아가는 자는 반드시 그가 계신 것과 또한 그가 자기를 찾는 자들에게 상 주시는 이심을 믿어야 할지니라 7 믿음으로 노아는 아직 보이지 않는 일에 경고하심을 받아 경외함으로 방주를 준비하여 그 집을 구원하였으니 이로 말미암아 세상을 정죄하고 믿음을 따르는 의의 상속자가 되었느니라.

믿음의 영웅들에 대한 저자의 목록은 창세기 앞부분에 나오는 홍수 이전의 세 사람의 예로부터 시작한다. 이 예들이나 이어서 나오는 예들이나 모두 청중들과 동일한 믿음을 가지고 있었음을 보여준다(히 6:12). 이들에게나 히브리서 11장 전체에 공통적으로 나타나는 것은 이러한 믿음의 영웅들이 하나님의 보이지 않는 실체와 그의 목적에 의하여 동기부여가 된 이들이라는 사실이다. 그들의 믿음은 "순종하는 충성"으로 표현되고 있다.

4절에서 언급하는 아벨은 성경에 등장하는 최초의 순교자이다(창 4:3-16). 창세기 4:3-5에서 하나님께 제사를 드린 것을 보면 목자였던 아벨이 가축의 첫 새끼를 드린 것이나 농부였던 가인이 곡식의 첫 열매를 드린 것에는 아무런 문제가 없는 듯이 보인다. 그러나 창세기 4:7의 하나님의 말씀("네가 선을 행하면 어찌 낯을 들지 못하겠느냐 선을 행하지 아니하면 죄가 문에 엎드려 있느니라 죄가 너를 원하나 너는 죄를 다스릴지니라")을 통하여 보면 제사는 예배자의 마음의 믿음과 순종의 외적인 표현이기 때문에 제사의 물질적인 내용보다는 마음의 자세가 더 중요하다. 히브리서 저자는 바로 앞 2절에서 언급한 것을 상기시키면서 믿음으로 가인보다 더 나은 제사를 드리고 그 형제에게 죽임을 당한 아벨을 "믿음으로 의로운 자라 하는 증거를 얻었고, 하나님이 그 예물에 대하여 증언하심이라 그가 죽었으나 그 믿음으로써 지금도 말하느니라"(Πίστει ... δι' ἧς ἐμαρτυρήθη εἶναι δίκαιος, μαρτυροῦντος ἐπὶ τοῖς δώροις αὐτοῦ τοῦ θεοῦ, καὶ δι' αὐτῆς ἀποθανὼν ἔτι λαλεῖ)라고 말하고(비교. 마 23:35; 요일 3:12), 뒤에서는 그리스도의 피를 묘사할 때 "아벨의 피보다 더 나은 것을 말하는 뿌린 피니라"(αἵματι ῥαντισμοῦ κρεῖττον λαλοῦντι παρὰ τὸν Ἅβελ, 히 12:24)라고 그리스도의 피와 비교하는 영예를 주고 있다.

5절에 등장하는 에녹은 하나님을 기쁘시게 한 사람으로 믿음으로 죽음을 보지 않고 옮겨진 사람이며 그도 "하나님을 기쁘시게 하는 자라 하는 증거를 얻었다"(μεμαρτύρηται εὐαρεστηκέναι τῷ θεῷ, 비교. 창 5:18; 21-24). 이 에녹에 대하여는 신약성경 다른 곳에서는 유다서 14절에서 "아담의 칠대 손"으로 주님의 심판에 대하여 예언하는 사람으로 묘사되었다. 외경에서는 에녹이 집회서 44:16, 지혜서 4:10-15 등에서 후대를 위한 회개의 모범 혹은 요절한 의인 등으로 언급되었다. 이러한 에녹의 예는 히브리서 11:6의 권면의 기반이 된다. "믿음이 없이는 하나님을 기쁘시게 하지 못하나니 하나님께 나아가는 자는 반드시 그가 계신 것과 또한 그가 자기를 찾는 자들에게 상주시는 이심을 믿어야 할지니라"(χωρὶς δὲ πίστεως ἀδύνατον εὐαρεστῆσαι· πιστεῦσαι γὰρ δεῖ τὸν προσερχόμενον τῷ θεῷ ὅτι ἔστιν καὶ τοῖς ἐκζητοῦσιν αὐτὸν μισθαποδότης γίνεται)라는 자주 암송되는 말씀인 6절에는 신적(divine) δεῖ 구문과(비교. 히 2:1; 9:26)[15] 히브리서에서 단 네 번 나오는 "불가능한"(ἀδύνατον, 히 6:4, 18; 10:4; 11:6)이라는 형용사가 사용되어 강조되었다. 히브리서 저자는 이 구절에서 "믿음이 없이는"(χωρὶς πίστεως) 하나님을 기쁘시게 하는 것이 불가능하다고 주장하면서, 하나님께 "나아가는 이"(τὸν προσερχόμενον, 비교. 히 4:16, 7:25; 10:1, 22)는 누구나 그분의 계심과 동시에 그분은 "자기를 찾는 이들에게"(ἐκζητοῦσιν αὐτὸν) "상주시는 분임"(μισθαποδότης)을 믿어야만 한다는 당위성(신적 δεῖ)을 강변한다.

7절에 언급된 노아는 물로 처음 세상이 멸망되는 데서 자신과 가족을 구원한 믿음의 순종을 대표하는 사람이다(창 6:8-9:17). 노아는 아벨같이 의로웠고 에녹같이 하나님과 동행하였으며(창 6:9) 이들과 동일하게 보이지 않는 것을 믿고 순종해야만 했는데, 앞의 두 사람과는 다른 점이 노아는 자신의 동시대에 선례가 없는 일을 해야만 했다. 즉, 하나님의 인류에 대한 첫 번째 심판인 대홍수를 대비하여 "듣도 보도 못한"(περὶ τῶν μηδέπω βλεπομένων, 비교. 히 11:1) 방주를 짓는 일에 순종해야 했다. 신약성경에서 노아는 주님의 오실 때와 비교하여(마 24:37-39; 눅 17:26-27), 그리스도인의 침례의 의미를 설명할 때(벧전

3:20-21), 그리고 의의 전파자(δικαιοσύνης κήρυκα)로 묘사되었다(벧후 2:5, 비교, 히 11:7-"의의 상속자"=δικαιοσύνης κληρονόμος). 또한 외경에서는 지혜서 10:4와 집회서 44:17-18 등에서 노아가 탓할 것 없는 의인과 화해자 등으로 아주 높이 평가되고 있다. 무엇보다도 노아는 복음의 두 가지 거대한 용어인 "은혜"(χάρις)와 "의"(δικαιοσύνη)와 연관하여 구약성경의 첫 책에서 처음으로 언급되는 인물로(창 6:8-9; 비교. 히 11:7), 그의 믿음의 특징은 즉각적인 "순종"(ἐποίησεν Νωε πάντα ὅσα ἐνετείλατο αὐτῷ κύριος ὁ θεός)이었다(창 6:22).

### 3) 아브라함의 믿음(히 11:8-19)

11:8 믿음으로 아브라함은 부르심을 받았을 때에 순종하여 장래의 유업
으로 받을 땅에 나아갈새 갈 바를 알지 못하고 나아갔으며 9 믿음으로
그가 이방의 땅에 있는 것 같이 약속의 땅에 거류하여 동일한 약속을 유
업으로 함께 받은 이삭 및 야곱과 더불어 장막에 거하였으니 10 이는
그가 하나님이 계획하시고 지으실 터가 있는 성을 바랐음이라 11 믿음
으로 사라 자신도 나이가 많아 단산하였으나 잉태할 수 있는힘을 얻었으
니 이는 약속하신 이를 미쁘신 줄 알았음이라 12 이러므로 죽은 자와
같은 한 사람으로 말미암아 하늘의 허다한 별과 또 해변의 무수한 모래
와 같이 많은 후손이 생육하였느니라 13 이 사람들은 다 믿음을 따라
죽었으며 약속을 받지 못하였으되 그것들을 멀리서 보고 환영하며 또 땅
에서는 외국인과 나그네임을 증언하였으니 14 그들이 이같이 말하는 것
은 자기들이 본향 찾는 자임을 나타냄이라 15 그들이 나온바 본향을 생
각하였더라면 돌아갈 기회가 있었으려니와 16 그들이 이제는 더 나은
본향을 사모하니 곧 하늘에 있는 것이라 이러므로 하나님이 그들의 하나
님이라 일컬음 받으심을 부끄러워하지 아니하시고 그들을 위하여 한 성
을 예비하셨느니라 17 아브라함은 시험을 받을 때에 믿음으로 이삭을

드렸으니 그는 약속들을 받은 자로되 그 외아들을 드렸느니라 18 그에게 이미 말씀하시기를 네 자손이라 칭할 자는 이삭으로 말미암으리라 하셨으니 19 그가 하나님이 능히 이삭을 죽은 자 가운데서 다시 살리실 줄로 생각한지라 비유컨대 그를 죽은 자 가운데서 도로 받은 것이니라.

아브라함은 구약성경에서 가장 뛰어난 믿음의 사람이다(창 11:26-25:11). 창세기 15:6에는 "아브람이 여호와를 믿으니 여호와께서 이를 그의 의로 여기시고"(ἐπίστευσεν Αβραμ τῷ θεῷ καὶ ἐλογίσθη αὐτῷ εἰς δικαιοσύνην)라고 하였다. 바울은 이 어구를 중심으로 로마서 4장 전체를 할애하여 믿음을 설명할 때, 아브라함은 "모든 믿는 자들의 아버지(조상)"(πατέρα πάντων τῶν πιστευόντων)(롬 4:11)라고 말하였고, 또한 "그러므로 믿음으로 말미암은 자는 믿음이 있는 아브라함과 함께 복을 받느니라"(갈 3:9)라고 주장하였다. 아브라함에 대한 칭송은 집회서 44:19-21에서도 나오며 순교자 스데반은 자신의 변증 설교를 아브라함부터 시작한다(행 7:2-5). 히브리서 저자도 아브라함 이야기에 히브리서 11장의 전형적인 어구 "믿음으로"(Πίστει)를 가장 많이 사용하고 또한 가장 많은 지면을 할애하고 있는데, 히브리서 11:8-19는 아브라함을 예로 들어 믿음을 설명한 로마서 4장이나 갈라디아서 3장 혹은 4:21-31과 견줄 수 있는 부분이다.

히브리서의 이 문단은 아브라함의 일생에서 중요한 세 가지 이야기를 따라서 세 부분으로 나눌 수 있다: 1) 거룩한 땅으로 떠남(8-10절); 2) 후손에 대한 약속의 늦은 성취(11-12절); 3) 이삭을 바침(17-19절). 중간에 삽입된 13-16절은 소망의 초월적인 성격에 대한 설명으로 볼 수 있다. 아브라함의 생애 중에서 이 모든 경우에 믿음은 아주 놀랍게 예증되고 있다. 인간의 관점에서는 도저히 극복할 수 없는 장애물들을 아브라함이 이길 수 있도록 해주었던 것은 바로 믿음이었다. 히브리서 저자가 자주 사용하고 있는 “믿음으로”(πίστει)라는 공식이 아브라함에게 네 번(8, 9, 11, 17절)이나 적용되고 있다.

아브라함 이야기의 첫 단계(8-10절)에서 그의 믿음은 무엇보다도 자기 고향을 떠나 알지 못하는 땅으로 가라고 부르시는 하나님의 부르심에 즉각적으로 순종한 것으로 증명된다(8절, 비교. 창 12:1; 26:5). 히브리서 저자는 아브라함이 처음 부르심을 받았을 때 아직 유업의 약속을 받지 못하였다고 지적한다. 아브라함은 하나님의 약속의 땅에 살았지만 아직 그 약속을 기업으로 받지 못하였고 이방인 즉 “나그네로”(ὡς ἀλλοτρίαν) 살았다. 심지어 그의 약속의 아들 이삭과 그의 아들 야곱도 그 땅을 유업으로 받지 못하고 나그네로 살았다. 즉, 보이는 가나안 땅이 하나님의 약속의 본체가 아니라 아브라함이 믿음으로 기다리고 바랐던(ἐξεδέχετο) 보이지 아니하는, “하나님이 계획하시고(설계자) 지으실(건축자) 터가 있는 성”(τὴν τοὺς θεμελίους ἔχουσαν πόλιν ἧς τεχνίτης καὶ δημιουργὸς ὁ θεός)이 본체라는 것이다(10절). 이 모습이 9절에 잘 묘사되었다: “믿음으로 그가 이방인과 같이 약속의 땅에 거류하여 동일한 약속을 유업으로 함께 받은 이삭 및 야곱과 더불어 장막에 거하면서 나그네로 살았다”(Πίστει παρῴκησεν εἰς γῆν τῆς ἐπαγγελίας ὡς ἀλλοτρίαν ἐν σκηναῖς κατοικήσας μετὰ Ἰσαὰκ καὶ Ἰακὼβ τῶν συγκληρονόμων τῆς ἐπαγγελίας τῆς αὐτῆς).

아브라함 이야기의 둘째 단계가 11-12절에 묘사되었는데, 폐경을 맞은 사라와 함께 믿음으로 약속의 아들 이삭을 얻는 과정과 그 결과를 언급하고 있다. 아브라함 이야기를 하다가 사라가 등장하고 또한 생물학적으로 불가능한 일이기에 히브리서 11:11은 해석상의 기로(crux interpretum)에 놓여 있는 구절이다(참고. 창 17:19; 18:11-14; 21:2). 그래서 히브리서 11:11, "믿음으로 사라 자신도 나이가 많아 단산하였으나 잉태할 수 있는 힘을 얻었으니 이는 약속하신 이를 미쁘신 줄 알았음이라"(Πίστει καὶ αὐτὴ Σάρρα στεῖρα δύναμιν εἰς καταβολὴν σπέρματος ἔλαβεν καὶ παρὰ καιρὸν ἡλικίας, ἐπεὶ πιστὸν ἡγήσατο τὸν ἐπαγγειλάμενον)은 사본적인 수난을 심하게 당한 구절인데,[16] 여기에는 문법적-문화적인 어려움도 함께 있다.[17] 이러한 어려움들을 해결하기 위하여 다양한 견해가 개진되었다. Zuntz는 파피루스 사본 $P^{46}$에 대한 연구서에서 καὶ αὐτὴ Σάρρα στεῖρα("단산한 사라 자신도")라는 어구에 대하여, (1) 사라는 변함없이 신뢰하였던 본보기가 될 수 없고; (2) καὶ αὐτή는 적절히 연결되지 않으며; (3) δύναμιν εἰς καταβολὴν σπέρματος("잉태할 수 있는 힘을")이라는 관용구는 남성에 대한 것이며; (4) 뒤이어 12절에 나오는 ἀφ' ἑνός("한 사람으로 말미암아")와 νενεκρωμένου("죽은 자와 같은")는 모두 남성형이기 때문에, 이 어구는 원문이 아니었으나 아주 초기에 사본들에 끼워 넣은 어구로 여긴다.[18] 하지만, Matthew Black은 이 구절을 "부대상황을 나타내는 히브리어의 관용적인 부사절과 상응하는 성서 헬라어의 부사절"로 여기면서 "믿음으로, 사라는 단산하였을지라도, 그(아브라함)는 생산하는 능력을 받았다, 그가 비록 나이가 지났을지라도"라고 번역하고 있다.[19] 또한 Metzger는 αὐτὴ Σάρρα στεῖρα를 동반의 여격(dative of accompaniment)으로 보고,[20] "믿음으로 그(아브라함)도, 단산한 사라와 함께, 생산하는 능력을 얻었으니"라고 해석함으로 또 다른 가능성을 언급한다. Bruce는 καὶ αὐτὴ Σάρρα στεῖρα를 난외주 혹은 삽입구로 보아 원문으로 보지 않는 Zuntz의 견해를 반대하며 이를 원문으로 볼 수 있는 길은 위에 언급한 Black이나 Metzger의 견해를 취하는 길이라고 주장한다.[21] 주석가들도 상황은 비슷하여 의견이 나누어진다.[22]

이상을 종합하면, 히브리서 11:11은 아브라함을 문장의 주어로 보아 그리고 앞에서부터 그의 믿음을 강조하는 문맥의 흐름을 따라 "믿음으로, 그(아브라함)는, 단산한 사라와 함께, 비록 나이가 지났을 지라도 생산하는 능력을 받았다, 이는 그가 약속하신 이를 미쁘신 줄 알았음이라"라고 번역하는 것이 바람직하다고 본다. "이러므로 죽은 자와 같은 한 사람(아브라함)으로 말미암아 하늘의 허다한 별과 또 해변의 무수한 모래와 같이 많은 후손이 생육하였느니라"(12절)라는 믿음의 원리는 뒤에 나오는 17-19절의 단계에서도 동일하게 적용되고 있다.

히브리서 저자는 히브리서 11:8-10의 내용을 부연설명하기 위하여 13-16절에서 믿음의 모범과 그 구체적인 승리를 조사하는 것을 잠깐 멈춘다. 13-16절은 소망의 초월적인 성격에 대한 설명이다. 여기에 제시된 관점, 즉 사람은 이 세상에서 나그네로 살아간다는 관점은 이미 1절에 묘사된 믿음의 핵심요소이다. 소망하는 것들이 아직은 보이지 않지만 믿음은 사람의 삶을 지배하는 것이다. 아브라함과 사라와 이삭과 야곱, 그리고 구약의 성도들은 "다 믿음을 따라 죽었으며 약속을 받지 못하였으나 그것들을(하나님이 약속하신 실체) 멀리서 바라보고 환영하며 또 땅에서는 외국인과 나그네임을 고백하였다"(Κατὰ πίστιν ἀπέθανον οὗτοι πάντες, μὴ λαβόντες τὰς ἐπαγγελίας ἀλλὰ πόρρωθεν αὐτὰς ἰδόντες καὶ ἀσπασάμενοι καὶ ὁμολογήσαντες ὅτι ξένοι καὶ παρεπίδημοί εἰσιν ἐπὶ τῆς γῆς, 13절). 그들이 바라보고 환영하였던 것은 종말론적인 실체인 하나님이 예비하시는 "하늘의 나라" 또는 "한 도성"이었다. 히브리서 저자가 여기서 유대인 청중들과 그들의 현재 상황을 암시하는 것이 분명하다. 저자가 청중들에게 바라고 있는 믿음은 인생을 나그네 길로 보는 것이다. 우리 그리스도인들은 이 땅 위에 "나그네로 지나가는 하나님의 백성"(The Wandering People of God)이며 "집 없는 자의 집"(Home for the Homeless)을 찾아가는 나그네들이다(비교. 벧전 2:11).[23] 우리가 "이제 더 나은[24] 하늘 본향을 사모하며"(νῦν δὲ κρείττονος ὀρέγονται, τοῦτ᾽ ἔστιν ἐπουρανίου) 이러한 삶을 살아 갈 때, 우리에게도 "이러므로 하나님이 그들의 하나님이라 일컬음 받으심을 부끄러워하지 아니하시고 그들을 위하여 한 성을 예비하셨느니라"(διὸ οὐκ ἐπαισχύνεται αὐτοὺς ὁ θεὸς θεὸς ἐπικαλεῖσθαι αὐτῶν· ἡτοίμασεν γὰρ αὐτοῖς πόλιν)라는 증언을 해 줄 분이 있지 않겠는가? 히브리서 저자는 예수께서도 이러한 이들을 부끄러워하지 않으셨다고 앞에서 말한 바가 있다(히 2:11).

이제 다시 아브라함의 인생에서 세 번째이면서 그의 가장 획기적인 믿음의 본이 제시된다(17-19절). 즉, 이삭을 바치는 사건에서 나타난 아브라함의 믿음인데, 12절에서 이미 언급하였듯이 이삭을 얻을 때의 믿음의 원리가 이삭을 바치는 사건에서도 적용되었다. 이삭이 약속의 아들임에도 불구하고(17-18절), 시험을 받을 때에 약속들을 받았던 그 아브라함은 믿음으로 이삭을 데리고 가서 그 외아들을 (하나님께) 제물로 드렸다(Πίστει προσενήνοχεν Ἀβραὰμ τὸν Ἰσαὰκ πειραζόμενος καὶ τὸν μονογενῆ προσέφερεν, ὁ τὰς ἐπαγγελίας ἀναδεξάμενος, 17절). 이삭을 얻을 때 체험한 아브라함의 믿음이 이삭을 모리아 산에서 바칠 때도 작용하였다. 그러므로 비유하건데(비교. 히 9:9), 그는 (죽었다가 살아난) 이삭을 돌려받은 것이다(ὅθεν αὐτὸν καὶ ἐν παραβολῇ ἐκομίσατο, 19절). 실로 아브라함이 "믿은 바 하나님은 죽은 자를 살리시며 없는 것을 있는 것으로 부르시는 이시며"(ἐπίστευσεν θεοῦ τοῦ ζῳοποιοῦντος τοὺς νεκροὺς καὶ καλοῦντος τὰ μὴ ὄντα ὡς ὄντα: 롬 4:17. 비교. 히 11:19하), 아브라함은 믿음으로 "하나님이 능히 (이삭을) 죽은 자 가운데서도 다시 살리실 줄로 생각하였기"(λογισάμενος ὅτι καὶ ἐκ νεκρῶν ἐγείρειν δυνατὸς ὁ θεός: 히 11:19) 때문이다.

### 4) 이삭과 야곱과 요셉의 믿음(히 11:20-22)

> 20 믿음으로 이삭은 장차 있을 일에 대하여 야곱과 에서에게 축복하였
> 으며 21 믿음으로 야곱은 죽을 때에 요셉의 각 아들에게 축복하고 그
> 지팡이 머리에 의지하여 경배하였으며 22 믿음으로 요셉은 임종 시에
> 이스라엘 자손들이 떠날 것을 말하고 또 자기 뼈를 위하여 명하였으며

이삭(20절), 야곱(21절), 그리고 요셉(22절)에 대한 간략한 언급이 첨가되고 있다. 이 모든 이들의 믿음은 미래와 보이지 않는 것들에 대한 그들의 확신의 확고함에서 보여진다. 아브라함에게 돌아온 이삭(Ἰσαὰκ)(히 11:19)은 이제 자신의 두 아들을 "믿음으로"(Πίστει) "장차 있을 일에 대하여도"(καὶ περὶ μελλόντων) 축복한다(창 27:27-40). 이삭의 아들 야곱(Ἰακὼβ)도 역시 "믿음으로"(Πίστει) 그의 임종 시에(ἀποθνῄσκων) 요셉의 두 아들 에브라임과 므낫세를 축복하고(창 48:8-22), "그의 지팡이 머리에 의지하여[25] 경배하였다"(προσεκύνησεν ἐπὶ τὸ ἄκρον τῆς ῥάβδου αὐτοῦ)(창 47:31). 야곱의 아들 요셉(ὁ Ἰωσὴφ)도 "믿음으로 임종 때 이스라엘 백성의 출애굽에 관하여 말하였고"(Πίστει Ἰωσὴφ τελευτῶν περὶ τῆς ἐξόδου τῶν υἱῶν Ἰσραὴλ ἐμνημόνευσεν)(창 50:24) "또 자신의 유골에 대하여 부탁하였는데"(καὶ περὶ τῶν ὀστέων αὐτοῦ ἐνετείλατο), 특히 이 마지막 문장이 감동적이

며 요셉의 미래에 대한 믿음어린 소망을 엿볼 수 있는 행동이다[26].

### 5) **모세의 믿음**(히 11:23-28)

> 11:23 <u>믿음으로</u> 모세가 났을 때에 그 부모가 아름다운 아이임을 보고 석 달 동안 숨겨 왕의 명령을 무서워하지 아니하였으며 24 <u>믿음으로</u> 모세는 장성하여 바로의 공주의 아들이라 칭함 받기를 거절하고 25 도리어 하나님의 백성과 함께 고난 받기를 잠시 죄악의 낙을 누리는 것보다 더 좋아하고 26 그리스도를 위하여 받는 수모를 애굽의 모든 보화보다 더 큰 재물로 여겼으니 이는 상 주심을 바라봄이라 27 <u>믿음으로</u> 애굽을 떠나 왕의 노함을 무서워하지 아니하고 곧 보이지 아니하는 자를 보는 것 같이 하여 참았으며 28 <u>믿음으로</u> 유월절과 피 뿌리는 예식을 정하였으니 이는 장자를 멸하는 자로 그들을 건드리지 않게 하려 한 것이며

모세는 유대교에서 중심적인 위치를 차지하는 믿음의 영웅이다. 자연히 그가 히브리서 저자의 믿음 목록에 주요한 자리를 차지하는 것이 당연하다. 히브리서 저자는 "믿음으로"(Πίστει)라는 어구 넷을 이용하여 모세의 일생에서 비교적 더 중요하게 여겨지는 사건들 네 가지를 선택하였는데, 모세가 "그 부모의"(ὑπὸ τῶν πατέρων αὐτοῦ)[27] 믿음 때문에 어린아이 때 살아남을 수 있었던 사건부터(23절) 시작하여 모세의 믿음(24-26절), 출애굽(27절), 그리고 모세가 가졌던 믿음에 동참하는 백성에 대한 일반적인 언급(28절)으로 끝을 맺는다. 여기서도 역시 히브리서 저자의 강조점은 "보이지 않는 것"에 대한 믿음과 자신이 한 약속에 대한 하나님의 성실하심에 있다.

모세(Μωϋσῆς)는 "장성했을 때"(μέγας γενόμενος) 애굽에서의 자신의 위치, 즉 "바로의 공주의 아들이라 칭함 받기를"(λέγεσθαι υἱὸς θυγατρὸς

Φαραώ) "거절함으로써"(ἠρνήσατο) 자신의 믿음(Πίστει)을 표현하였다(24절). 25절은 이 모세의 결단을 더 분명하게 설명해준다: "도리어 하나님의 백성과 함께 고난 받기를 잠시 죄악의 낙을 누리는 것보다 더 좋아하고"(μᾶλλον ἑλόμενος συγκακουχεῖσθαι τῷ λαῷ τοῦ θεοῦ ἢ πρόσκαιρον ἔχειν ἁμαρτίας ἀπόλαυσιν). 이러한 모세의 모습은 다음에 나올 히브리서 12:2의 믿음의 선구자요 완성자인 예수 그리스도의 그림자 역할을 한다. 26절은 모세가 그렇게 결단한 이유를 설명하고 있다: "그리스도를 위하여 받는 수모를 애굽의 모든 보화보다 더 큰 재물로 여겼으니 이는 상 주심을 바라봄이라"(μείζονα πλοῦτον ἡγησάμενος τῶν Αἰγύπτου θησαυρῶν τὸν ὀνειδισμὸν τοῦ Χριστοῦ· ἀπέβλεπεν γὰρ εἰς τὴν μισθαποδοσίαν). 모세는 믿음으로 "애굽의 보화"(τῶν Αἰγύπτου θησαυρῶν)보다 "그리스도를 위한 수모를"[28] (τὸν ὀνειδισμὸν τοῦ Χριστοῦ, 비교. 히 13:13) 더 큰 부요함(μείζονα πλοῦτον)으로 여겼기 때문이며, 그는 또한 "상 주심을"(εἰς τὴν μισθαποδοσίαν) 믿음의 눈으로 "바라보았기"(ἀπέβλεπεν) "때문이다"(γάρ, 비교. 히 11:6). 27절에서 모세는 믿음의 조상 아브라함처럼 "믿음으로 애굽을 떠났고(Πίστει κατέλιπεν Αἴγυπτον) 왕의 추격을 두려워하지 않았는데"(비교. 23절), 이는 "그가 믿음으로" "보이지 아니하는 자를 보는 것 같이 하여 참았기 때문이다"(τὸν γὰρ ἀόρατον ὡς ὁρῶν ἐκαρτέρησεν). 히브리서 저자의 논리적 흐름으로 볼 때, 28절의 유월절 실행에 대한 언급은(Πίστει πεποίηκεν τὸ πάσχα καὶ τὴν πρόσχυσιν τοῦ αἵματος) 아브라함이 이삭을 드렸던 경우(17절)와 비견되는 것으로 해석될 수도 있고, "우리의 유월절 (어린 양이신) 예수"(고전 5:7, πάσχα ἡμῶν ἐτύθη Χριστός)의 모형으로 제시했을 것으로 보아야 한다.[29]

### 6) 출애굽, 여리고 함락과 라합의 믿음, 그리고 무명용사들의 믿음(히 11:29-38)

> 11:29 믿음으로 그들은 홍해를 육지 같이 건넜으나 애굽 사람들은 이것을 시험하다가 빠져 죽었으며 30 믿음으로 칠 일 동안 여리고를 도니 성이 무너졌으며 31 믿음으로 기생 라합은 정탐꾼을 평안히 영접하였으므로 순종하지 아니한 자와 함께 멸망하지 아니하였도다 32 내가 무슨 말을 더 하리요 기드온, 바락, 삼손, 입다, 다윗 및 사무엘과 선지자들의 일을 말하려면 내게 시간이 부족하리로다 33 그들은 믿음으로 나라들을 이기기도 하며 의를 행하기도 하며 약속을 받기도 하며 사자들의 입을 막기도 하며 34 불의 세력을 멸하기도 하며 칼날을 피하기도 하며 연약한 가운데서 강하게 되기도 하며 전쟁에 용감하게 되어 이방 사람들의 진을 물리치기도 하며 35 여자들은 자기의 죽은 자들을 부활로 받아들이기도 하며 또 어떤 이들은 더 좋은 부활을 얻고자 하여 심한 고문을 받되 구차히 풀려나기를 원하지 아니하였으며 36 또 어떤 이들은 조롱과 채찍질뿐 아니라 결박과 옥에 갇히는 시련도 받았으며 37 돌로 치는 것과 톱으로 켜는 것과 시험과 칼로 죽임을 당하고 양과 염소의 가죽을 입고 유리하여 궁핍과 환난과 학대를 받았으니 38 (이런 사람은 세상이 감당하지 못하느니라) 그들이 광야와 산과 동굴과 토굴에 유리하였느니라.

히브리서 저자는 이제 출애굽(29절) 그리고 여리고 함락(30절)과 라합의 믿음(31절)을 여전히 "믿음으로"(Πίστει)라는 어구를 앞세우고 언급함으로써 믿음의 모범목록의 열거를 계속하고 있다. 그러나 그는 똑같이 이렇게 자세하게 계속할 수 없다는 것을 알게 된다(32절). 32절의 "-을 말하려면 내게 시간이 부족하리로다"(ἐπιλείψει με γὰρ διηγούμενον ὁ χρόνος)에 사용된 "말하려면"(διηγούμενον)이라는 분사형이 남성 단수형이기 때문에 히브리서의 저자는 적어도 남성이었다고는 분명히 말할 수 있다. 그래서 그는 몇몇 특별한 이름들, 즉 유명한 사사들(기드온, 바락, 삼손, 입다)과 이스라엘 황금기의 왕 다윗, 그리고 사무엘과 선지자들을 거론하고서 진정한 믿음이 표현되는 길에 대하여 일반적인 언급을 한다(33-38절).

33-38절의 요약적인 언급들은 구약시대뿐만 아니라 신구약 중간기의 사건들이 언급되고 있다. 이름이 밝혀지지 않았기 때문에, 이들이야말로 위대한 하나님의 남녀 종들이며 신앙의 무명용사들이다. 히브리서 저자가 33-38절에 언급한 신앙의 영웅들을 대략 세 부류로 나눌 수가 있다. 33-34절에서는 주로 믿음을 통한 정치 군사적인 성취로 죽음의 공포에서 이스라엘 백성을 구원해낸 사건들의 주인공들이 언급되었는데, 이스라엘의 역사 속에서 주로 사사들과 왕정 초기의 인물들의 이야기로 구성된다. 35-38절에서는 죽음, 부활, 핍박 등의 주제가 갈수록 심화되면서 믿음으로 이것들을 통과하고 승리하였던 선지자들의 생애와 마카비 봉기시대의 이야기들이 비춰지고 있다. 33-38절에 언급된 내용이해를 위해서 일차적으로 구약성경의 해당 본문들이 도움이 되겠지만, 외경의 집회서 46-50장, 마카베오상, 그리고 마카베오하 등이 도움이 된다.

이 문단을 대할 때마다, 필자에겐 잊혀지지 않는 기억이 두 가지가 있다. 하나는 필자가 1989년 영국 런던 근교에 자리 잡은 WEC(World Evangelization Crusade)이라는 선교단체를 방문했을 때의 일이다. 선교본부 건물을 돌아보는 중에 한 홀에 가득히 걸려 있던 영국 청춘 남녀의 사진들 앞에서 필자에게 밀려왔던 도전과 감동인데, 이 문단을 읽을 때마다 그 도전과 감동이 다시 밀려오곤 한다. 그곳에는 아리따운 20대 초반 영국의 청춘 남녀들의 사진 밑에 그들의 생년월일과 순교

연월일 다음에 "-족속에게 살해당함"(killed by -- tribe)이라는 글귀가 적혀 있는 수십 개의 사진들이 걸려 있었다. 그 사진들의 주인공들은 선교역사에 빛나는 캠브리지 칠인(Cambridge Seven) 중의 하나였던 C. T. Studd의[30] 뒤를 이어 아프리카 오지의 식인종 족속들에게로 복음을 들고 갔다가 꽃다운 나이에 순교 당하였던 영국의 젊은 선교사들이었다. 두 번째는, 2006년 카작스탄 알마티에서 동료의 순교를 경험한 중앙아시아 선교사님들과 함께 히브리서 세미나를 하던 때의 일이다. 세미나 중에 우리는 돌아가면서 히브리서를 설교하듯이 한 장씩 읽자고 하였다. 차례가 되어 히브리서 11장을 읽어가던 한 선교사님이 바로 이 문단을 읽어나갈 때 목이 메어 한참동안 읽지 못하던 순간에 필자에게 밀려왔던 감동이었다. 38절의 한글 성경에서 "이런 사람은 세상이 감당하지 못하느니라"라고 번역한 헬라어 어구는 ὧν οὐκ ἦν ἄξιος ὁ κόσμος로써 원래의 뜻은 "그들에게 세상이란 언제나 가치가 없었다"인데, 한글 번역이 헬라어 원문보다 더 강력한 의미가 되었다. 그야말로 이 신앙의 무명용사들에게는 하늘의 영광과 그 상급에 사로잡혀서 "세상이란 언제나 가치가 없었거나" 아니면 그들이 너무 커서 "이런 사람은 세상이 감당하지 못하였던" 것 같다.

### 4. 요약적인 결론(히 11:39-40)

> 11:39 이 사람들은 다 믿음으로 말미암아 증거를 받았으나 약속된 것을 받지 못하였으니 40 이는 하나님이 우리를 위하여 더 좋은 것을 예비하셨은즉 우리가 아니면 그들로 온전함을 이루지 못하게 하려 하심이라.

히브리서 11장 마지막 두 구절은 다음 12장에서 시작되는 직접적인 권면을 위한 요약적 결론으로 볼 수 있으나, 히브리서 저자의 다양한 성경강해 기술인 예증을 통한 강해(11장) 후에 나오는 결론으로 볼 수도 있다. 이미 언급하였지만, 히브리서 11장은 2절과 39절에 나오는 두 종류의 묶음쇄 "믿음으로 증거를 받았다"(ἐν ταύτῃ ἐμαρτυρήθησαν 혹은 μαρτυρηθέντες διὰ τῆς πίστεως)라는 어구를 인하여 자연스런 한 문단을 이룬다. 히브리서 저자는 지금까지 열거한 이 모든 믿음의 이전 모범들이 현재 그리스도를 믿는 이들이 없이는 축복과 성취의 마지막 목표에 도달할 수 없다는 사실을 지적하면서 믿음에 대한 자신의 긴 예증을 통한 강해를 마무리한다. "믿음의 가족"(οἰκεῖοι τῆς πίστεως 비교. 갈 6:10) 혹은 "하나님의 권속"(οἰκεῖοι τοῦ θεοῦ 비교. 엡 2:19)은, 지금 보여진 것처럼, 하나이다. 독자들에 대한 적용은 다음 장(히브리서 12장)에서 나온다.

## III. 개인 묵상이나 그룹 토론(설교 구상)을 위한 질문

1. 내가 믿음을 받은 후에 싸운 신앙의 싸움은 무엇인가?
2. 히브리서 11:1-3을 중심으로 "믿음"이란 무엇인지 자신의 말로 정의해보시오.
3. 히브리서 11:6을 자신의 말로 설명해 보시오.
4. 아브라함의 생애의 세 단계에서 각각 보여준 믿음과 나의 믿음을 비교해보시오.
5. 히브리서 11:33-38의 내용과 함께 "기드온, 바락, 삼손, 입다, 다윗 및 사무엘과 선지자들의 일을" 말해보시오.

# 주(註)

1) Wills, "The Form of the Sermon," 283.

2) 이 어휘는 신약성경에서 단 두 번 나오는데, 이곳과 베드로전서 5:2에서 주님의 양을 칠 때 "하나님(의 뜻)을 따라 <u>자원함으로</u>"(ʼλλὰ <u>ἑκουσίως</u> κατὰ θεόν)해야 한다는 가르침에서 사용되었다.

3) 여기서 "죄를 범한즉"이라고 번역된 분사(ἁμαρτανόντων)는 히브리서 6:6에서처럼 현재형이 사용됨으로써 지속적이고 반복적인 행위를 암시하고 있다. 또한 여기서 대명사와 함께 사용된 어구 ἁμαρτανόντων ἡμῶν은 분사의 독립속격(genitive absolute) 구문으로, 대명사의 속격이 주어가 되고 분사의 속격이 동사가 되어 하나의 문장을 구성하는 구문형식이다.

4) 이러한 죄는 단순한 교리적인 오류가 아니라 배도 행위가 암시된 심각한 죄이다.

5) 히브리서 저자는 신명기 32:36은 정확하게 칠십인 역에서 인용하였지만, 신명기 32:35는  마소라 본문(לִי נָקָם וְשִׁלֵּם : "원수 갚는 것과 보복은 나의 것이다")이나 칠십인 역("원수 갚는 날에 내가 갚을 것이다": ἐν ἡμέρᾳ ἐκδικήσεως ἀνταποδώσω)과도 차이가 나게 자유롭게 인용하고 있다. 그러나 바울은 로마서 12:19에서 이 구절을 히브리서와 같게 인용하고 있다(ἐμοὶ ἐκδίκησις, ἐγὼ ἀνταποδώσω).

6) 이 일이 사무엘하 24:14에 나오는 다윗의 예를 보면 긍정적인 측면도 있지만, "살아계신 하나님"은 죄인들을 태우시는 "소멸하는 불"(히 12:24)이시기 때문에 그분의 심판은 무서울 수밖에 없다.

7) 헬라어 어휘 φοβερός는 히브리서에만(히 10:27, 31; 12:21) 나오는데, 하나님을 묘사할 때 두렵다는 의미로 칠십인 역에 많이 나오며(신 10:17; 대상 16:25; 느 4:14시 95:4; 단 9:4), 신약의 다른 곳에서는 그 비슷한 말이 사용되었다(φοβέομαι, 마 10:28; 눅 12:5).

8) 더 정확하게는 37절 후반부터가 인용구이고 37절 전반부, "잠시 잠깐 후면"(ἔτι γὰρ μικρὸν ὅσον ὅσον)이라는 어구에서 접속사(γάρ)는 36절과 인용구를 연결하는 역할을 하기 위하여 첨가된 것이고, 오직 한 단어만(ἔτι) 하박국서 2:3에 있고 나

머지(μικρὸν ὅσον ὅσον)는 이사야서 26:20("내 백성아 갈지어다 네 밀실에 들어가서 네 문을 닫고 분노가 지나기까지 잠깐 숨을지어다")에서 온 듯하다.

9) 초대교회에서 "오실 이"(ὁ ἐρχόμενος)라는 어휘는 메시아를 지칭하는 데 사용되었으며(마 3:11; 11:3; 21:9; 막 11:9; 눅 7:19; 19:38; 요 1:15, 27; 11:27), "오시리라"(ἥξει)라는 동사는 그리스도의 재림을 표현할 때 사용되었다(마 24:50; 눅 12:46; 13:35; 롬 11:26; 계 2:25; 3:3). 또한 "지체하다"(χρονίσει)라는 동사도 그리스도의 재림과 연관하여 사용되었다(마 24:48; 25:5; 눅 12:45).

10) 히브리서 10:39의 헬라어 원문에서 저자는 자신을 청중들과 동일시하며 강조하는 역할을 하는 인칭대명사 "우리"(ἡμεῖς)를 첫 단어이자 주어로 강조하여 대두시키고, 이어서 서술적인 명사의 소유격들(ὑποστολῆς와 πίστεως)과 그 행위의 결과들(εἰς ἀπώλειαν와 εἰς περιποίησιν ψυχῆς)을 대조적으로(οὐκ– ἀλλα,–를 사용) 사용하여 "멸망의 결과를 가져오는 물러감의 (사람들)이 아니라 오히려 결과적으로 영혼을 얻게 되는 믿음의 (사람들)이다"라고 기술한다.

11) Lane, *Hebrews 9-13*, 314-95.

12) 이 어휘는 히브리서에서 이곳과 1:3과 3:14에 나오는데, 믿음과 함께 사용될 때 "바라는 것들"과 연관된 객관적인 의미로는 "확신, 보증, 실체" 등이 있으며, 믿는 당사자와 연관된 주관적인 의미로는 "확실한 신뢰"와 같은 의미가 있다.

13) 이 어휘는 주관적인 의미보다는 객관적인 의미로 사용되며 논란이 되는 사안이나 사물의 "증거" 혹은 "물증"의 뜻이 있다. 신약에서 동사(ἐλέγχω)로는 요한복음 8:46과 야고보서 2:9에서 사용되었다.

14) 히브리서 11장에서 보이지 않는 것에 대한 강조는 다음과 같이 장 전반에 걸쳐서 나타난다:

1절: 바라는 것 그러나 보이지 않는 것(ἐλπιζομένων, <u>οὐ βλεπομένων</u>)
3절: 보여질 수 없는 것으로부터의 (창조)(<u>μὴ</u> ἐκ <u>φαινομένων</u>)
6절: 그분(하나님)이 계신 것과 상주시는 분(ὅτι ἔστιν καὶ μισθαποδότης γίνεται)
7절: 보여 지지 않은 사건들(περὶ τῶν <u>μηδέπω βλεπομένων</u>)
8절: 그가 가는 곳을 알지 못하고(<u>μὴ ἐπιστάμενος</u> ποῦ ἔρχεται)
10절: (영원한) 기초가 있는 도시(τὴν τοὺς θεμελίους ἔχουσαν πόλιν)(비교. 히 13:14)
13절: 멀리서 그들이 바라봄(하나님이 약속하신 것들을)(πόρρωθεν αὐτὰς ἰδόντες)
14절: 나라를 바라봄(πατρίδα ἐπιζητοῦσιν)
16절: 즉 하늘에 속한 것(하늘나라)(τοῦτ' ἔστιν <u>ἐπουρανίου</u>)

26절: 그의 눈이 미래의 상급에 고정됨(ἀπέβλεπεν γὰρ εἰς τὴν μισθαποδοσίαν)

27절: 보이지 않는 분(하나님)을 보이는 분같이(<u>τὸν</u> γὰρ <u>ἀόρατον</u> ὡς ὁρῶν)

15) 소위 "신적(divine) δεῖ"로 명명된 구문은 불변화사 δεῖ(혹은 ἔδει)와 부정사로 구성되는 헬라어 구문으로서 신약성경에서 논리적, 도덕적, 종교적 필요성 혹은 당위성을 표현할 때 많이 사용되었다. 히브리서에서는 이곳과 이전에 두 번(히 2:1; 9:26) 나온 것을 합하여 세 번 나오고, 히브리서의 다른 어구, ἀνάγκη가 이와 비슷한 어휘로 사용되고 있다(히 7:12, 27; 9:16, 23). 이 "신적(divine) δεῖ" 구문의 신약성경의 용법에 관한 더 자세한 논의는, 장동수, "신약성서의 신적 δεῖ에 관한 연구," 「복음과 실천」, 31 (2003 봄), 33-58을 보라.

16) 한 단어(στεῖρα)의 유무와 위치 때문에 다양한 이문들이 있으나 대표적인 것 둘로 압축할 수 있다. (1) πίστει καὶ αὐτὴ Σάρρα <u>στεῖρα</u> δύναμιν εἰς καταβολὴν σπέρματος ("믿음으로 단산한 사라 자신도 잉태할 수 있는 힘을…")과 (2) πίστει καὶ αὐτὴ Σάρρα δύναμιν εἰς καταβολὴν σπέρματος("믿음으로 사라 자신도 잉태할 수 있는 힘을…")이다. 이문 (1)에는 형용사 στεῖρα(단산한, 폐경된)가 들어갔으나, 이문 (2)에는 생략되었다. 증거 사본들의 외적 지지도는 이문 (1)과 (2)가 비등하게 높으나, 이문 (2)의 지지사본들이 더 다양하다.

17) 히브리서 11:11은 문법적인 주어가 누구인가의 문제 때문에 필사자들이 문법의 변화를 시도하기 위하여 발생한 이문단위이다. 즉, 누구의 믿음이 사라가 잉태할 수 있게 하였는가의 문제 때문에 여러 가지 이문이 생겨났는데, αὐτὴ Σάρρα를 주격으로 보면 사라인 것 같으나, δύναμιν εἰς καταβολὴν σπέρματος("잉태할 수 있는 힘을")이라는 관용구는 남자에게만 사용된 것이었기 때문에 아브라함인 것 같다. 이 관용구가 1세기 그리스-로마 사회에서는 남성이 아이를 배게 한다는 것을 표현할 때 사용되었지 여성이 임신한다는 것을 표현할 때는 사용되지 않았다: J. H. Moulton and G. Milligan, *The Vocabulary of the Greek Testament* (Peabody: Hendrickson, 1997), 324.

18) Günter Zuntz, *The Text of Epistles: A Disquisition upon the Corpus Paulinum*, (London: Oxford University, 1953), 170.

19) Matthew Black, *An Aramaic Approach to the Gospels and Acts*, 3rd ed.(Peabody: Hendrickson, 1998), 83-9.

20) Metzger는 여격이 되려면 세 단어 모두의 마지막 철자 밑에 요타하기(iota subscription)가 되어야 하는데, 대문자 사본에는 ΑΥΤΗΣΑΡΡΑΣΤΕΙΡΑ처럼 요타하기가 나타나지 않는다고 설명한다: 매츠거, 「신약 그리스어 본문주석」, 582-3.

21) Bruce, *The Epistle to the Hebrews*, 289, 294-6.

22) 즉, αὐτὴ Σάρρα στεῖρα를 동반의 여격으로 보는 이도 있고(Attridge, *Hebrews*, 321, 324-6), 부대상황 혹은 양보를 나타내는 부사절로 보는 이도 있으며(Lane, *Hebrews 9-13*, 343-5, 353-5), 아예 사라를 이 구절 전체의 주어로 보는 이들도 있다: P. E. Hughes, *A Commentary on the Epistle to the Hebrews*(Grand Rapids, 1977), 471-5; G. W. Buchanan, *To the Hebrews*, The Anchor Bible (New York: Doubleday, 1972), 177, 190.

23) 반세기 전에 이 주제(The Wandering People of God)를 가지고 히브리서를 특히, 전반부를 연구한 Ernst Käsemann의 연구서와 최근에 나온 John. H. Elliott의 베드로전서 주석을 참조하라: Käsemann, *The Wandering People of God*; John. H. Elliott, *Home for the Homeless: A Social-Scientific Criticism of 1 Peter, Its Situation and Strategy*, AB (New York: Doubleday, 2000).

24) 이 "이제"(νῦν δε)라는 부사구는 시간적이라기보다는 논리적인 부사구이며(비교. 히 8:6; 9:26), "더 나은"(κρείττονος)이라는 형용사 비교급은 히브리서 저자가 아주 즐겨 사용하였는데(히 1:4; 2:9; 7:19, 22; 8:6; 9:23; 10:34; 11:35, 40; 12:24), 이 두 가지 모두는 예수 그리스도께서 성취하시고 시작하신 새 시대(비교. 롬 3:21)와 하늘의 새로운 것들을 언급하는데 사용되었다.

25) 마소라 본문에서는 "지팡이 머리"(칠십인 역)가 아니라 "침대 머리"인데, 여기서도 히브리서 저자가 칠십인 역을 인용한 것이 분명하다. 무엇이 되었든지 이 구절에서 히브리서 저자가 의도한 것은 야곱이 임종이 임박하여 연약한 순간에도 하나님을 경배하고 요셉의 아들들에게 믿음으로 축복했음을 표현하고자 함이었을 것으로 보아야 한다: Attridge, *Hebrews*, 336.

26) 요셉의 유골에 대하여, 요세푸스, 「유대상고사」, 2.8.2와 집회서 49:15를 참고하라.

27) 마소라 본문에는 출애굽기 2:2에서 모세의 어머니의 언급만 있으나, 칠십인 역에는 이 구절이 복수로 번역하였기 때문에 히브리서 저자가 칠십인 역의 영향을 받은 것 같다. 또한 구약성경에는 모세의 부모의 태도나 동기에 대하여는 침묵하고 있는데, "왕의 명령을 무서워하지 아니하였으며"(οὐκ ἐφοβήθησαν τὸ διάταγμα τοῦ βασιλέως)라는 어귀도 히브리서 저자가 산파들의 모습을 모세의 부모를 묘사하는데 사용한 것 같다. 하지만 그들이 모세를 석 달 동안 숨겨둔 행동은 히브리서 저자가 말하는 대로 "믿음으로" 이루어진 것이 분명하다.

28) 여기서의 그리스도(Χριστός), 즉 "기름 부은 받은 자"에 대하여는 여러 견해들이 있지만, 시편 89:51, "주의 기름 부음 받은 자의 행동을 비방한 것이로소이

다"(88:52, LXX, ὠνείδισαν τὸ ἀντάλλαγμα τοῦ χριστοῦ σου)에서 온 것으로 보인다: Bruce, *The Epistle to Hebrews*, 311-2; Attridge, *Hebrews*, 341-2.

29) Bruce, *The Epistle to Hebrews*, 314-5.

30) C. T. Studd의 생애에 관하여는, 에일린 빈센트, 「C. T. 스터드와 프리실라: WEC창설자 부부의 전기」, 조은혜 역 (서울: 죠이선교회, 1994)를 보라.

제 7 장

# 제 6 강해(히 12:1-13): "경주와 훈련"

설교의 서론: 히 1:1-2:4(구약의 일곱 말씀의 연쇄인용을 통하여)
제 1 강해: 히 2:5-18(시 8:4-6에 대하여-시 22:22; 사 8:17-18과 함께)
제 2 강해: 히 3:1-4:16(시 95:7-11에 대하여-창 2:2와 함께)
제 3 강해: 히 5:1-7:28(시 110:4에 대하여-창 14:17-20과 함께)
제 4 강해: 히 8:1-10:25(렘 31:31-34에 대하여-시 40:6-8과 함께)
제 5 강해: 히 10:26-11:40(합 2:3하-4에 대하여)
**제 6 강해: 히 12:1-13(잠 3:11-12에 대하여)**
제 7 강해: 히 12:14-29(출 19:12-13을 중심으로 시내 산과 시온 산에 대하여)
설교의 결론: 히 13:1-23(구약의 두 말씀 인용과 암시들을 통하여)

히브리서 12장은 구약성경의 두 가지 말씀 인용과 강해로 이루어졌다. 히브리서 저자는 전반부(히 12:1-13)에서 연단에 관한 주제 하에 잠언 3장을 강해하여 권면하고, 후반부(히 12:14-29)에서는 시내 산의 종말론적 완성인 시온 산에 관한 주제 하에 출애굽기와 신명기의 본문을 염두에 두고 강해하여 권면한다.

# I. 구조 분석

히브리서 12장에는 11장과 달리 새로운 단락이 시작되는 특징이 나타난다. 우선 장르 면에서 11장이 역사적인 이야기의 진술인 반면 12장은 목회적 권면이고, 11장은 직설법의 연속인 반면 12장은 명령법과 권유법으로 이루어졌고, 11장은 삼인칭이 사용된 강해이지만 12장은 일–이인칭이 동원된 현재 청중들을 향한 권면이다. 하지만 히브리서 11장 후반과 12장 초반은 연결어들로 긴밀하게 묶여 있다. 즉, 히브리서 11:39와 12:1의 "증거를 받다"(μαρτυρηθέντες)와 "증인들"(μαρτύρων) 그리고 히브리서 11:40과 12:1의 "우리"(ἡμεῖς, ἡμῶν) 등이다. 그래서 히브리서 12:1–3은 11장을 요약하는 동시에 새로운 문단의 서론의 역할을 하고 있다. 히브리서에서는 이미 3:1–6과 8:1–6이 이전의 기독론적인 논의를 요약하고 동시에 새로운 강해의 서론이 되는 기능을 하였던 것을 볼 수 있었다.[1)]

히브리서 12장은 다음과 같이 주제와 구조에 있어서 짝을 이루는 두 단락으로 구성되어 있다.[2)] 이때 처음에 나오는 권면은 각 단락에서 서론의 기능을 한다. 두 번째 부분은 각각 구약성경을 인용하고 강해하는 문단이며, 마지막 문단은 각각의 강해에 기초한 결론적 권면이다.

| **히브리서 12:1–13** | **히브리서 12:14–29** |
|---|---|
| A 권면(12:1–3) | A 권면(12:14–17) |
| B 강해(12:4–11) | B 강해(12:18–24) |
| A' 권면(12:12–13) | A' 권면(12:25–29) |

히브리서 12:1-13을 한 단락으로 묶어주는 일종의 묶음쇄(inclusio)가 처음(1절, "경주를 하며")과 끝(13절, "길")에 위치한다.[3] 이 문단은 비단 묶음쇄로만 묶인 것이 아니라, 주제어들로도 묶여 있다. 히브리서 10장 후반부터 시작된 "인내" 가운데 견지되어야 하는 "믿음"이라는 주제(히 10:32-39)가 11장에 이어 12장 전반부에서도 계속 이어지고 있다. 히브리서 10:32, 36에 나왔던 "인내"(ὑπομονή) 혹은 "참다"(ὑπομένω)라는 어휘는 히브리서 12장의 1, 2, 3, 7절에 나오고 있고, 특별히 인내가 발휘되어야 하는 삶의 정황을 묘사하는 "징계"(παιδεία)라는 어휘는 이 문단의 성경강해 부분에서 여덟 번이나 반복된다(히 12:5, 6, 7x2, 8, 9, 10, 11).

## II. 본문 해설

바로 앞의 구조 분석에서 보았듯이, 구조적인 면에서나 주제적인 면에서 한 단락을 이루는 히브리서 12:1-13은 자연스럽게 세 부분으로 나눠진다. 즉, 서론적 권면(1-3절), 성경인용과 강해(4-11절), 그리고 결론적 권면(12-13절)으로 구성된다. 이때 4절이 첫 문단과 둘째 문단을 이어주는 돌쩌귀 역할을 한다. 4절에서 초점이 예수 그리스도에서 청중에게로, 그리고 사용된 은유가 트랙경기에서 권투시합으로 전환되면서 이 지점에서 새로운 문단이 시작되는 것이 분명해진다. 두 번째 문단과 마지막 문단의 경계 신호는 12절의 설명적인 접속사(Διό, "그러므로")이다.

## 1. 시작하는 권면: 인내의 완전한 모범 예수-인내로 경주함(히 12:1-3)

> 12:1 이러므로 우리에게 구름 같이 둘러싼 허다한 증인들이 있으니 모든 무거운 것과 얽매이기 쉬운 죄를 벗어 버리고 인내로써 우리 앞에 당한 경주를 하며 2 믿음의 주요 또 온전하게 하시는 이인 예수를 바라보자 그는 그 앞에 있는 기쁨을 위하여 십자가를 참으사 부끄러움을 개의치 아니하시더니 하나님 보좌 우편에 앉으셨느니라 3 너희가 피곤하여 낙심하지 않기 위하여 죄인들이 이같이 자기에게 거역한 일을 참으신 이를 생각하라.

히브리서 12:1-3은 이전 단락의 결론적 권면이기도 하고, 새로운 단락의 서론적 권면이기도 하다. 히브리서 11장에서 연쇄적으로 열거되었던 믿음의 사람들의 영광스러운 역사를 염두에 두고 히브리서 저자는 이제 그의 청중을 바라본다. 히브리서 11장을 통하여 보이지 않는 것을 확신하고 이루어질 것을 바라보며 고난을 참았던 증인들로 말미암아 믿음의 표준이 세워졌다. 그러나 히브리서 저자는 인내하는 믿음의 최고 사표(師表, model)인 예수께로 향한다. 주님은 앞에 있는 영광을 바라보는 데 실패하지 않고 큰 고난을 몸소 참아내셨다. 이제 히브리서의 청중은 모든 시대의 그리스도인들과 더불어 이전의 성도들과 주님께서 지니셨던 믿음의 발자취를 좇아가는 경주를 하도록 부름을 받았다. 이러한 자세만이 이들이 처한 난국을 견디어 나갈 수 있게 한다.

이 문단 맨 처음에 신약에서 단 두 번밖에 사용되지 않은 강조 접속사 "그러므로"(τοιγαροῦν, 또 다른 다른 한 곳은 데살로니가전서 4:8)가 배치되어 히브리서 12:1-3을 히브리서 11장과 견고하게 연결시켜주는 역할을 한다. 그러나 히브리서 저자는 곧바로 "우리"[4]를 말함으로써 히브리서 11:39에서 언급하였던 "이 사람들"과 대비시킨다. 원문에서 긴 한 문장으로 구성된 히브리서 12:1-2는 청중에게 당시 경기장에서 흔히 벌어지는 달리기 경주의 은유를 제공한다. 이 은유는 그리스도인들이 믿음 가운데 인내하고 목표를 향해 순종하는 신앙의 순례여정에서 두 가지 위로를 준다. 첫째는 이 여정을 지나온 허다한 증인들이 주는 확신이며(1절), 둘째는 선두주자로서[5] 이 경주를 완주하신 예수께서 제공해 주시는 탁월한 위로이다(2절). 히브리서 저자는 자신의 청중이 이러한 확신을 가지고 앞서간 사람들이나 주님과 자신들을 동일시함으로써 미래의 소망을 추구하도록 격려한다.

그리스-로마 세계에서 군중에 대한 은유였던 히브리서 12:1의 "구름"은 "증인들의"(μαρτύρων) 많은 숫자뿐만 아니라 그들의 고결한 믿음에 대한 증거의 통일성을 의미한다. 이 증인들은 신앙의 경주에서 수동적인 구경꾼이 아니라 목숨을 바쳐 인내와 충성으로 달려왔던 적극적인 참여자였다. 여기서 벗어 버려야 할 "무거운 것"(ὄγκος)은 경주자에게 짐을 더해주는 옷이 될 수도 있지만, 문맥상으론 교만이나 가식(롬 13:12; 엡 4:22; 골 3:8; 벧전 2:1; 약 1:21)에 대한 은유일 수도 있다. 또한 이 구절에서 사본들의 현황은 "얽매이기 쉬운(εὐπερίστατος) 죄"인가? 혹은 "빗나가기 쉬운(εὐπερίσπαστος) 죄"인가? 라는 두 가지 이문에 대해 증거사본들의 지지도가 팽팽한 대립관계에 있는데, 필사상의 오류이거나 전자의 뜻이 모호하다고 생각한 파피루스 사본 $P^{46}$의 필사자가 의도적으로 후자로 바꾼 듯하다.[6] 물론 여기서 모두 단수로 언급된 "모든 무거운 것"과 "죄"는 구체적이기보다는 일반적인 언급으로 보아야 한다.

히브리서 12:2에서 “믿음의 주(창시자)요 또 온전하게 하시는 이(완성자)인 예수를 바라보자”(ἀφορῶντες εἰς τὸν τῆς πίστεως ἀρχηγὸν καὶ τελειωτὴν Ἰησοῦν)는 권면은 모든 얽매이게 하는 것들로부터의 돌이킴을 포함한다. 또한 주님은 “믿음의 창시자”이시며(앞에 나오는 히 2:10의 설명을 보라) “믿음의 완성자”이시다. 이때 주님은 새 언약을 이루시고 하나님 앞으로 나아가는 “새롭고 산길”을 여셨기 때문에(히 10:19-20) 그분을 “믿음의” 원천으로 볼 수도 있고, 또한 주님은 하나님께 충성하시고 믿음을 창시하고 완성하셔서 그 뒤를 따라오는 자들의 “믿음의” 모델이 되신 것으로도 볼 수 있다.

이 구절의 해석에서 또 다른 주안점은 “ἀντὶ χαρᾶς”라는 어구를 “기쁨을 포기하고”(비교. 히 10:34; 12:11; 13:17) 혹은 “기쁨을 위하여”(비교. 마 17:27; 엡 5:31; 히 11:26)로 해석할 것인가의 문제인데, 이는 “기쁨”(χαρᾶς)을 수식하는 “그 앞에 있는”(τῆς προκειμένης αὐτῷ)이라는 어구를 현재적으로 볼 것인가 미래적으로 볼 것인가의 문제와 연관되어 있다. 대부분의 주석가들은 후자인 “기쁨을 위하여”로 해석하고 있고,[7] 히브리서 12:16절에서 사용된 동일한 전치사를 감안해도 이것이 가장 자연스러운 해석이며,[8] “그 앞에 있는”이라는 어구도 미래적 혹은 종말론적으로 해석하는 것이 맞다.

히브리서 12:3은 1절과 2절에 대한 논리적 결론이며 동시에 권면이다. 히브리서 저자는 자신의 청중들이 피곤하여 낙심하지 않도록 하기 위하여 다시금 그리스도를 생각하라고 권면한다. 이 “생각하라”(ἀναλογίσασθε)라는 헬라어는 신약에서 이곳에만 나오는 독특한 어휘이다. 저자는 초점을 그리스도의 인내에 두는데, 이제는 그 인내의 대상이 십자가의 고통이 아니라 능동적인 반대와 거절을 의미하는 죄인들의 적대행위(ἀντιλογίαν)이다. 그는 마무리 권면에서는 청중들에게 "피곤한 손과 연약한 무릎을 일으켜 세우고"라고 좀 더 적극적으로 표현할 것이지만(히 12:12), 여기서는 "너희가 피곤하여 낙심하지 않기 위하여"라는 소극적인 표현으로 권면하고 있다. 우리는 여기서 그리스도를 생각하는 것이 정신적-영적 회복뿐만 아니라 육체적 회복의 길임을 발견한다.[9]

## 2. 성경인용과 강해: 훈련의 목적(히 12:4-11)

> 12:4 너희가 죄와 싸우되 아직 피 흘리기까지는 대항하지 아니하고 5
> 또 아들들에게 권하는 것 같이 너희에게 권면하신 말씀도 잊었도다 일렀으되 내 아들아 주의 징계하심을 경히 여기지 말며 그에게 꾸지람을 받을 때에 낙심하지 말라 6 주께서 그 사랑하시는 자를 징계하시고 그가
> 받아들이시는 아들마다 채찍질하심이라 하였으니 7 너희가 참음은 징계
> 를 받기 위함이라 하나님이 아들과 같이 너희를 대우하시나니 어찌 아버지가 징계하지 않는 아들이 있으리요 8 징계는 다 받는 것이거늘 너희
> 에게 없으면 사생자요 친아들이 아니니라 9 또 우리 육신의 아버지가
> 우리를 징계하여도 공경하였거든 하물며 모든 영의 아버지께 더욱 복종
> 하며 살려 하지 않겠느냐 10 그들은 잠시 자기의 뜻대로 우리를 징계하
> 였거니와 오직 하나님은 우리의 유익을 위하여 그의 거룩하심에 참여하
> 게 하시느니라 11 무릇 징계가 당시에는 즐거워 보이지 않고 슬퍼 보이
> 나 후에 그로 말미암아 연단 받은 자들은 의와 평강의 열매를 맺느니라.

이 여섯 번째 강해의 중심부이며 "징계"라는 어휘로 견고하게 짜

인 히브리서 12:4-11은 4절의 도입부와 5-6절의 성경인용, 그리고 7-11절의 강해로 이루어진 일종의 목회적 설교 즉, 미드라쉬이다. 이 문단은 9절의 전환어구("또")에 의하여 부드럽게 두 부분으로 나뉜다. 첫째 부분은 구절마다 아들이라는 어휘가 나와서 아들 됨을 강조한 4-8절이고, 둘째 부분은 징계의 성격, 의도, 그리고 그 결과를 대조하는 9-11절이다. 강해 부분의 기본적인 메시지는 진정한 아들 됨을 위한 아버지의 징계(7-8절), 이 징계에 대한 합당한 반응(9절), 그리고 징계 받는 자들에게 주어지는 혜택(10-11절)으로 요약된다.

본 문단의 도입부인 4절에서 "죄와 싸우다"(πρὸς τὴν ἁμαρτίαν ἀνταγωνιζόμενοι)라는 어구는 죄를 짓지 않으려는 투쟁(ἀντικατέστητε)이 아니라 배도를 피하려는 투쟁으로, 또한 "피 흘리기까지"(μέχρις αἵματος)라는 어구는 죽음을 의미한다고 보아야 한다. 예수께서는 죄인들의 적대행위를 견디시되 죽기까지 하셨고(비교. 히 12:2; 빌 2:8), 히브리서 11장에 언급된 믿음의 영웅들 중 어떤 이들도 그러하였다(참조. 히 11:35-38). 그러나 히브리서의 청중들은 그들의 신앙 때문에 심한 핍박을 받은 적은 있으나(히 10:32-34), 아직 순교의 지경에는 이르지 않았다. 이 구절의 목표는 청중의 사기를 꺾고자 함이 아니라, 오히려 그들보다 더한 시련 가운데에서도 의연하게 견디어낸 이들을 마음에 떠오르게 하고 더 나아가서는 시련 가운데 있는 청중을 향한 하나님 아버지의 사랑을 깨닫도록 하고자 함에 있다.

히브리서 12:5하-6은 잠언 3:11-12(LXX)의 인용인데, 잠언 3:12에서 칠십인 역과 마소라 본문이 서로 다르다. 마소라 본문은 "여호와께서 그 사랑하시는 자를 징계하시기를 마치 아비가 그 기뻐하는 아들을 징계함같이 하시느니라"인데, 칠십인 역은 "주께서 그 사랑하시는 자를 징계하시고 그가 받아들이시는 아들마다 채찍질하심이라"(ὃν γὰρ ἀγαπᾷ κύριος παιδεύει μαστιγοῖ δὲ πάντα υἱὸν ὃν παραδέχεται, 히 12:6)로 되어 있다. 히브리서 저자는 칠십인 역을 따라 인용하면서, 잠언 3:11의 "아들아"(υἱέ)라는 호칭에 "내"(μου)라는 어휘를 더 붙여서 친밀감을 더 해주는 본문으로 만들었다. 이뿐만 아니라 저자는 히브리서 12:5상에서 "또 아들들에게 권하는 것 같이 너희에게 권면하신 말씀도 잊었도다"(καὶ ἐκλέλησθε τῆς παρακλήσεως, ἥτις ὑμῖν ὡς υἱοῖς διαλέγεται)라는 애정 어린 책망을 도입함으로써 인용문을 해석하는 자신의 관점을 암시하고 있다. 다시 말해서, 히브리서 저자는 잠언 3:11-12의 말씀을 예수 그리스도께서 가능하게 하신 새 언약으로 인하여 아들 됨을 누리고 있는 이들을 향한 하나님의 말씀으로 보고 있다.

이 인용문은 믿는 자들이 하나님과의 진정한 부자관계에 있다는 사실과 그들이 당하는 징계(고난이나 연단) 사이에는 필요불가결한 연관성이 있음을 보여주는 기능을 한다. "징계"로 번역된 원어 "파이데이아"(παιδεία)가 성경에 사용된 의미영역은 매우 넓다. 이 어휘는 훈련이나 교훈을 의미하기도 하고, 교육적인 책망, 바르게 함, 어려움이나 고난, 징벌 등을 통한 확실한 인도 등의 의미를 포함한다. 하나님은 그의 자녀를 징계하는 아비와 같이 순종의 목적을 위하여 그의 백성을 훈련하시는 분이시다(신 8:5-6; 딛 2:11-14). 이렇게 하나님은 책임있고 바르게 해주는 사랑으로 자신의 자녀들을 성숙시켜 가신다는 확신 가운데, 진정한 하나님의 자녀라면 "주의 징계를 가볍게 여기거나 그 꾸지람 때문에 용기를 잃어서는 안 된다"(μὴ ὀλιγώρει παιδείας κυρίου μηδὲ ἐκλύου ὑπ' αὐτοῦ ἐλεγχόμενος, 히 12:5하). 다른 말로 하면 "훈련으로서의 고난"인 이 "파이데이아"(παιδεία)를 우리는 환영하고 기뻐하며 경홀히 여기지 아니하고 좌절하지도 않아야 된다.

이미 언급한대로 히브리서 12:7-8은 잠언 3:11-12에 대한 히브리서 저자의 목양적 주석이다. 히브리서의 청중들이 겪고 있는 하나님의 징계는 하나님을 향한 그들의 충성 때문에 견뎌야 하는 고난이나 어려움이다(비교. 히 10:32-34; 11:35-12:4). 개역성경의 7절, "너희가 참음은 징계를 받기 위함이라 하나님이 아들과 같이 너희를 대우하시나니 어찌 아버지가 징계하지 않는 아들이 있으리요"(εἰς παιδείαν ὑπομένετε, ὡς υἱοῖς ὑμῖν προσφέρεται ὁ θεός. τίς γὰρ υἱὸς ὃν οὐ παιδεύει πατήρ)는 원문과 비교하면 밑줄 친 앞부분의 번역이 좀 어색하다. 이렇게 다시 번역해보면 의미가 좀 더 분명해진다: "너희가 훈육을 참아내어라. 이는 하나님께서 너희를 아들처럼 대우하시기 때문이다. 아비가 훈육하지 않는 아들이 누가 있겠느냐?" 7-8절에서 히브리서 저자는 징계와 아들이라는 어휘를 세 번씩 활용하여 설명한다. 저자는 징계 혹은 고난 가운데 있는 자신의 청중들이 하나님의 진정한 자녀들이라고 역설하고 있다. 즉 아들 됨과 훈육은 불가분의 관계이다. 이렇게 모든 하나님의 자녀들은 훈련 혹은 연단을 받아야 한다고 말하는 히브리서 저자는 이미 그리스도께서도 "아들이시면서도 받으신 고난으로 순종함을 배워서"(히 5:8)라고 말한 바가 있다.

히브리서 12:9-10에서 히브리서 저자는 또 다시 작은 것("육신의 아버지"-τῆς σαρκὸς ἡμῶν πατέρας)에서 큰 것("영들의 아버지"-τῷ πατρὶ τῶν πνευμάτων)으로의 논증을 활용하여 설명한다. 우리는 훈육의 고난을 통하여 그 성품이 형성되어간다(롬 8:29). 그야말로 고난에는 뜻이 있다. 9절은 징계에 대한 합당한 반응을 말해주고 있다. “고난당하기 전에는 내가 그릇 행하였더니 이제는 주의 말씀을 지키나이다”(시 119:67) 혹은 “고난당한 것이 내게 유익이라 이로 인하여 내가 주의 율례를 배우게 되었나이다”(시 119:71) 등과 같은 고백은 고난의 삶의 자리를 지나온 자만이 할 수 있는 고백이며 9절에서 저자가 기대하는 고백일 것이다. 9절의 “모든 영의 아버지”(τῷ πατρὶ τῶν πνευμάτων)는 우리가 단순히 존경만이 아니라 복종해야 할 하나님에 대한 엄숙한 표현이다(민 16:22; 27:16). 10절에서 “잠시”(πρὸς ὀλίγας ἡμέρας)와 “그의 거룩함에 참여함”이라는 두 어구는 훈육의 잠정성과 그 훈육의 궁극적 목적을 각각 언급한다고 볼 수 있다. 그러나 여기서는 훈육의 잠정성보다는 그 훈육 행위의 의도와 목적을 대조하는 데 초점을 맞추고 있다. 우리를 훈육하시는 하나님의 행하심은 임의적이고 주관적인 판단에 근거를 두지 않고 객관적인 “우리의 유익”(ἐπὶ τὸ συμφέρον)의 관점에서 이루어진다고 저자는 역설한다. 그것은 바로 “그분의 거룩하심에 참여하는 것”(εἰς τὸ μεταλαβεῖν τῆς ἁγιότητος αὐτοῦ)인데, 히브리서에서는 이 “거룩함”(ἁγιότητος)은 그 기본 뜻이 일차적으로 대제사장 예수 그리스도의 희생이 가져오는, 양심을 온전히 깨끗하게 함에 근거한다(히 10:19–22). 결국은 훈육의 과정이 기본적으로 “정욕 때문에 세상에서 썩어질 것을 피하여 신의 성품에 참여하는 자가 되게 하는”(벧후, 1:4, ἵνα διὰ τούτων γένησθε θείας κοινωνοὶ φύσεως ἀποφυγόντες τῆς ἐν τῷ κόσμῳ ἐν ἐπιθυμίᾳ φθορᾶς) 과정이며 “모든 사람에게 구원을 주시는 하나님의 은혜가 나타나 우리를 양육(훈육)하시되 경건하지 않은 것과 이 세상 정욕을 다 버리고 신중함과 의로움과 경건함으로 이 세상에 살게”(Ἐπεφάνη γὰρ ἡ χάρις τοῦ θεοῦ σωτήριος πᾶσιν ἀνθρώποις παιδεύουσα ἡμᾶς, ἵνα ἀρνησάμενοι τὴν ἀσέβειαν καὶ τὰς κοσμικὰς ἐπιθυμίας σωφρόνως καὶ δικαίως καὶ εὐσεβῶς ζήσωμεν ἐν τῷ νῦν αἰῶνι, 딛 2:11-12) 만드시는 과정이 아니겠는가? 하나님의 훈육은 우리를 합당한 천국 백성으로, 그리스도의 신부로 빚어 가시는 은혜의 손길이다.

11절의 주안점은 고린도후서 4:17("우리의 잠시 받는 환난의 경한 것이 지극히 크고 영원한 영광의 중한 것을 우리에게 이루게 함이니")과 흡사하다(벧전 1:6이하; 히 4:12-14). 여기서 "기쁨"(χαρᾶς)과 "슬픔"(λύπης)이 서로 반대 개념인 것이 자연스러운 것처럼, 교육적인 훈육이 기쁜 경험으로 여겨지기가 쉽지 않다. 저자는 농업의 은유와 연관하여 훈육의 "열매"를 언급하면서(ὕστερον δὲ καρπὸν εἰρηνικὸν τοῖς δι᾽ αὐτῆς γεγυμνασμένοις ἀποδίδωσιν δικαιοσύνης), 중요한 두 가지 용어와 연결시킨다. 하나는 "평강"(εἰρηνικόν)이고 다른 하나는 "의"(δικαιοσύνης)이다. 이 어구는 "차후에 훈육을 통하여 연단 받은 자들에게 의롭고 화평한 열매를 (하나님께서) 주신다"라고 번역할 수 있는데, 참 지혜를 말하는 야고보서 3:18과 어휘와 내용이 흡사하다: "화평하게 하는 자들은 화평으로 심어 의의 열매를 거두느니라"(καρπὸς δὲ δικαιοσύνης ἐν εἰρήνῃ σπείρεται τοῖς ποιοῦσιν εἰρήνην). 이것들은 모두다 복음을 통하여 이루어지는 관계와 관련된 어휘들이며 각각 앞으로 나올 공동체생활에 관한 권면과도 연결된다(히 12:4; 13:1-5). 훈육의 결과로 관계성숙의 인격을 함양하게 되는 것이야말로 가장 귀한 축복이 아닐 수 없다. 11절의 또 다른 은유는 중요한 어휘인 "훈육으로(δι᾽ αὐτῆς) 연단 받은 자들"(τοῖς γεγυμνασμένοις)과 연관되는데,[10] 이는 끊임없이 반복적인 연습을 통하여 귀한 결과가 도출되는 경주자의 은유이다.

히브리서 전체를 통하여 저자의 주요 목적은 자신의 청중들로 하여금 역경 중에 충성스러워야 된다고 권면함에 있다. 히브리서 저자는 설교의 막바지에서 "그의 치욕을 짊어지고 영문 밖으로 그에게 나아가자"(히 13:13)라고 권면 한다. 이 공동체의 어느 누구도 아직은 순교를 당하지 않았지만(히 12:4), 앞으로는 그러한 일이 일어날지도 모른다. 이렇게 바라보는 관점은 징계 혹은 고난을 긍정적인 관점에서 바라보는 고난의 신학을 발전시켰다. 이것이 본 문단의 목적이다. 세상 사람들이 생각하듯이 고난은 그리스도인의 지위에 반하는 것이 아니라 오히려 그리스도인의 표지이다. 그러므로 고난은 하나님의 사랑에 반하는 것이 아니라 오히려 하나님의 자녀에게 꼭 있는 것이다. 고난은 하나님께서 자신의 자녀들을 교육하고 훈육하는 아름다운 수단이다.

### 3. 마무리 권면: 충성스러운 경주(12:12-13)

> 12:12 그러므로 피곤한 손과 연약한 무릎을 일으켜 세우고 13 너희 발을 위하여 곧은 길을 만들어 저는 다리로 하여금 어그러지지 않고 고침을 받게 하라.

전 문단에서 고난에 대한 긍정적인 관점을 제시하고 나서 히브리서 저자는 이제 다시 자신의 청중들에게 운동경기의 은유를 통하여 마무리 권면을 한다. 히브리서 12:12-13에서 히브리서 저자는 구약의 두 말씀을 암시한다. 그는 청중들에게 이사야서 35:3("너희는 약한 손을 강하게 하며 떨리는 무릎을 굳게 하며")과 잠언 4:26("네 발이 행할 길을 평탄하게 하며 네 모든 길을 든든히 하라")을 약간씩 변형하여 인용함으로써 권면한다.

이 두절의 은유적인 표현으로 저자는 청중들의 상태를 묘사하고 있음을 우리는 알 수 있다. 전통적으로 “피곤한 손과 연약한 무릎을 일으켜 세우라”(τὰς παρειμένας χεῖρας καὶ τὰ παραλελυμένα γόνατα ἀνορθώσατε)라는 명령은 실의에 빠지거나 탈진상태에서 벗어나라는 의미이다(12절). 13절에서 “저는 다리”(τὸ χωλόν)는 은유적으로 올바른 신학적 혹은 윤리적 가르침에서 벗어난 이들을 의미한다고 볼 수 있는데, 이들은 자신들이나 다른 이들을 더 “어그러지게”(ἐκτραπῇ) 할 수 있기 때문에 경기 중에라도 빨리 “고침을 받아야”(ἰαθῇ) 한다고 저자는 권면한다. 히브리서 저자는 하나님의 백성에 대한 훈육 메시지가 담겨 있는 문단을 이렇게 마무리하고 있다.

## III. 개인 묵상이나 그룹 토론(설교 구상)을 위한 질문

1. 히브리서 저자는 히브리서 11장과 12장을 어떻게 연결시키고 있는가?
2. 지금 나의 믿음의 행진에서 주어지는 하나님의 훈련은 무엇인가?
3. 예수 그리스도의 인내의 모범이 나에게 어떻게 다가오는가?
4. 잠언을 인용하고 강해하는 히브리서 저자의 논리와 권면이 내게 주는 메시지는?
5. 결론적 권면이 나에게는 어떻게 적용될 수 있는가?

# 주(註)

1) Attridge, *Hebrews*, 354.

2) Lane, *Hebrews 9-13*, 446.

3) 히브리서 12:1에 나오는 동사 "경주를 하다"는 헬라어로 "트렉코"(τρέχω)이고, 히브리서 12:13에 나오는 명사 "길"은 헬라어로 "트로키아"(τροχιά)인데, 이 두 어휘는 서로 동일한 동족어군에 속한다. 후자("길"을 나타내는 헬라어)는 신약성경에서 히브리서 12:13에만 유일하게 나오는 어휘이나, 칠십인 역의 잠언에서는 흔한 어휘이다(잠 2:15; 4:11, 26-27; 5:6. 21). 잠언 3:11-12를 인용하고 있는 히브리서 저자가 칠십인 역의 조금 후에 나오는 잠언 4:26에서 이 어휘를 히브리서 12:1의 "경주하다"라는 어휘와 맞추려는 자신의 목적을 위하여 활용한 것 같다.

4) 원문에는 "우리들도"(καὶ ἡμεῖς)라는 강조표현을 쓰고 있다.

5) 히브리서 저자는 이미 히브리서 6:20에서 예수 그리스도를 앞서가신 분(πρόδρομος), 즉 달리기 경주에서 선두주자로 묘사하고 있다.

6) 매츠거, 「신약 그리스어 본문주석」, 585.

7) Attridge, *Hebrews*, 357.

8) 히브리서 12:16의 "한 그릇 음식을 위하여"(ἀντὶ βρώσεως μιᾶς)라는 어구에서 사용된 용례를 말한다.

9) "너희가 피곤하여 낙심하지 않기 위하여"라는 구절에 포함되어 있는 ταῖς ψυχαῖς ὑμῶν라는 어구를 감안한다면, 우리는 이 구절이 육체적인 피곤뿐만 아니라 정신적-영적 탈진을 의미하고 있음을 알 수 있다.

10) 이 어휘에 대한 해설은 본서의 히브리서 5:14의 해석이 나오는 "제 3 강해"(제5장)를 참조하라.

## 제 8 장

# 제 7 강해(히 12:14-29):
# "시내 산 대 시온 산"

설교의 서론: 히 1:1–2:4(구약의 일곱 말씀의 연쇄인용을 통하여)
제 1 강해: 히 2:5–18(시 8:4–6에 대하여–시 22:22; 사 8:17–18과 함께)
제 2 강해: 히 3:1–4:16(시 95:7–11에 대하여–창 2:2와 함께)
제 3 강해: 히 5:1–7:28(시 110:4에 대하여–창 14:17–20과 함께)
제 4 강해: 히 8:1–10:25(렘 31:31–34에 대하여–시 40:6–8과 함께)
제 5 강해: 히 10:26–11:40(합 2:3하–4에 대하여)
제 6 강해: 히 12:1–13(잠 3:11–12에 대하여)
**제 7 강해: 히 12:14–29(출 19:12–13을 중심으로 시내 산과 시온 산에 대하여)**
설교의 결론: 히 13:1–23(구약의 두 말씀 인용과 암시들을 통하여)

히브리서 저자는 이제 자신의 일곱 강해 중의 마지막에 이르렀다. 이번에는 구약성경의 어떤 구체적인 구절이라기보다는 옛 언약의 발원지인 시내 산에 대하여 묘사하는 구약의 본문을 강하게 암시하면서 자신의 강해를 진전시킴으로써 시온 산으로 대변되는 새 언약과 옛 언약을 강하게 대비시킨다(히 12:18–24). 히브리서 저자는 이 마지막 강해를 경고성의 권면(히 12:14–17)으로 시작하여 역시 경고성의 권면(히 12:25–29)으로 마무리한다.

# I. 구조 분석

앞장에서 언급하였듯이, 히브리서 12장은 여섯 번째 강해인 전반부(히 12:1-13)와 마지막 강해인 후반부(히 12:14-29)가 대칭을 이루면서 다음과 같이 구조적인 유사성을 지니고 있다.

| 히브리서 12:1-13 | 히브리서 12:14-29 |
|---|---|
| A 권면(12:1-3) | A 권면(12:14-17) |
| B 강해(12:4-11) | B 강해(12:18-24) |
| A' 권면(12:12-13) | A' 권면(12:25-29) |

# II. 본문 해설

히브리서 12:14-29는 위에서 설명한 대로 경고로 시작하여 경고로 끝나는 히브리서 대설교의 마지막 작은 설교이다. 어쩌면 하나님의 은혜로운 말씀을 거절할 위험에 대한 최종적인 경고라 할 수 있다.

## 1. 시작하는 경고: 거룩함과 충성스러움에 대한 도전(히 12:14-17)

> 12:14 모든 사람과 더불어 화평함과 거룩함을 따르라 이것이 없이는 아
> 무도 주를 보지 못하리라 15 너희는 하나님의 은혜에 이르지 못하는 자
> 가 없도록 하고 또 쓴 뿌리가 나서 괴롭게 하여 많은 사람이 이로 말미
> 암아 더럽게 되지 않게 하며 16 음행하는 자와 혹 한 그릇 음식을 위하
> 여 장자의 명분을 판 에서와 같이 망령된 자가 없도록 살피라 17 너희
> 가 아는 바와 같이 그가 그 후에 축복을 이어받으려고 눈물을 흘리며 구

하되 버린 바가 되어 회개할 기회를 얻지 못하였느니라.

이 시작하는 경고는 하나님의 은혜를 거역한 자들에게 주는 경고이다. 본 문단은 "따르라"(διώκετε)라는 명령법으로 이루어진 14절의 일반적인 권면으로 시작하여 15-17절의 "살피라"(ἐπισκοποῦντες)[1]라고 번역된 분사와 연결된 "없도록" 혹은 "않도록"으로 번역되는 세 개의 부정어절(μή τις)로 구성된다. 히브리서 저자는 이전 문단에서 고난에 대한 긍정적인 관점을 제시하고 나서 이제 다시 자신의 청중들을 권면한다. 그들은 그리스도인의 삶을 살아야하며 자신들의 이전 방식으로 돌아가는 것이 어려움을 피하게 해준다고 하더라도 그러한 유혹을 거절해야 한다. 히브리서 저자는 부정적인 사례인 에서의 본을 제시한다(16-17절). 이러한 권면은 이미 앞에서 나왔던 것들(히 2:1-3; 4:1-2; 6:1-6; 10:32-36)과 공통점이 많으나, 히브리서 11장과 12장 전반부의 내용 때문에 더 설득력이 있다.

히브리서 12:14는 신약의 다른 서신서에서 발견되는 것과 흡사한 일반적인 권면이다. "화평함을 따르라"(Εἰρήνην διώκετε)라는 권면은 로마서 14:19, 디모데후서 2:22, 베드로전서 3:11 등에서 나오고 있다. "거룩함"(ἁγιασμόν)은 이미 비슷한 말로 히브리서 12:10(ἁγιότης)에서 하나님의 훈육의 목적으로 묘사되고 있다. 본 절의 "주를 볼 것이다"(ὄψεται τὸν κύριον)라는 어구는 종말론적인 말인데, 요한일서 3:2("사랑하는 자들아 우리가 지금은 하나님의 자녀라 장래에 어떻게 될 것은 아직 나타나지 아니하였으나 그가 나타내심이 되면 <u>우리가</u> 그와 같을 줄을 아는 것은 <u>그의 계신 그대로 볼 것</u>[ὀψόμεθα αὐτὸν καθώς ἐστιν]을 인함이니")의 말씀과도 연결되고 마태복음 5:8("마음이 청결한 자는 복이 있나니 <u>그들이 하나님을 볼 것임</u>이요

[αὐτοὶ τὸν θεὸν ὄψονται]")과도 연결된다.

위에서 언급한대로, 15-17절은 신명기 29:17(칠십인 역, 개역성경은 신 29:18)과 흡사하게 분사를 앞세운 세 가지의 부정적인 권면으로 구성된다. 15절은 처음 두 개의 부정적인 권면인데, 이것들은 히브리서 저자의 주된 관심사의 표명이며 공동체의 구성원 간에 이루어져야 할 상호임무에 관하여 말하고 있다. 첫 번째 권면인 "하나님의 은혜에 이르지 못하는 자가 없도록 하라"(μή τις ὑστερῶν ἀπὸ τῆς χάριτος τοῦ θεοῦ,)라는 말은 히브리서의 맥락에서는 마지막 종말론적인 구원의 상실에 대한 경고로도 해석할 수 있다(비교. 히 4:16; 10:29; 벧전 1:13). 두 번째 권면, "쓴 뿌리가 나서 괴롭게 하여 많은 사람이 이로 말미암아 더럽게 되지 않게 하라"(μή τις ῥίζα πικρίας ἄνω φύουσα ἐνοχλῇ καὶ δι᾽ αὐτῆς μιανθῶσιν πολλοί)는 본문의 전승에 대한 논란이 있는데, 신명기 29:18(신 29:17, LXX)의 인용인 것은 분명하다. 신명기의 맥락에서 "쓴 뿌리"는 우상숭배이거나 더 넓게는 일반적인 죄를 의미할 수도 있는데, 히브리서의 맥락에서는 우상숭배와 공동체적인 언약관계를 저버리는 죄를 의미하면서 핍박이나 종말론적인 소망에 대한 실망감 때문에 일어날 죄가 온 공동체를 오염시킬 것에 대하여 경고하고 있는 것으로 볼 수 있다.[2] 특히 가정교회 공동체내에서 불신앙과 배도로 더럽혀진 자는 다른 "많은 이들이 더럽혀질"(μιανθῶσιν πολλοί) 위험, 즉 온 공동체를 부패시킬 위험이 있다.[3]

16-17절은 세 번째 부정적인 권면, "음행하는 자와 혹 한 그릇 음식을 위하여 자신의 장자의 명분을 판 에서와 같이 망령된 자가 없도록 살피라"(μή τις πόρνος ἢ βέβηλος ὡς Ἠσαῦ, ὃς ἀντὶ βρώσεως μιᾶς ἀπέδετο τὰ πρωτοτόκια ἑαυτοῦ)라는 경계와 그것을 받아들이지 않았던 사람의 비참한 운명에 대한 진술이다. 이 마지막 경계는 앞의 둘과는 달리 신명기에서가 아니라 창세기 25:29-34에서 왔다. 헬라어 원문에 "음행하는 자 혹 망령된 자"(πόρνος ἢ βέβηλος)가 함께 나열된 것으로 보아 서로 비슷한 특질을 표현하는 비슷한 말로 보인다. 그리고 구약성경에서도 음행은 우상숭배(즉 하나님을 버림)와 밀접한 관련이 있음을 누누이 말하고 있고(신 31:16; 민 14:33; 삿 2:17; 호 1:2; 렘 2:20; 겔 16:15 등), 에서가 이방 여인과 결혼한 것과 한 그릇 음식을 위하여 생각 없이 하나님이 복으로 주신 자신의 장자권(τὰ πρωτοτόκια)[4]을 팔아치운 것은 동일한 인물의 동일한 인격에서 나온 것임이 분명하기 때문에, 16절에서 이 두 형용사는 유사 특질로 볼 수 있을 것이다. 그래서 이 구절을 "아무도 에서처럼 배도적이거나 세속적이지 않도록"(that no one become apostate or secular like Esau)하라고 번역하고 주석하는 이도 있다.[5]

17절은 에서의 결정에 대한 비참한 결과를 묘사한다: "너희가 아는 바와 같이 그가 그 후에 축복을 이어받으려고 눈물을 흘리며 구하되 버린 바가 되어 회개할 기회를 얻지 못하였느니라."(ἴστε γὰρ ὅτι καὶ μετέπειτα θέλων κληρονομῆσαι τὴν εὐλογίαν ἀπεδοκιμάσθη, μετανοίας γὰρ τόπον οὐχ εὗρεν καίπερ μετὰ δακρύων ἐκζητήσας αὐτήν). 이 구절의 주동사(ἀπεδοκιμάσθη)는[6] 신적 수동태(divine passive)로 볼 수 있는 부정과거 수동형으로 "그(에서)는 (하나님께) 버린 바가 되었다"로 해석할 수 있다. 이 주동사 이외에 "그는 축복을 이어받으려는 뜻을 품고"(θέλων κληρονομῆσαι τὴν εὐλογίαν) "눈물을 흘리며 그것을 강구하였지만(καίπερ μετὰ δακρύων ἐκζητήσας αὐτήν)[7] "회개의 기회를 얻지 못하였다"(μετανοίας γὰρ τόπον οὐχ εὗρεν)라는 나머지 어구들에서 분명해 지는 것은 16절에 기술된 에서의 행위는 하나님께 회개의 기회를 얻지 못한 배도와 동일하다는 점이다.[8] 이 두 절에 묘사된 에서의 예는 앞에서 말한 경계와 일맥상통하는 예이며, 히브리서 11장의 영웅들과는 반대이다. 그러므로 이 내용은 히브리서 6:8과 10:26-31에서 언급한 배도에 대한 경고와 유사한 예임이 분명하다.

## 2. 성경 강해: 시내 산과 시온 산(히 12:18-24)

> 12:18 너희는 만질 수 있고 불이 붙는 산과 침침함과 흑암과 폭풍과 19
> 나팔 소리와 말하는 소리가 있는 곳에 이른 것이 아니라 그 소리를 듣는
> 자들은 더 말씀하지 아니하시기를 구하였으니 20 이는 짐승이라도 그
> 산에 들어가면 돌로 침을 당하리라 하신 명령을 그들이 견디지 못함이라
> 21 그 보이는 바가 이렇듯 무섭기로 모세도 이르되 내가 심히 두렵고
> 떨린다 하였느니라 22 그러나 너희가 이른 곳은 시온 산과 살아 계신
> 하나님의 도성인 하늘의 예루살렘과 천만 천사와 23 하늘에 기록된 장
> 자들의 모임과 교회와 만민의 심판자이신 하나님과 및 온전하게 된 의인
> 의 영들과 24 새 언약의 중보자이신 예수와 및 아벨의 피보다 더 나은
> 것을 말하는 뿌린 피니라.

본 문단은 그리스도인이 누리는 현재 지위의 영광스러움을 표현하는 히브리서에서 가장 두드러진 구절들 중에 하나이다. 이 문단은 더 작게 두 문단으로 나누어지는데, 첫 문단(18-21절)은 옛 언약을 암시하는 시내 산에 대한 묘사이고, 두 번째 문단(22-24절)은 새 언약을 암시하는 시온 산에 대한 묘사이다. 히브리서 저자는 원문에서 18-21절의 "너희는 이른 것이 아니라"(Οὐ γὰρ προσεληλύθατε)라는 어구와 22-24절의 "그러나 너희가 이른 곳은"(ἀλλὰ προσεληλύθατε)이라는 어구를 각각 문단의 첫머리에 둠으로써 시내 산(옛 언약)과 시온 산(새 언약)의 생생한

대조를 보여준다. 이렇게 함으로서 저자는 자신의 청중들이 그리스도를 통하여 또한 그 안에서 소유하고 있는 것에 대한 놀라운 그림을 제공하고 있다. 본 문단은 아마도 신약성경에서 보여주는 가장 전형적인 실현된 종말론의 예일 것이다. 18절과 22절의 실제적인 첫 단어 "너희가 이르렀다"(προσεληλύθατε)는 현재완료시상으로서 실현된 종말론을 엿볼 수 있는 대표적인 어휘이다. 저자는 청중들이 그리스도인이 됨으로써 참여하게 되는 진정한 영광을 이해하도록 그들의 지평을 넓혀주고 있다. 비교를 통해 히브리서 저자는 자신의 청중들을 유혹하고 있는 이전의 유대교가 얼마나 초라하게 보이는지를 보여주고 있다(비교. 고후 3:4-18). 시온 산에 있는 이들은 결코 시내 산으로 돌아가려 하지 않을 것이기 때문이다.

히브리서 12:18-21의 어휘와 문장들은 시내 산에 있었던 모세를 묘사하던 이야기에서 나왔고 시내 산을 묘사하고 있음이 분명하다. 저자는 아마도 독자들이 신명기 4:11-12("너희가 가까이 나아와서 산 아래에 서니 그 산에 불이 붙어 불길이 충천하고 어둠과 구름과 흑암이 덮였는데 여호와께서 불길 중에서 너희에게 말씀하시되 음성뿐이므로 너희가 그 말소리만 듣고 그 형상은 보지 못하였느니라")을 익히 알고 있었으리라고 가정하는 것 같다. 또한 출애굽기 19:12-13의 시내 산에 대한 묘사와 명령, 그리고 신명기 9:19에 나오는 모세의 고백 등을 히브리서 저자가 염두에 두고 있었으리라고 우리는 짐작할 수 있고 또한 그의 청중들이 이러한 표현을 놓칠 리가 없었을 것이다. 이 문단의 원문에 보면 일곱 가지의 물리적인 실체가 접속사(καί)를 대동하여 연속적으로 언급되었으나 정작 산이라는 어휘(τοῦ ὄρους)는 20절에서야 언급되고, 아이러니컬하게도 하나님은 숨어계신다. 즉, 구체적인 산의 이름뿐만 아니라 이러한 물리적인 현상 뒤에 있는 신적인 능력에 대하여는 언급이 없다. 하지만 이와는 대조적으로 뒤이어 나오는 시온 산에 대한 언급(22-24절)에서는 하늘의 실체들을 통한 하나님의 임재에 대한 분명한 언급, 예수 그리스도에 대한 강조 등이 새 언약의 우월성을 나타내 보여준다.[9] 다음 두 종류의 문장 흐름도에서 이러한 사실들을 확인해 볼 수 있다.

### 시내 산

18 Οὐ γὰρ προσεληλύθατε ψηλαφωμένῳ (18 너희는 이른 것이 아니라 … 만질 수 있는)

καὶ κεκαυμένῳ πυρὶ (그리고 불이 붙는 [산])[10]

καὶ γνόφῳ (과 침침함)

καὶ ζόφῳ (과 흑암)

καὶ θυέλλῃ (과 폭풍)

19 καὶ σάλπιγγος ἤχῳ (19 과 나팔 소리)

καὶ φωνῇ ῥημάτων, (와 말하는 소리가 있는 곳에)

ἧς οἱ ἀκούσαντες παρῃτήσαντο μὴ προστεθῆναι αὐτοῖς λόγον,

20 οὐκ ἔφερον γὰρ τὸ διαστελλόμενον, Κἂν θηρίον θίγῃ τοῦ ὄρους, λιθοβοληθήσεται·

21 καί, οὕτω φοβερὸν ἦν τὸ φανταζόμενον, Μωϋσῆς εἶπεν, Ἔκφοβός εἰμι καὶ ἔντρομος.

### 시온 산

22 ἀλλὰ προσεληλύθατε Σιὼν ὄρει (22 그러나 너희가 이른 곳은 시온 산)

καὶ πόλει θεοῦ ζῶντος, Ἰερουσαλὴμ ἐπουρανίῳ,(과 살아 계신 하나님의 도성인 하늘의 예루살렘)

καὶ μυριάσιν ἀγγέλων, πανηγύρει (과 천만 천사의 모임)

23 καὶ ἐκκλησίᾳ πρωτοτόκων ἀπογεγραμμένων ἐν οὐρανοῖς (23 과 하늘에 기록된 장자들의 교회)

καὶ κριτῇ θεῷ πάντων (와 만민의 심판자이신 하나님)

καὶ πνεύμασι δικαίων τετελειωμένων (과 및 온전하게 된 의인의 영들)

24 καὶ διαθήκης νέας μεσίτῃ Ἰησοῦ (24 과 새 언약의 중보자이신 예수)

καὶ αἵματι ῥαντισμοῦ κρεῖττον λαλοῦντι παρὰ τὸν Ἅβελ. (와 및 아벨의 피보다 더 나은 것을 말하는 뿌린 피니라)

22-24절을 위에 제시된 문장 분해와 본 저자의 문자적인 번역을 참조하면, 히브리서 저자는 시온 산을 묘사하되 일곱 가지 실체를 나열한 것으로 볼 수 있다. 시온 산은 구약에서 예루살렘과 비슷한 말(삼하 5:6이하; 왕하 19:21; 시 2:6; 9:11)이었는데, 이곳에서는 하늘의 예루살렘(종말론적인 소망-계 21:2; 갈 4:26)과 살아 계신 하나님의 도성(아브라함의 진정한 목적지-히 11:10, 16)으로 묘사되고 있다. 시온 산은 다윗왕조 설립 이후 전통적으로 하나님의 임재의 장소였다.

23절에서 개역개정판에 "하늘에 기록된 장자들의 모임과 교회와"로 번역된 어구는 22절의 "천만 천사와"로 번역된 어구와 연관되어 원문에 대한 정확한 번역은 아니다. 위의 문장 흐름도에서 보는 것처럼 헬라어 원문에서 접속사 καί를 기점으로 각 어구를 나누고 또 이 어구를 끊지 않고 보면 ". . . καὶ μυριάσιν ἀγγέλων, πανηγύρει 23 καὶ ἐκκλησίᾳ πρωτοτόκων ἀπογεγραμμένων ἐν οὐρανοῖς . . ."인데 이는 자연스럽게 문자적으로 "… 그리고 축제 모임 중에 있는 수만의 천사들과 23 그리고 하늘에 기록된 장자들의 교회(혹은 모임 혹은 총회) …"로 해석된다. 개역 개정판 성경에서 어색하게 "천만 천사와 23 하늘에 기록된 장자들의 모임과 교회와"라고 번역한 것은 천사들을 수식할 가능성이 높은 어휘인 22절의 마지막 단어 "πανηγύρει"를 23절로 가져왔기 때문이다. 이 단어(원형은 πανηγύρις)는 신약성경에서 여기에만 유일하게 나오는 단어로서 원래 국가적인 신의 축제를 위하여 온 국민이 모인 회집 혹은 총회를 언급하거나 어떤 모임을 언급하는 데 사용되었고, 칠십인 역에서도 그러한 의미로 사용되고 있다(호 2:13; 암 5:21; 겔 16:11).

23절의 두 번째 어구, "만민의 심판자이신 하나님"(κριτῇ θεῷ πάντων)의 헬라어 원문은 "만민의 심판자이신 하나님" 혹은 "심판자이신 만민의 하나님"이라는 해석이 모두 가능한데, 히브리서의 맥락에서는 전자가 더 어울린다(히 4:13; 10:30-31; 13:4). 이 어구를 중앙에 두고 앞과 뒤에 있는 "하늘에 기록된[11] 장자들의(πρωτοτόκων ἀπογεγραμμένων ἐν οὐρανοῖς) 총회(ἐκκλησία, 혹은 교회 혹은 모임)"와 "완전하게 된 의인들의 영"(πνεύμασι δικαίων τετελειωμένων)에 대한 해석이 다양하다. 전자는 새 언약시대의 모든 믿는 이들을 언급하는 것으로 보이며(비교. 롬 8:17), 후자는 전자와 대조되는 인간에 대한 히브리적인 표현으로서 그리스도 이전의 신자들 즉 구약의 성도들일 가능성이 높다(비교. 히 11:40).[12] 혹은 이 두 가지가 모두 인간을 표현하는 함축적인 표현이기 때문에 동일한 실체인 구원받은 하나님의 백성에 대한 다양한 표현으로 볼 수도 있다.

24절의 "새 언약"(διαθήκης νέας)은 히브리서 저자의 중심주제 중의 하나이며(히 7:22; 8:6-13; 9:15),[13] 그 "새 언약의 중보 예수"(διαθήκης νέας μεσίτῃ Ἰησοῦ; 비교. 히 9:15, διαθήκης καινῆς μεσίτης)는 22절부터 시작된 하늘의 예루살렘에 대한 묘사의 절정을 이루고 있다. 마지막 어구, "아벨의 피보다 더 나은 것을 말하는 뿌린 피니라"(καὶ αἵματι ῥαντισμοῦ κρεῖττον λαλοῦντι παρὰ τὸν Ἄβελ)의 묘사처럼(비교. 히 11:4), 이 예수 그리스도의 속죄의 피는 옛 언약의 마침과 새 언약의 설립을 말하고 또 더 잘 말해주고 있다. 이 "피"(αἷμα)는 히브리서 설교의 청자들뿐만 아니라 우리로 하여금 새 언약의 은혜의 혜택들을 누리게 하였고, 현재의 영광스러운 자리이며 하나님의 구원목적의 완성지점인 "살아 계신 하나님의 도성 하늘의 예루살렘에"(πόλει θεοῦ ζῶντος, Ἰερουσαλὴμ ἐπουρανίῳ) 이르러 있게 하였다(προσεληλύθατε).

## 3. 마무리 경고: 하나님의 음성에 유의하라(히 12:25-29)

> 12:25 너희는 삼가 말씀하신 이를 거역하지 말라 땅에서 경고하신 이를 거역한 그들이 피하지 못하였거든 하물며 하늘로부터 경고하신 이를 배반하는 우리일까보냐 26 그 때에는 그 소리가 땅을 진동하였거니와 이제는 약속하여 이르시되 내가 또 한 번 땅만 아니라 하늘도 진동하리라 하셨느니라 27 이 또 한 번이라 하심은 진동하지 아니하는 것을 영존하게 하기 위하여 진동할 것들 곧 만드신 것들이 변동될 것을 나타내심이라 28 그러므로 우리가 흔들리지 않는 나라를 받았은즉 은혜를 받자 이로 말미암아 경건함과 두려움으로 하나님을 기쁘시게 섬길지니 29 우리 하나님은 소멸하는 불이심이라.

히브리서 저자는 다시 한 번 자신의 청중들이 그리스도인의 믿음과 헌신에서 물러나지 않도록 경고한다. 그러나 이 경고는 충성스럽게 머물러 있는 이들의 안전함과 놀랍도록 대조를 이루고 있다. 이제 선택은 최종적으로 청중들 앞에 놓여 있다. 그들이 이 복음의 진리를 거절한다면 심판을 피할 수 없을 것이다. 그러나 그들이 믿음으로 견디어낸다면, 영원한 나라를 상속받게 될 것임을 알아야 한다(28절). 본 문단은 내용이 아주 흡사한 히브리서 2:1이하의 문단에서 시작된 논의에 대한 강력한 마무리인 동시에 히브리서 저자의 주된 논지와 호소에 대한 결론이기도 하다. 왜냐하면 히브리서 13장은 논의의 확장이라기보다는 이미 나왔던 내용에 대한 부록과 같은 기능을 하고 있기 때문이다. 본 문단은 앞에 나온 문단에서 제시된 시내 산과 시온 산의 두 계시에 대한 대조 위에 이루어졌다.

결론적 마무리가 시작되는 25절에서 저자는 여러 번 동일한 논조, 즉 작은 것에서 큰 것으로 유추하는 기법을 보이고 있다(예를 들면, 히 2:1이하; 4:1이하; 10:28이하). 이로써 저자는 출애굽 한 이스라엘 백성들이 광야에서 거역하여 멸망한 예를 상기시키면서(히 3:16-18), 자신의 독자들이 경고하시는 분을 거역하지 않도록 경고한다. "땅에서 경고하신 이"와 "하늘로부터 경고하신 이"를 모세와 그리스도로 대비하려는 해석이 있지만. 이 어구는 말씀하신 이에 대한 비교가 아니라 계시의 양상 즉 "계시의 두 자리(two loci of revelation)"14)에 대한 비교이며, 옛적 땅의 것과 새로운 하늘의 것을 비교하는 히브리서의 독특한 이원론의 표현으로 보아야 한다.

26절은 기본적으로 하나님의 종말론적인 행위에 대한 예언인 구약성경 학개서 2:6("만군의 여호와가 이같이 말하노라 조금 있으면 내가 하늘과 땅과 바다와 육지를 진동시킬 것이요": διότι τάδε λέγει κύριος παντοκράτωρ ἔτι ἅπαξ ἐγὼ σείσω τὸν οὐρανὸν καὶ τὴν γῆν καὶ τὴν θάλασσαν καὶ τὴν ξηράν, 칠십인역)의 인용이다. 그러나 히브리서 저자는 이 구절을 인용하되(26절하, "내가 또 한 번 땅만 아니라 하늘도 진동하리라": ἔτι ἅπαξ ἐγὼ σείσω οὐ μόνον τὴν γῆν ἀλλὰ καὶ τὸν οὐρανόν), 마소라 본문이나 칠십인 역에는 없는 " -뿐만 아니라 -도"(οὐ μόνον - ἀλλὰ καὶ -)라는 어구를 첨가시켜 강조할 뿐만 아니라 단순한 물질의 요동이 아니라 우주적인 요동으로 해석하고 있다. 이 어구는 시편 102:25-27을 인용한 히브리서 1:10-12의 내용과 흡사한 기능을 한다. 이어서 저자는 27절에서 바로 앞 절에 인용해 놓은 학개서의 말씀 중에서 "한 번"(ἅπαξ)이라는 단어에 집중하여 간략한 목회적 주석(미드라쉬)을 단다.

마무리 권면의 마지막 부분인 28-29절에서 히브리서 저자는 자신을 포함한 청자들이 흔들리지 않은 나라를 받았기 때문에, "(우리가) 은혜를 받고 경건함과 두려움으로 하나님을 기쁘시게 섬깁시다"(ἔχωμεν χάριν, δι᾽ ἧς λατρεύωμεν εὐαρέστως τῷ θεῷ μετὰ εὐλαβείας καὶ δέους)라고 두 개의 권유법과 세 가지의 부사(구)들을 동원하여 호소한다(28절). 29절의 "소멸하는 불이신 우리 하나님"(ὁ θεὸς ἡμῶν πῦρ καταναλίσκον, 비교. 신 4:24; 9:9) 개념은 새 언약의 환경에도 동일하시다. 이 마지막 구절에서 히브리서 저자는 언약에 충실하며 우상을 멀리할 것을 경고하는 신명기 4:24("네 하나님 여호와는 소멸하는 불이시오 질투하시는 하나님이시니라": ὅτι κύριος ὁ θεός σου πῦρ καταναλίσκον ἐστίν θεὸς ζηλωτής, LXX)를 다른 때처럼 원용하되, "너의 하나님"(ὁ θεός σου)을 "우리의 하나님"(ὁ θεὸς ἡμῶν)으로 바꿈으로써 자신의 경고성 권면을 더욱 생동감 있게 만들고 있다.

## III. 개인 묵상이나 그룹 토론(설교 구상)을 위한 질문

1. 본문이 묘사하고 있는 시내 산은 어디인가?
2. 본문이 묘사하고 있는 시온 산은 어디인가?
3. 나는 지금 시내 산에 있는가? 혹은 시온 산에 있는가?
4. 이 마지막 강해의 서두와 마무리가 왜 모두 경고로 구성되어 있는지를 설명해 보시오.
5. "우리 하나님은 소멸하는 불이심이라"라는 말씀은 당신에게 무슨 의미인가?

# 주(註)

1) 이 어휘는 동사로는 신약성경에서 이곳과 베드로전서 5:2에만 나오는데, 이 동사의 명사형이며 초대교회 교회 지도자를 지칭하는 어휘가 된 "감독(ἐπίσκοπος)"은 여러 곳에서 나온다(행 20:28; 빌 1:1; 딤전 3:2; 딛 1:7; 벧전 2:25).

2) Attridge, *Hebrews*, 368.

3) Lane, *Hebrews 9-13*, 453-4.

4) "장자권"(πρωτοτόκια)이라는 헬라어 어휘는 신약성경 전체에서 이곳에 단 한 번 나오는 소위 "하팍스 레고메나"(ἅπαξ λεγόμενα)에 속하는데, 칠십인 역으로 창세기 25:31-34, 27:36 등에서 나오고 있다. 히브리서 다른 곳에서(히 1:6; 11:28; 12:23) 사용된 πρωτότοκος("장자, 첫 아들")와 동족어군에 속한다.

5) Lane, *Hebrews 9-13*, 454-6.

6) 이 헬라어 어휘 ἀποδοκιμάζω는 δοκιμάζω-δοκιμός-ἀδοκιμος-δοκιμη어군에 전치사(ἀπο)만 첨가한 어휘로서 δοκιμάζω와 동족어군에 속하는데, "시험한 후에 버리다"라는 의미가 있다(참조. 마 21:42; 벧전 2:7). 특히 이 동사가 여기서 신적 수동태(divine passive)로 사용되었을 경우에는 "하나님께서 친히 시험을 해보시고 버리셨다"는 의미가 된다. 성경에서 이 어군은 중요하게 사용되었으며 특히 히브리서 6:8에 사용된 동족어 ἀδόκιμος("버림을 당하고")는 이 히브리서 12:17과 연관성이 높다. 데살로니가전서 2:4("오직 하나님의 옳게 여기심을 입어 복음을 위탁 받았으니… 오직 우리 마음을 감찰하시는 하나님을 기쁘시게 하려함이라": ἀλλὰ καθὼς δεδοκιμάσμεθα ὑπὸ τοῦ θεοῦ πιστευθῆναι τὸ εὐαγγέλιον, ... ἀλλὰ θεῷ τῷ δοκιμάζοντι τὰς καρδίας ἡμῶν)의 바울의 고백처럼 동사(δοκιμάζω)는 사람이나 사물이나 영을 감찰 혹은 시험(test), 증명(prove), 분별(discern)하는 것이며(롬 12:2; 고전 3:13; 고후 13:5; 딤전 3:10; 엡 5:10; 벧전 1:7; 요일 4:1), 그 과정을 통과한 상태는 δόκιμος이며(롬 16:10; 딤후 2:15; 약 1:12), 통과되지 못해 버려진 상태는 ἀδόκιμος이며(고전 9:27; 히 6:8), 그리고 δοκίμιον은 시험하는 도가니(잠 27:21) 혹은 시련(약 1:3; 벧전 1:7)이며, δοκιμή는 시련(고후 8:2)이나 그 시험/시련을 통과한 인품(롬 5:4; 빌 2:22)을 의미한다.

7) 여성형 대명사 αὐτήν은 앞에 나온 εὐλογίαν(축복)을 받는지 μετανοίας(회개)를 받는지 확실하지 않는데, 연계된 두 동사(εὗρεν과 ἐκζητήσας)를 감안할 때 회개(μετανοίας)일 가능성이 높다.

8) Attridge, *Hebrews*, 370.

9) 몇몇 주석가들은 22-24절에는 일곱 가지가 아니라 열두 가지의 실체가 거론되어서 18-19절의 일곱 가지보다 많기 때문에 새 언약이 우월하다고 주장하기도 하지만(Attridge, *Hebrews*, 372), 각각 동일하게 일곱 가지의 실체를 언급하고 있다고 생각하는 Hughes의 견해가 적절한 것으로 보인다: Hughes, *Hebrews*, 545.

10) 여기에 몇몇 사본들은 "산"(ὄρει)이라는 어휘를 삽입하고 있는데, 원문은 아니었고 22절에 나오는 "시온 산"(Σιὼν ὄρει)과 맞추기 위한 후대의 시도였던 것으로 보인다: 매츠거, 「신약 그리스어 본문주석」, 586.

11) 이 사상이 언급된 신약의 구절들은 누가복음 10:20(τὰ ὀνόματα ὑμῶν ἐγγέγραπται ἐν τοῖς οὐρανοῖς); 계시록 21:27(οἱ γεγραμμένοι ἐν τῷ βιβλίῳ τῆς ζωῆς τοῦ ἀρνίου); 빌립보서 4:3(τὰ ὀνόματα ἐν βίβλῳ ζωῆς) 등이 있다.

12) Bruce, *The Epistle to the Hebrews*, 358-60.

13) 히브리서에서 지금까지는 새 언약을 질적인 새로움을 의미하는 형용사 "καινός"로 수식하였는데(히 8:8, 13; 9:15), 여기서 갑자기 시간적인 새로움을 의미하는 "νέος"로 표현한 것은 단순한 스타일상의 변화로 보는 것이 바람직할 것이다.

14) Attridge, *Hebrews*, 379.

# 제 9 장

# 설교의 결론(히 13:1-25): "영문 밖으로 나아가자"

설교의 서론: 히 1:1-2:4(구약의 일곱 말씀의 연쇄인용을 통하여)
제 1 강해: 히 2:5-18(시 8:4-6에 대하여-시 22:22; 사 8:17-18과 함께)
제 2 강해: 히 3:1-4:16(시 95:7-11에 대하여-창 2:2와 함께)
제 3 강해: 히 5:1-7:28(시 110:4에 대하여-창 14:17-20과 함께)
제 4 강해: 히 8:1-10:25(렘 31:31-34에 대하여-시 40:6-8과 함께)
제 5 강해: 히 10:26-11:40(합 2:3하-4에 대하여)
제 6 강해: 히 12:1-13(잠 3:11-12에 대하여)
제 7 강해: 히 12:14-29(출 19:12-13을 중심으로 시내 산과 시온 산에 대하여)
**설교의 결론: 히 13:1-23(구약의 두 말씀 인용과 암시들을 통하여)**

히브리서의 마지막 장은 히브리서 전체 설교의 마무리이다. 이제는 지금까지 연속적으로 이어지던 성경인용과 강해 그리고 권면이나 경고의 형식을 벗어나서 주로 짤막한 목회적 주의사항이 연속적으로 나오고 있다. 이러한 사실과 함께 히브리서 설교의 목회적-신학적 정점은 12:14-29의 제7 강해이기 때문에, 히브리서 13장은 하나의 큰 설교에 형식적으로 붙어 있는 부록 정도로 여겨지기도 하였다. 즉, 히브리서 13장의 전부 혹은 일부분이 히브리서의 진정한 부분이 아니라는 견해이다. 이러한 주장을 뒷받침하는 이유들로는 13장의 형식이나 내용이 앞부분과 맞지 않을 뿐만 아니라 이 지점에서 앞장과의 분명한 일관성이 있는 연결점이 없이 갑자기 어조나 주제가 변한다는 점 등이다.[1)]

하지만 이러한 주장은 설득력이 높아 보이지 않는다. 우선 히브리서 13장의 어휘와 주제가 히브리서 전체를 마무리하기에 손색이 없다. 더욱이 이 마지막 장의 가장 크고 중심이 되는 문단인 7-19절에는 히브리서의 이전 장들과의 주제적인 연관성이 분명히 나타나고 있다. 여기서는 앞에서 나온 몇몇 주제들을 그저 단순히 반복하는 것이 아니라 그 주요한 주제들에 초점을 맞추면서도 적용적인 권면에서는 오히려 최고 절정으로 끌어 올리고 있기 때문이다.

히브리서 13장에 나타나는 실제적 권면들은 다음과 같은 특징들을 지니고 있다. 우선 이것들은 독창적이지 않고 전통적이며 격언적인 성격이 있다. 그래서 독자들이 그 내용을 익숙하게 알아들을 수 있다. 다음으로 이것들은 다양한 독자들에게 폭넓게 적용될 수 있고, 독자들이 진술된 내용을 이미 알고 있었을 가능성이 높다. 또한 이러한 실제적 권면들의 공통점은 모범 예를 통하여 호소한다는 점에 있다(히 12:16-17, 19-21, 25; 13:2, 8). 마지막으로 이러한 권면들의 형식은 격려나 혹은 청중들로 하여금 어떤 행동의 과정을 추구하도록 하거나 삼가라고 조언하는 형태를 띤다.

## I. 구조 분석

히브리서 13장은 초대 교회 서신서들에 나타나는 마무리와 흡사한

면이 많다(엡 5:2-6:20; 살전 5:12-28; 갈 6:1-18; 딤후 4:9-22; 벧전 5:1-14). 이 장은 목회적 주의사항과 공동체를 향한 권고사항으로 구성된 마무리 권면(1-19절), 하나님을 향한 공식적인 송영(20-21절), 개인적인 안부와 인사(22-24절), 그리고 간단한 축복(25절) 등으로 이루어진 전형적인 서신적 마무리이다.

히브리서 13장의 처음 문단인 1-6절을 네 개의 짝을 이룬 권면으로 볼 수도 있지만, 단순히 1-3절과 4-6절로 이루어진 두 개의 소문단으로 나누어 보는 것이 가장 바람직하다.[2] 첫 소문단은 평강과 상호 관심이 표명되어야 한다는 형제 사랑(φιλαδελφία)에 관한 권고이다(1절). 이 형제 사랑은 손 대접(2절), 그리고 감옥에 있는 자들이나 박해 받고 있는 자들의 고통에 동참하는 것(3절)으로 나타나야 한다. 둘째 소문단은 두 가지 개인행실에 관한 권고로 이뤄졌는데, 첫째는 성적인 순결함(4절)이고 두 번째는 부에 관한 태도이다(5절). 이 두 가지 권고에는 각각 하나님의 심판(4하절)과 도우심에 대한 확언(5하-6절)이 첨부되어 있다.

히브리서 13장의 중심 문단이면서 두 번째로 구분되는 문단은 13:7-19이다. 여기서 "인도자들"(7절과 17절)과 "행실" 등과 같은 어휘가 포함된 묶음쇄로 구성될 뿐만 아니라 상호보완적인 작은 문단들인 7-9절과 17-19절을 함께 생각해야 되는데, 이는 이 두 부분이 10-16절에서 이루어지는 가르침의 틀을 형성하기 때문이다.

# II. 본문 해설

## 1. 목회적 권면(히 13:1-6)

> 13:1 형제 사랑하기를 계속하고 2 손님 대접하기를 잊지 말라 이로써 부지중에 천사들을 대접한 이들이 있었느니라 3 너희도 함께 갇힌 것 같이 갇힌 자를 생각하고 너희도 몸을 가졌은즉 학대 받는 자를 생각하라 4 모든 사람은 결혼을 귀히 여기고 침소를 더럽히지 않게 하라 음행하는 자들과 간음하는 자들을 하나님이 심판하시리라 5 돈을 사랑하지 말고 있는 바를 족한 줄로 알라 그가 친히 말씀하시기를 내가 결코 너희를 버리지 아니하고 너희를 떠나지 아니하리라 하셨느니라 6 그러므로 우리가 담대히 말하되 주는 나를 돕는 이시니 내가 무서워하지 아니하겠노라 사람이 내게 어찌하리요 하노라.

히브리서 저자는 강한 확신을 가지고 자신의 주장을 논의하면서 서신의 주요부분에 대한 결론을 내렸고, 이제 마무리를 짓기 위하여 몇 가지 점을 언급하기 원한다. 그러므로 13장은 부록과 같이 보인다. 그러나 서신의 주요부분과 연관성이 없다는 말은 아니다. 실제로 이 부분에서 히브리서 저자의 주요 관심사가 다시 언급되고 있는데, 여기서는 실제적인 의미와 연관되어 이루어지고 있다. 또한 많은 부분들이 신약의 다른 서신들의 말미에서 발견되는 일반적인 윤리적 권면과 흡사하다. 히브리서의 특이한 시작과는 달리 이러한 말미는 서신서의 특성을 보여준다. 히브리서 13장의 시작이 특별히 그러하다.

히브리서 13장의 첫 번째 문단(1-6절)은 엄숙한 경고로 끝나고 있는 12장과는 어조나 스타일에서 현격한 차이를 보이면서 짤막한 권고가 연속적으로 이어진다. 1절에서 "형제사랑이 계속되게 하라"(Ἡ φιλαδελφία μενέτω)라고 문단 전체의 주제 격인 명령이 먼저 나온다. 사랑 특히 형제사랑의 중요성은 신약성경의 지속적인 주제이기도 하다(마 22:37-40; 고전 13장; 히 10:24; 롬 12:10; 살전 4:9; 벧전 1:22; 벧후 1:7). 이 형제사랑은 다음 절부터 언급되는 구체적인 행동으로 지속적으로 표현되어야 한다. 2절에 언급된 손 대접(φιλοξενία)은 초대교회 시대에 아주 중요하였다(롬 12:13; 벧전 4:9; 딤전 5:10). 여기서는 아마도 여행하는 그리스도인 사역자를 염두에 두고 있는 듯하다(비교. 요삼 5-8). "부지중에 천사들을 대접한 이들이"(ἔλαθόν τινες ξενίσαντες ἀγγέλους) 누구였는지에 대하여는 여러 가능성들이 있지만, 이 어구의 표현대로라면 아브라함과 사라로 보는 것이 가장 가능성이 높다(창 18:1-8). 아브라함의 진정한 아들이라면 누구나 이 믿음의 조상을 닮아서 손 대접을 잘해야 하고, 초대교회 지도자들의 덕목 중에도 손 대접이 포함되어 있는 것은 우연한 일이 아님을 기억해야 할 것이다(딤전 3:2; 딛 1:8). 이렇게 손 대접하는 이들은, 아브라함이 그러하였듯, 하나님의 진정한 메시지의 전달자도 만나게 될 것이며 분에 넘치는 복을 가져올 천사들도 대하게 될 지도 모를 일이다.

3절에서 짐작되는 상황은 히브리서를 받는 공동체에게 현재에 닥친 일이거나 혹은 임박한 미래에 닥칠 수도 있는 일이다(비교. 히 10:32-34). 이 절에서는 고통이나 박해를 당하고 있는 동료 그리스도인들을 향한 그리스도인들의 공감의식과 연대감이 강조되고 있다. 믿는 자들이 서로의 입장에서 동병상련(同病相憐)의 정을 갖게 되는 것은 당연한 현상이라는 암시는 신약의 다른 곳에도 나오고 있으나(고전 12:26; 롬 12:15),

어떤 이들처럼 이 구절의 "너희도 몸을 가졌은즉"(ὡς καὶ αὐτοὶ ὄντες ἐν σώματι)이라는 어구를 "그리스도의 몸 안에서(같은 지체로서)"라고 해석하는 것은 억지이다.[3]

두 번째 작은 문단의 시작인 4절은 결혼과 결혼생활("침소"[4])에서의 성적인 순결에 관한 권고이다. 인간의 성은 그 자체가 선하다. 결혼침상은 순결해야 하며 자유분방한 성(음행과 간음)은 분명히 하나님의 심판의 대상임을 바울도 누차 경고하고 있다(살전 4:3-7; 고전 5:10; 엡 5:3, 5). 거룩한 백성의 길을 가르치는 구약 레위기의 성결 법전(레위기 19-20장)에도 경제적인 측면(레 19:9-14, 33-37)과 성적인 측면(레 19:20, 29; 20:9-21)을 언급하고 있다. 이것의 순서와는 좀 다르게 성적인 측면을 언급한 히브리서 저자는 이제 5-6절에서 경제적인 측면, 즉 돈을 사랑하는 것을 경계한 다음에 신자들의 재정적인 안전에 대한 하나님의 약속을 언급한다.

히브리서 저자는 감정적인 것까지 포함하는 "사랑"인 "필로스"(φίλος)라는 말이 붙어 있는 어휘들을 두루 사용함으로써 "형제사랑"(φιλαδελφία)과 "나그네사랑"(φιλοξενία)은 마땅히 해야 하지만(1-2절), 5절 초반에서 그리스도인의 "삶의 과정은 돈을 사랑하지 않는 것"(Ἀφιλάργυρος ὁ τρόπος)이어야 한다고 가르친다. 소유와 물질에 대한 교훈은 주님의 가르침 중의 주요한 주제 중의 하나임에 틀림이 없다(마 6:19-34; 눅 10:22-34). 말세의 징조 중의 하나인 "돈을 사랑함"(φιλαργυρία)은 믿음으로 사는 이들이 피해야 할 위험요소인데(딤후 3:2), 이는 또 다른 악을 가져오고 정함이 없는 이 세상에 불필요하게 집착하게 만들기 때문이다(딤전 6:9-10). 그러므로 그리스도인들은 주어진 것에 만족하는 자족의 도를 터득해야 한다(눅 3:14; 빌 4:11; 딤전 6:6-8).

5절 후반부는 히브리서 저자의 특별한 도입어구(비교. 히 1:13; 4:3, 4; 10:9, 15)와 함께 이루어진 신명기의 인용인데, 모세가 이스라엘 백성에게 확신을 주는 신명기 31:6인지 혹은 모세가 여호수아에게 확신을 주는 신명기 31:8인지가 확실하지 않다. 하지만 분명한 것은 히브리서 저자가 하나님께서 자신의 백성을 버리지도 떠나지도 않으시겠다고 하신 약속을 독자들에게 상기시킴으로써 세상의 부를 의지하지 않아도 의연할 수 있도록 해준다. 비록 독자들의 동료였던 이들이 그 공동체를 떠나갔던 일이 있었을 지라도,5) 하나님은 결코 그러시지 않을 것이라는 약속이다.

이 문단에서 두 번째 구약인용인 6절은 칠십인 역의 시편 118(117):6에 대한 축어적 인용인데, 도입부는 하나님의 약속에 대한 결과로 나오는 현재 독자들의 반응으로 이루어졌다. 시편 118편이 말하는 것처럼 믿음이 있고 하나님을 두려워하는 이들은 첫 번째 인용문인 신명기 31:6, 8에도 있는 것처럼 다른 것들은 두려워할 필요가 없다. 히브리서 저자는 이 인용문을 통하여 자신의 독자들이 하나님을 두려워하는 것이 그들의 인내하는 동기가 된다면, “사람들이 자신들에게 무엇을 할 지”에 대하여는 결코 두려워할 필요가 없다는 것을 확신시켜 주고 있다.

## 2. 공동체에게 주는 권면(히 13:7-19)

히브리서 13장의 중심부분이자 두 번째 문단인 13:7-19는 첫 번째 문단과는 달리 히브리서 전체의 주제들과 관심사를 잘 반영하면서 공동체 전체에게 주는 마지막 강력한 적용적인 권면을 주고 있다. 구조 분석에서 언급하였던 것처럼, 이 문단은 다시 7-9절, 10-16절, 그리고 17-19절의 세 소문단으로 나누어진다. 똑같이 세 절로 이루어진 첫째와 셋째 소문단은 각각 일곱 절로 이루어진 본론(둘째 소 문단)으로 이끄는 서론과 그것을 마무리 해주는 결론의 역할을 하고 있다.

### 1) 충성에로의 초청과 거짓 가르침에 대한 경고(히 13:7-9)

> 13:7 하나님의 말씀을 너희에게 일러 주고 너희를 인도하던 자들을 생각하며 그들의 행실의 결말을 주의하여 보고 그들의 믿음을 본받으라 8 예수 그리스도는 어제나 오늘이나 영원토록 동일하시니라 9 여러 가지 다른 교훈에 끌리지 말라 마음은 은혜로써 굳게 함이 아름답고 음식으로써 할 것이 아니니 음식으로 말미암아 행한 자는 유익을 얻지 못하였느니라.

히브리서 저자는 자신의 독자들을 믿음에로 초청하는 동시에 거짓 가르침에 대해 경계함으로써 이 두 번째 문단의 서론을 시작한다. 독자들은 다시금 믿음을 권면 받는다. 히브리서 저자는 독자들의 믿음의 선배들에 대하여 언급하고 나서(7절) 곧바로 또 다시 믿음의 창시자요 온전케 하는 분(히 12:2)에게로 돌아간다(8절). 예수 그리스도의 여상하심은 믿음을 견지하고 거짓 가르침을 경계해야 할 동기를 부여한다.

7절에 언급되고 있는 "인도자들"은 과거의 인도자들로서(현재의 인도자들은 17절과 24절에 언급되고 있다) 독자들에게 과거에 "하나님의 (구원의) 말씀"(7절-τὸν λόγον τοῦ θεοῦ. 비교. 히 2:3)을 선포하고 그 공동체를 설립한 이들이었다. 히브리서 저자는 "그들의 행실의 결말(τὴν ἔκβασιν τῆς ἀναστροφῆς)을 주의하여 보고 그들의 믿음을 본받으라"라고 권면한다. 이 어구에서 특별히 개역성경에서 "결말"로 번역된 헬라어 ἔκβασις의 정확한 의미가 모호하지만,[6] 초대 지도자들의 믿음의 행실 즉 말씀선포 및 교회사역으로 인한 죽음의 결과일 가능성도 높다. 아무튼 그들은 11장의 믿음의 영웅들처럼 믿음의 사람들이었을 것으로 보는 것이 무난하다. 즉, 그들은 모든 어려운 상황(아마도 히브리서 10:32-34에 진술된 사건들을 포함하여) 속에서 자신들이 확신하는 바에 충실하였다. "행실의 종말(τὴν ἔκβασιν τῆς ἀναστροφῆς)"을 꼭 순교로 볼 필요는 없지만(비교. 히 12:4), 분명히 죽음을 포함한 그들의 삶의 과정에서 충성스러움이 나타났을 것으로 이해해야 한다. 그래서 히브리서 저자는 독자들이 저들의 믿음을 본받아야 된다고 도전하고 있다(비교. 고전 11:1; 살전 1:6; 살후 3:9).

이어지는 "예수 그리스도는 어제나 오늘이나 영원토록 동일하시니라"(Ἰησοῦς Χριστὸς ἐχθὲς καὶ σήμερον ὁ αὐτὸς καὶ εἰς τοὺς αἰῶνας, 8절)라는 선언은 앞뒤 구절과는 형식적인 연관성이 없지만 이 두 구절(7절의 공동체적인 삶과 9절의 교리)을 느슨하게 연결해주며 그 기초를 제공하는 전이 구절이다. 이 확언은 예수 그리스도의 초월성과 영원성에 대한 진술이라기보다는 그 주안점은 그리스도의 과거와 현재의 사역을 인하여 그리스도인들의 모든 필요를 채울 수 있다는 말이다. 이는 문맥으로나 본 절의 구절에서 분명히 드러난다. 그리스도의 어제의 사역은 대제사장으로서 우리를 위한 희생제물과 구속의 사역이었고, 그것은 기독교의 기초가 되었다. 오늘의 사역은 하나님 우편에서 우리를 위한 기도의 사역이다(히 7:25. 비교. 히 4:14-16; 롬 8:34). 이것의 적용으로 히브리서 독자들의 미래도 보장된 것이 사실이다. 왜냐하면 그분은 하나님의 구원계획의 완성을 위하여 다시 오실 것이기 때문이다(히 9:28). 그리스도의 신실하심은 변함이 없다(비교. 히 7:24).

9절에서는, 히브리서 저자가 확언한 대로, 예수 그리스도의 변함없으심은 이상한 (다른) 가르침에 의하여 떠내려갈지도 모르는 독자들을 지켜줄 것임을 말한다. 그는 이제 자신의 마음속에 있는 것들을 구체적으로 말하기 시작한다. 그는 독자들이 음식에 대한 가르침을 거부하기를 바란다. 그리스도인을 강하게 하는 것은 은혜(χάρις)이지 식물이 아님을 말한다. 히브리서 저자는 이미 유대교의 음식법의 잠정성에 대하여 말한 적이 있다(히 9:10). 그러나 여기서는 초기 유대주의적 영지주의나 혼합주의자들의 가르침을 염두에 두고 있을 가능성이 더 높다(비교. 골 2:16; 딤전 4:3-5).

### 2) 그리스도의 희생제사와 그리스도인의 영적인 희생제사(히 13:10-16)

> 13:10 우리에게 제단이 있는데 장막에서 섬기는 자들은 그 제단에서 먹을 권한이 없나니 11 이는 죄를 위한 짐승의 피는 대제사장이 가지고 성소에 들어가고 그 육체는 영문 밖에서 불사름이라 12 그러므로 예수도 자기 피로써 백성을 거룩하게 하려고 성문 밖에서 고난을 받으셨느니라 13 그런즉 우리도 그의 치욕을 짊어지고 영문 밖으로 그에게 나아가자 14 우리가 여기에는 영구한 도성이 없으므로 장차 올 것을 찾나니 15 그러므로 우리는 예수로 말미암아 항상 찬송의 제사를 하나님께 드리자 이는 그 이름을 증언하는 입술의 열매니라 16 오직 선을 행함과 서로 나누어 주기를 잊지 말라 하나님은 이 같은 제사를 기뻐하시느니라.

그리스도의 희생사역은 이제 그리스도인으로 하여금 모세의 율법이나 여타의 규제로부터 자유롭게 되고 은혜에만 의지하는 새로운 그리고 특권적인 위치로 옮겨가게 하였다. 그리스도인은 이 결정적 희생에 대해 합당한 반응을 보여야 한다. 그것은 첫째, 그리스도가 고난을 당하신 것과 같이 기꺼이 멸시를 당할 수 있어야 하고, 둘째, 다른 사람들을 기꺼이 섬기고자 해야 한다는 점이다. 본 문단에서 히브리서 저자는 앞에서 이미 논의한 것들을 다시 거론하면서 이 진리들을 독자들의 삶에 구체적으로 적용하는 것에 초점을 맞추고 있다.

히브리서 저자는 먼저 아주 익숙한 주제, 즉 레위 제사장제도의 희생의식과 그리스도의 결정적인 희생간의 모형론적 관계로 돌아간다(10-11절). 그의 첫 번째 요점은 이미 지나간 옛 제사제도를 계속하고 있는 이들은 참되고 최종적인 희생 제물에는 참여할 수 없다는 것이다. 속죄제로 드려진 짐승의 육체는 영문 밖에서 불사른다는 사실(레 4:21; 16:27)이 모형론적으로 확증된다. 그러므로 성막에서 봉사하는 이들은 이 새로운 제단에서 먹을 수 없다는 것이다. 여기서 "먹다"라는 어휘는 그리스도의 희생제사로 이루어진 유익에 참여한다는 의미의 그림언어로 보아야 한다. 다시 말해서, 옛 제도의 틀 속에서는 그들이 그리스도의 희생제사로 성취된 것에 참여할 수 없다는 의미이다. 그러므로 독자들이 유대주의로 돌아간다는 것은 그리스도의 사역의 유익을 저버리는 것이다. 그들은 구약의 제사장들과 같이 이 제단, 즉 그리스도의 사역에서 제외될 것이다. 이 논의는 13절에서 계속되면서 유대주의를 떠날 것을 호소하고 있다.

"성문 밖에서" 혹은 "영문 밖에서"7) 짐승을 불사른다는 언급은 더 흥미로운 모형론적 적용으로 인도한다(12-13절). 히브리서 저자는 "예수도 영문(성문) 밖에서 고난을 당하셨다"고 독자들의 주의를 환기시킨다. 백성을 자신의 피로 거룩하게 하려고 구약의 희생제사의 완성인 예수 그리스도의 십자가형은 성문 밖에서 이루어졌다(요 19:20; 마 21:39). 이 유비를 이제 독자들에게 적용하여 저자는 "이러므로 우리도 그의 치욕을 짊어지고 영문 밖으로 그에게 나아가자"(τοίνυν ἐξερχώμεθα πρὸς αὐτὸν ἔξω τῆς παρεμβολῆς τὸν ὀνειδισμὸν αὐτοῦ φέροντες)라고 권면 한다. 즉, 그들이 예수께서 지셨던 모욕과 불명예를 짊어짐으로써 유대교의 안전과 안락함을 떠나라고 권면한다.[8] 독자들이 기독교 신앙을 견지할 때 그리스도를 인하여 그들 앞에 다가오는 핍박과 모욕을 견디어 내라는 말이다. 이 권면은 저자가 히브리서 전체에서 표현해온 내용이다(히 2:1; 3:12; 4:11; 6:4이하; 10:35; 12:3 등)

이러한 헌신을 표현하는 또 다른 방법으로 히브리서 저자는 모든 지상의 도시들은 영원하지 못하다는 사실을 강조한다. 즉 "우리는 여기에 영구한 도시를 가지고 있지 않고 다만 앞으로 올 도시를 찾고 있다"(οὐ γὰρ ἔχομεν ὧδε μένουσαν πόλιν ἀλλὰ τὴν μέλλουσαν ἐπιζητοῦμεν)(14절)는 것이다. 아브라함같이 독자들은 모든 그리스도인들과 더불어 영원한 도성, 즉 "터가 있는 성"(히 11:10; 11:16)을 찾고 있다고 저자는 말한다. 그리스도의 사역을 통한 성취로 말미암아 독자들은 이미 그 도성, 즉 하늘의 예루살렘(히 12:22)에 도달해 있다. 하지만 이러한 "실현된 종말론"(realized eschatology)과 더불어 여전히 미래의 온전한 성취가 남아 있다. 그러므로 믿음의 영웅들처럼(히브리서 11장) 독자들도 보이지 않는 미래의 실체, 즉 다가오는 도성을 바라보고 살아야 한다. 이것이 암시하는 바는 성전과 레위계통의 희생 제사들로 상징되는 지상의 예루살렘의 중요성은 이제 하늘의 예루살렘의 중요성에게로 그 자리를 양보해야 된다는 점이다. 그러므로 독자들이 지상의 예루살렘의 유대주의에 머물러 있다면 이 하늘의 예루살렘에 참여할 수 없다.

하나님을 기쁘시게 하는 영적인 제사의 형태가 있다고 히브리서 저자는 말한다(15-16절). 첫째는 구약의 용어들을 활용한 "찬미의 제사"(θυσίαν αἰνέσεως)이다(시 50:14, 23).[9] 이 지속되는 제사는 예수를 통하여 드려질 수 있으며, "그 이름을 고백하는(ὁμολογούντων, "증언하는" 즉, "공개적으로 그리스도에 대한 신앙을 고백하는")[10] 입술의 열매"라고 다시 정의되고 있다. 그러므로 여기서 말하는 찬미는 비단 곡조 붙은 노래로만 볼 수 없고, 이보다는 좀 더 포괄적인 용어임이 분명하다. 이럴 경우 "찬미의 제사"에서 일차적으로 요구되는 것은 독자들이 자신의 기독교적 "신앙고백"(ὁμολογία)에 충실한 것이다. 오직 이 길만이 청중들이 하나님께 그 행하신 것에 대하여 감사하는 길이다.

둘째로, 하나님을 기쁘시게 하는 또 다른 제사들, 즉 옛 언약의 제사들과는 다른 영적인 제사들이 있다. 이는 "선을 행함"(εὐποιΐα)[11]과 "서로 나눠주기"(κοινωνία)[12]이다. 히브리서 저자는 자신의 청중들이 이와 같은 그리스도인의 공동체적인 덕성을 "소홀히 해서는 안 된다"(μὴ ἐπιλανθάνεσθε)라고 권한다. 이것이 하나님께 대한 충성을 나타내는 길이기 때문이다.

### 3) 교회지도자들에 대한 순종과 기도부탁(히 13:17-19)

> 13:17 너희를 인도하는 자들에게 순종하고 복종하라 그들은 너희 영혼을 위하여 경성하기를 자신들이 청산할 자인 것 같이 하느니라 그들로

하여금 즐거움으로 이것을 하게하고 근심으로 하게 하지 말라 그렇지 않으면 너희에게 유익이 없느니라 18 우리를 위하여 기도하라 우리가 모든 일에 선하게 행하려 하므로 우리에게 선한 양심이 있는 줄을 확신하노니 19 내가 더 속히 너희에게 돌아가기 위하여 너희가 기도하기를 더욱 원하노라.

이 마지막 권면에서 히브리서 저자는 청중들에게 그들의 현재 지도자들에게 순종하라고 한다(17절). 이는 신약에 흔히 나오는 권면이지만, 기독교 신앙을 버리고 유대교로 돌아가려는 경향을 지닌 청중들에게 이 권면은 특별한 것이다. 지도자에게 순종하는 것은 하나님께서 그 따르는 자들을 위하여 정해두신 목표에 안전하게 도달할 수 있다는 보장이다. 그 다음에 저자는 기도부탁을 함으로써 자신에 대한 정보를 처음으로 알리고 있다(18-19절). 이 기도부탁과 청중들과의 관계를 언급함으로써 신학적인 문서로 보이는 이 글에 비로소 서신적인 성격이 부여된다.

자신의 청중들이 지도자들의 어깨 위에 실린 책임감을 인식해야한다고 히브리서 저자는 권면한다(17절). 왜냐하면 자신들의 임무를 완수하기 위하여 지도자들은 자신들이 회계할 자들인 것처럼 깨어있기 때문이다. 저들의 일이 기쁨이 되고 짐이 되지 않도록 하기 위하여 히브리서의 청중들은 순종하고 복종해야 된다는 것이다. 그러나 이 순종과 복종은 지도자들의 일을 쉽게 해주기 위함만이 아니라, 그렇게 하지 않으면 청중들에게 유익이 없기 때문이다. 불순종은 그들을 어려움에 빠지게 할 수도 있다.

히브리서 저자는 이제 자신을 위한 기도를 부탁한다(18-19절). 대명사 "우리"는 소위 서신적 복수로 문자적 의미보다는 수사학적인 복수

일 가능성이 높다. 이렇게 직접적으로 기도를 부탁하는 것은 저자가 청중들의 지도자 중 한 사람임을 의미한다. “선한 양심”(καλὴν συνείδησιν)이 암시하는 바는 어떤 무리들에 의하여 저자가 비난을 받고 있으며 청중들도 이것이 그들에게 부정적인 영향을 미칠지도 모른다는 것을 인식하고 있다는 점이다. “우리는 확신하노라”(πειθόμεθα)라는 표현에서도 그리고 바로 뒤에 나오는 “왜냐하면”(γάρ)이라는 접속사에서도 알 수 있듯이, 히브리서 저자는 이 문제를 심각하게 취급하고 있다. 흔히 교리와 행실이 항상 관계되어 있기는 하지만, 여기서의 비난은 교리와 관계된 것이라기보다는 행실과 관계된 것일 가능성이 높다. 아무튼 저자는 청중들에게 자신이 합당한 동기를 가지고 있다고 확신시킨다. 19절을 보면 저자를 히브리서의 공동체에게로 돌아갈 수 없게 하는 방해요소가 있다. 23절을 통해 유추해 보면 감옥에 갇혀 있는 것은 아니지만 모종의 어려움 가운데 있는 것이 분명하다. 저자가 히브리서를 받는 공동체와 함께 있기를 갈망하며 그들은 또한 그를 위하여 간절히 기도해 줄 수 있는 관계에 있다는 점만은 확실하다.

## 3. 마무리 축복기도(히 13:20-21)

> 13:20 양들의 큰 목자이신 우리 주 예수를 영원한 언약의 피로 죽은 자 가운데서 이끌어 내신 평강의 하나님이 21 모든 선한 일에 너희를 온전하게 하사 자기 뜻을 행하게 하시고 그 앞에 즐거운 것을 예수 그리스도로 말미암아 우리 가운데서 이루시기를 원하노라 영광이 그에게 세세무궁토록 있을지어다 아멘

히브리서는 이제 장중한 마침 기도로 마무리되어 가는 중이다. 히브리서 저자는 여기서 히브리서의 핵심 모티브 중 몇을 언급하고 있다. 기도는 그 아름다움과 포괄성이 특이하다. 이 기도에는 히브리서 저자의 가슴속에 자리 잡고 있는 깊은 목회적 관심이 흠뻑 묻어나는데, 그 강력한 영향력은 히브리서 설교를 듣거나 읽는 이들에게 확연히 드러날 것임이 분명하다.

이 두 절(20-21절)은 성경에 나오는 가장 아름답고 은혜로운 축도이다. 이것은 오늘날 가장 대중적인 축도인 고린도후서 마지막 절의 축도(고후 13:13, "주 예수 그리스도의 은혜와 하나님의 사랑과 성령의 교통하심이 너희 무리와 함께 있을 지어다" – Ἡ χάρις τοῦ κυρίου Ἰησοῦ Χριστοῦ καὶ ἡ ἀγάπη τοῦ θεοῦ καὶ ἡ κοινωνία τοῦ ἁγίου πνεύματος μετὰ πάντων ὑμῶν) 및 구약의 대제사장 축도(민 6:24–26, "24 여호와(주)는 네게 복을 주시고 너를 지키시기를 원하며 25 여호와(주)는 그의 얼굴을 네게 비추사 은혜 베푸시기를 원하며 26 여호와(주)는 그 얼굴을 네게로 향하여 드사 평강 주시기를 원하노라" – 24 εὐλογήσαι σε κύριος καὶ φυλάξαι σε 25 ἐπιφάναι κύριος τὸ πρόσωπον αὐτοῦ ἐπὶ σὲ καὶ ἐλεήσαι σε 26 ἐπάραι κύριος τὸ πρόσωπον αὐτοῦ ἐπὶ σὲ καὶ δῴη σοι εἰρήνην)와 더불어 성경의 삼대 축도 중의 하나이다. 다음 문장 흐름도에서 보듯이 하나님이 전체 문장의 주어이고 중요한 동사들의 행위자로서 강조되었다. 예수 그리스도가 축도의 핵심으로 돋보이는데, 성령은 언급되지 않았음을 알 수 있다.

20 Ὁ δὲ θεὸς τῆς εἰρήνης,
ὁ ἀναγαγὼν ἐκ νεκρῶν τὸν ποιμένα τῶν προβάτων τὸν μέγαν ἐν αἵματι διαθήκης αἰωνίου,
τὸν κύριον ἡμῶν Ἰησοῦν,
21 καταρτίσαι ὑμᾶς ἐν παντὶ ἀγαθῷ εἰς τὸ ποιῆσαι τὸ θέλημα αὐτοῦ,
ποιῶν ἐν ἡμῖν τὸ εὐάρεστον ἐνώπιον αὐτοῦ διὰ Ἰησοῦ Χριστοῦ,
ᾧ ἡ δόξα εἰς τοὺς αἰῶνας [τῶν αἰώνων],
ἀμήν.

축도의 전체적인 주어인 20절의 "평강의 하나님"(ὁ θεὸς τῆς εἰρήνης)은 원래 유대적인 표현이지만 바울서신의 공식적인 어구가 되었다(롬 15:33; 16:20; 고후 13:11; 빌 4:9; 살전 5:23; 살후 3:16). 이 평강의 하나님이 "우리 주 예수를 죽은 자들 가운데서 살리신 분"(ὁ ἀναγαγὼν ἐκ νεκρῶν τὸν κύριον ἡμῶν Ἰησοῦν)으로 묘사되고 있다. 히브리서는 물론 예수의 부활을 전제로 하고는 있지만 그의 부활 자체를 명시적으로 표현한 것은 이곳이 처음이다. 히브리서 저자가 신약성경에서 부활을 언급할 때 주로 사용한 동사(ἐγείρω) 대신에 하나님의 구원 행위를 나타내는 동사(ἀναγαγών)를 사용한 것은 일관성이 있으며 의도적인데,[13] 이는 히브리서 2:10의 어구, "많은 아들을 이끌어 영광에 들어가게 하시는 일"(πολλοὺς υἱοὺς εἰς δόξαν ἀγαγόντα)를 상기시켜 주기 때문이다.

이어서 히브리서 저자는 "우리 주 예수님"을 "양들의 큰(대) 목자"(τὸν ποιμένα τῶν προβάτων τὸν μέγαν)이시라고 말한다(비교. 벧전 2:25; 5:4; 요 10:11, 14). 베드로는 예수를 "우리 영혼의 목자와 감독"(τὸν ποιμένα καὶ ἐπίσκοπον τῶν ψυχῶν ὑμῶν, 벧전 2:25) 혹은 "대 목자"(ἀρχιποίμεν, 벧전 5:4)라고 말하였다. 이 지점에서 히브리서 저자가 이사야서 63:11에서 모세를 "양떼의 목자"(τὸν ποιμένα τῶν προβάτων, 칠십인 역)라고 언급한 것을 의식하여 모세보다 뛰어나신 예수를 표현하기 위하여 "대제사장"(ἀρχιερέα μέγαν, 히 4:14; 10:21[ἱερέα])과 연관성을 두면서 "양떼의 대 목자"(τὸν ποιμένα τῶν προβάτων τὸν μέγαν)라고 표현했을 수도 있다. 20절 후반의 "영원한 언약의 피로"(ἐν αἵματι διαθήκης αἰωνίου)라는 어구는 이전에 상세히 논의한 그리스도의 죽음의 의미(히브리서 7, 9–10장)와 새 언약의 시작에 대한 힘 있는 논의(히 7:22–8:13)를 동시에 생각나게 한다. 히브리서 저자가 "영원한"이라는 형용사를 선택한 점은 의도가 있음이 분명한데, 새 언약은 결정적이며 그 자체가 임시적이 아님을 확신하는 것이 필요하기 때문이다. 이는 히브리서 8장에서도 논의된 것처럼 구약에 이미 언급되어 있는 언약이다(사 55:3; 렘 32:40; 겔 37:26). 여기서 예수를 "대 목자"로 언급한 것은 그의 높여지심을 암시하는 기독론적인 언급이고 "영원한 언약의 피로"라는 언급은 기독론의 또 다른 대칭적인 측면을 묘사하는 어구임을 감안한다면, 히브리서 저자는 이 축도에서도 균형 잡힌 기독론을 제시하고 있음을 알 수 있다.

이 위대하신 하나님은 그의 뜻을 행하게 하기 위하여 모든 선한 것을 축도 받는 이들에게 공급해 주시고 동시에 그를 기쁘시게 하는 것을 우리 안에 이루시는 분이시다(21절). 이 21절은 빌립보서 2:12-16(특히 13절)의 내용과 흡사한 점이 많다.[14] 신약의 송영들(하나님께-롬 11:16; 16:27; 갈 1:5; 엡 3:21; 빌 4:20; 딤전 1:17; 유 25; 그리스도께-벧전 4:11; 벧후 3:18; 계 1:6) 중에서 소수만이 그 대상을 그리스도에게로 향하고 있는데, 여기의 송영, "영광이 그에게 세세무궁토록 있을지어다 아멘"(ᾧ ἡ δόξα εἰς τοὺς αἰῶνας [τῶν αἰώνων], ἀμήν.)은 서문(히 1:1-4)에서와 함께 높여진 기독론을 표현하고 있는 결정적인 결론부가 된다.

## 4. 후기(히 13:22-25)

> 13:22 형제들아 내가 너희를 권하노니 권면의 말을 용납하라 내가 간단
> 히 너희에게 썼느니라 23 우리 형제 디모데가 놓인 것을 너희가 알라
> 그가 속히 오면 내가 그와 함께 가서 너희를 보리라 24 너희를 인도하
> 는 자들과 및 모든 성도들에게 문안하라 이달리야에서 온 자들도 너희에
> 게 문안하느니라 25 은혜가 너희 모든 사람에게 있을지어다.

히브리서는 신약성경의 다른 서신들에서처럼 마무리 기도로(20-21절) 끝이 나지만, 그는 자신의 독자들에게 약간의 할 말이 더 남아 있다. 약간의 정보제공(22-23절)과 인사(24절) 그리고 마지막 축복기도(25절)가 그것이다.

22절에서 히브리서 저자는 다시금 독자들을 "형제들"이라 부르며(참고. 히 3:1, 12; 10:19), 자신의 간단히 쓴 "권면의 말을 용납하라"(ἀνέχεσθε, 기꺼이 들어라)고 권한다. 이 "권면의 말"(τοῦ λόγου τῆς παρακλήσεως)이라는 어구 때문에 그리고 또한 강해와 권면이 연속적으로 이루어진 히브리서의 구조와 내용 때문에 히브리서는 일반적으로 설교를 서신형태로 기록한 것으로 본다(비교. 행 13:15). 여기서 "간단히"(διὰ βραχέων)라고 한 것을 보면(벧전 5:12), 기회만 주어진다면 이 사안들을 더 길게 설명할 수도 있음이 암시되어 있다. 그의 어투, "-에 관하여는 이제 낱낱이 말할 수 없노라"(히 9:5)라든지 "-을 말하려면 내게 시간이 부족하리로다"(히 11:32) 등에서 이를 엿볼 수 있다.

23절에서 저자는 이제 "우리의 형제 디모데"의 석방에 관한 정보를 제공하고 있다. 의심의 여지가 전혀 없는 것은 아니지만 이 디모데는 사도행전과 바울서신에서에서 알려진 바울의 제자일 가능성이 높다. 디모데의 투옥에 대한 언급은 신약에 나오지 않으나, 그 가능한 지역은 로마나 에베소였을 것이다. 히브리서 저자는 디모데가 자기를 만나러 곧 오면 청중들을 만나러 가기를 고대하고 이미 그것을 계획하고 있다고 말한다.

24절의 개역성경의 "너희를 인도하는 자"는 헬라어 원문에서는 "너희의 모든 인도자들"(πάντας τοὺς ἡγουμένους ὑμῶν)로 되어 있는데, 이 어휘들은 청중들보다는 더 큰 공동체를 암시할 수도 있다. 이뿐만 아니라 물론 히브리서 저자의 인사는 또한 각 세대의 모든 하나님의 백성들을 향하여 있기도 하다. “이달리야에서 온 자들도”(οἱ ἀπὸ τῆς Ἰταλίας) 라고 번역된 어구는 “이탈리아에 있는 사람들” 혹은 “어디엔가 와 있는 이탈리아인들”로 번역될 수 있다. 전자를 완전히 배제할 수는 없으나 가장 자연스러운 해석은 후자이다.

히브리서 13장의 마지막 절인 25절은 아주 간단한 축도이다: “은혜가 너희 모든 이에게”(Ἡ χάρις μετὰ πάντων ὑμῶν). 이는 디도서 3:15와는 축어적(verbatim)으로 동일하고 디모데후서 4:22(πάντων이 없음)와도 거의 동일하다. 이 마지막 축도에서 결정적인 단어는 “은혜”(χάρις)인데,[15] 이는 그리스도의 사역을 통하여 인간에게 값없이 주어지는 은총을 표현하는 기독교 복음의 핵심단어이다. 예수 그리스도의 은혜를 통하여 새 언약에 들어온 유대인 그리스도인들에게 주어지는 권면의 말씀인 히브리서는 바로 그 은혜를 축원함으로써 끝이 난다.

## III. 개인 묵상이나 그룹 토론(설교 구상)을 위한 질문

1. 히브리서 13장은 앞부분(히브리서 1-12장)과 어떤 관계에 있다고 보는가?
2. 히브리서 13:1-6의 내용은 히브리서 10:32-36과 어떤 관련이 있는 것으로 보이는가?
3. 내가 현재 영문 밖에 계신 그분에게로 지고 나아가야 할 그리스도의 능욕은 무엇인가?

4. 지금 현재 이곳에서 자신이 하나님 앞에 드려야 할 제사는 무엇인가?
5. 히브리서 13:20-21의 내용은 무엇이며 자신에게 어떤 감흥을 주는가?

# 주(註)

1) 히브리서 13장의 구조와 형식에 관한 더 자세한 논의는 Lane, *Hebrews 9-13*, 495-507을 보라.

2) Attridge, *Hebrews*, 385.

3) Bruce, *The Epistle to the Hebrews*, 327; Attridge, *Hebrews*, 386-7.

4) 침소로 번역된 헬라어는 "κοίτη"로서 고전 헬라어에서는 결혼생활의 침대를 의미했으며, 신구약 중간기(레 15:18; 지혜서 3:13, 16; 집회서 23:18)나 신약시대에는 성관계를 의미하는 완곡어법이었다(롬 13:13).

5) 여기서 사용된 "떠나다"는 헬라어 동사, "ἐγκαταλείπω"는 앞에서 이미 히브리서 독자들의 모임을 버리고 떠나버린 이들을 표현할 때 사용되었다(히 10:25. 비교. 고후 4:9).

6) 이 "에크바시스"(ἔκβασις)라는 어휘는 신약성경에서 이곳과 고린도전서 10:13("피할 길")에만 나오는 단어인데, 단순하게 "결과"로 번역할 수도 있지만 외경(지혜서 2:17-공동번역에는"인생의 말로")과 교부들의 글에서는 인생의 종말 혹은 죽음을 의미하는 "엑소더스"(ἔξοδος, 참조. 눅 9:31; 벧후 1:15)와 비슷한 말로 해석되기도 하였다.

7) "성문"(πύλη)은 성에 포함된 일반적인 문이지만, "영문"(παρεμβολή)은 군사적인 용어인 진영을 의미한다.

8) "치욕"으로 번역된 헬라어, "오네이디스모스"(ὀνειδισμός)는 히브리서 밖에서는 로마서 15:3과 디모데전서 3:7에서 모욕이나 비난의 의미로 사용되었고, 히브리서에는 이미 앞에서 거의 같은 의미로 두 번이나 사용되었다(히 10:33; 11:26).

9) 이렇게 제의적인 용어들이 은유적으로 사용된 경우가 신약성경에 많다. 대표적인 예들로, 바울은 자신을 복음의 제사장이라고 하면서(롬 15:16) 자신의 독자들에게 그들의 몸을 하나님께 산제사로 드리라고 하였으며(롬 12:1-2), 빌립보 교인들이 보낸 선교헌금을 하나님을 기쁘시게 하는 향기로운 제물이라고 말하면서(빌 4:18) 그들의 믿음의 제사 위에 자신을 전제(drink offering)로 드려도 기뻐한

다고 말한다(빌 2:17). 베드로도 자신의 독자들에게 신령한 제사를 드릴 거룩한 제사장이 되라고 권면한다(벧전 2:5).

10) 히브리서 설교에서 이 어휘의 동족어들은 아주 특별하게 사용되었다: "신앙고백"(개역성경에는 "믿는 도리"로 번역됨)을 의미하는 명사형 "ὁμολογία"는 히브리서 3:1; 4:14; 10:23 등에서 중요하게 사용되었고, 동사의 분사형은 이곳에서와 히브리서 11:13에서 사용되었다.

11) 이 용어는 신약에서 이곳에만 나오는데, 아마도 상호 돌봄의 구체적인 행위를 표현한 것으로 보인다(비교. 히 12:14; 13:1-4).

12) 이 "코이노니아"(κοινωνία)라는 용어는 그 동사(κοινωνέω)와 더불어 한글 개역신약성경에서 무려 예닐곱 가지로 번역될 정도로 그 의미영역이 넓은 단어이며, 초대교회의 공동체를 이해하는 데 아주 중요한 용어이다(참고. 명사-행 2:42; 롬 15:26; 고전 1:9; 10:16x2; 고후 6:14; 8:4; 9:13; 13:13; 갈 2:9; 빌 1:5; 2:1; 3:10; 히 13:16; 몬 1:6; 요일 1:3x2, 6, 7; 동사-롬 12:13; 갈 6:6; 딤전 5:12; 6:18; 요이 1:11; 벧전 4:13).

13) Attridge, *Hebrews*, 406.

14) 특별히 빌립보서 2:13, "너희 안에서 행하시는 이는 하나님이시니 자기의 기쁘신 뜻을 위하여 너희에게 소원을 두고 행하게 하시나니"(θεὸς γάρ ἐστιν ὁ ἐνεργῶν ἐν ὑμῖν καὶ τὸ θέλειν καὶ τὸ ἐνεργεῖν ὑπὲρ τῆς εὐδοκίας)는 어휘와 사상이 히브리서 13:20-21과 흡사한 점이 많다.

15) 이 "은혜"(χάρις)라는 어휘는 앞에서 이미 여러 번 나왔는데(히 2:9; 4:16x2; 10:29; 12:15, 28; 13:9), 삼위 하나님과 연관되기도 하고(하나님-히 2:9; 12:15; 예수님-히 4:16; 성령님-히 10:29) 특별한 수식어나 제한하는 어휘 없이 사용되기도 하였다(히 4:16; 12:28; 13:9, 25).

# 부록 I

## 히브리서 개관

히브리서는 신약에서 열아홉 번째 자리에 바울서신과 일반서신 사이에 위치해 있고, 바울서신에 속하지도 일반서신에 속하지도 않는다. 히브리서가 서방교회에서 신약의 정경으로 인정되기 까지는 험난한 과정을 거쳐야 했다. 또한 히브리서는 신학적으로나 연대기적으로 바울서신들을 그 중심에 놓는 경향 때문에, 일반서신들과[1] 함께 신약성경의 책들 중에서 열등한 것들로 취급당하곤 하였다. 여기에다 히브리서는 구약인용이 괄목할만하게 많고 구약의 성소, 제사장, 제사 제도에 관한 논의가 넘쳐 나서, 주로 요한과 바울의 글에서 영양공급을 받는 대다수의 그리스도인들에게 구약에서의 레위기처럼 외면당하는 것이 다반사였다.

이렇게 히브리서는 여러 가지 면으로 신약성경에서 가장 인상적인 책 중에 하나이지만 동시에 그야말로 "아비도 없고 어미도 없으며 족보도 없고"(히 7:3) 또한 그 후손도 없는 수수께끼의 책이기도 하다. 그 이유는 그 구조가 일반적인 것은 아니며, 사용된 수사학도 독특하고, 저자와 기록시기 및 수신자와 그들의 삶의 정황도 불확실하며, 수신자들이 당하고 있는 위기의 본질이나 목적 그리고 문학적인 장르 등이 분명하지 않을 뿐만 아니라 그 논지도 익숙한 것이 아니기 때문이다. 하지만 히브리서는 신약성경 중에서 가장 수준 높은 헬라어로 기록된 책이고, 주의 깊게 구성되었으며, 다양한 수사학이 동원되었고, 그리스도를 인상 깊게 소개하고 있어서, 기독교 신앙형성에 여러 가지 깊은 통찰력을 제공하고 있다.

이런 상황에서 최근 들어 히브리서의 저자를 바울, 요한과 더불어 신약성경의 삼대신학자로 보아야 할 정도로 히브리서의 메시지가 신약성경에서 하나의 중요한 흐름을 차지하고 있다고 평가되는 것은 고무적인 일이다.[2] 히브리서는 진지하게 듣고 또 읽고자 하는 이들에게 풍성한 보답으로 응답하는 책임에는 틀림이 없다. 「히브리서 신학」을 집필한 바나바스 린다스(Barnabas Lindars)는 다음과 같이 우리를 격려하고 있다:[3] "히브리서 저자는 오히려 선지자 에스겔과 같다. 그는 처음에 낯설게 그리고 친근하지 않게 멀리에 있는 것처럼 나타나지만, 좀 더 친근해지면 그는 강한 목회적 감각을 지니고 영혼을 깊이 있게 돌보는 사람임을 알 수 있게 된다."

## 1. 히브리서의 저자[4]

히브리서는 익명으로 되어있으나 내적 증거를 통하여 우리가 히브리서 저자에 대하여 알 수 있는 점은 몇 가지가 있다. 첫째로, 히브리서 저자는 디모데의 친구이며(히 13:23), 히브리서의 수신자들에게 알려진 인물이고(히 13:19), 제2세대 혹은 제3세대 그리스도인이며(히 2:3), 사도들이 세운 교회의 교사였다. 둘째로, 헬라적 유대교에 정통한 디아스포라 유대인 출신 그리스도인이며 헬라교육을 받고 수사학 훈련을 받은 사람일뿐만 아니라 기독론, 종말론, 제의적인 관점에서 볼 때

종교적인 사람이다. 셋째로, 구속사를 자신의 공동체에 적합하게 적용하여 해석하고 설교하는 유능한 성경 해석자요 신학자일 뿐만 아니라 탁월한 설교자였다. 넷째로, 인간의 통찰력이 성령, 성경 석의, 상황에 대한 분별력에 의하여 훈련되어 구체적인 격려, 경고, 목회적 방향제시를 하는 목회자였음을 알 수 있다. 이와 같은 히브리서 내의 증거들을 기반으로 저자에 대한 여러 대안들이 제안되어 왔다.

초대교회부터 종교개혁까지는 히브리서가 바울에 의하여 기록되었다고 여겨졌다. 이 견해는 가장 오래된 필사본인 P46을 위시하여 주요 대문자 사본들에서의 히브리서의 위치,[5] 교부들의 증언(알렉산드리아의 클레멘트, 제롬, 어거스틴, 유세비우스, 판타네우스), 그리고 디모데에 대한 언급(히 13:23) 등에 의하여 지지를 받아왔다. 그러나 사도 바울은 서신에서 언제나 자신의 이름을 밝혔는데, 히브리서는 익명이며 그 구조 및 스타일과 언어가 상이한 점, 대제사장론과 같은 신학적 차이점, 구약인용에서 바울은 마소라 본문을 인용하였으나 히브리서에는 칠십인 역에서 인용한 점, 그리고 히브리서 2:3의 내용 등이 히브리서를 바울이 기록했다고 볼 수 없게 하는 요소들이다.

16세기부터는 종교개혁가 마르틴 루터와 몇몇 현대학자들이 히브리서가 아볼로에 의하여 기록됐다고 추정한다. 아볼로는 유대인이자 바울과 가까운 사이였으며, 칠십인 역으로 구약본문을 보는 지역인 알렉산드리아 출신이었으며, 웅변에 능하고 성경을 잘 알고 있었으며, 디모데와 친구였다(히 13:23). 그리고 아볼로는 또한 여러 교회에서 영향력이 있었으며, 사도는 아니었으나 사도들에게서 배웠다는 점 등은 이러한 주장을 지지해주는 긍정적인 측면이지만, 이 주장에 대한 초대 교부들의 증거와 같은 외적 증거들이 없다는 점이 가장 큰 약점이다. 그 다음으로 터툴리안이 최초로 주장하였고 현대학자들도 많이 지지하는 견해로서 히브리서를 바나바가 기록했다는 주장인데, 바나바는 구약의 성전과 제사제도를 잘 알고 있어야 하는 레위인이었던 그가(행 4:36) 히브리서의 저자로서 적격이라는 것이다. 그러나 이 견해도 역시 히브리서 2:3의 문제를 해결하지 못한다.

이외에도 누가,[6] 로마의 클레멘트,[7] 브리스길라,[8] 실라,[9] 전도자 빌립(윌리암 람제이의 주장), 스데반(사도행전 7장과 히브리서의 유사성), 아리스돈(막 16:9-20과 히브리서와의 유사성), 마리아(예수님의 유년시절 이야기), 심지어는 유다, 베드로, 에바브라 등 수많은 대안들이 있지만, 결론적으로 히브리서는 익명의 문서이며 교부 오리겐이 말하였듯이, 그 저자는 하나님만이 아신다는 결론을 내릴 수밖에 없다. 히브리서 11:32의 남성 단수 분사(διηγούμενον)를 통한 힌트에 의하여 오직 우리가 아는 것은 히브리서는 한 남자가 기록했다는 것뿐이다.[10]

## 2. 히브리서의 장르와 구조

히브리서는 설교처럼 시작하여 서신처럼 끝난다. 이 문서는 신약성경의 서신중에서 로마서와 고린도전서 다음으로 긴데, 독자가 히브리서 13:22-25에 이르기 전에는 이 문서가 서신인 것을 알 수 없다. 그래서 히브리서는 이 종결인사(히 13:22-25)를 제외하면 서신이라고 보기는 힘들고 설교(homily)에 더 가깝다. 히브리서 저자도 자신의 글을 "권면의 말씀"(ὁ λόγος τῆς παρακλήσεως)이라고 하는데(히 13:22), 이 어휘를 사도행전 13:15의 예("권면의 말씀": λόγος παρακλήσεως)와 비교해보면 설교에 가까운 의미이다. 히브리서에는 글이 아니라 연설 혹은 설교임을 암시하는 수사학적 요소들이 아주 풍부하게 나타난다.[11] 또한 히브리서 저자는 풍부한 어휘력,[12] 권유법(히 4:1, 11, 14, 16; 6;1; 10:22-24; 12:1, 28; 13:13, 15)과 명령법(히 3:12-13; 10:32, 35; 12:3, 7, 12, 14, 25; 13: 1-3, 7, 9, 16-18, 24)을 적절히 안배하는 권면 능력, 다양한 직유법의 동원기술 등의 수사력을 보여주고 있다. 또한 일인칭 복수 대명사 "우리"의 사용(히 2:5; 5:11; 6:9; 8:1; 9:5; 11:32), 칠십인역의 사용과 석의 방법, 그리고 선포 혹은 교리해석 그리고 권면 혹은 경고가 끊임없이 반복되는 구조, 구체적인 상황에 적용하는 교훈으로 마치는 것(히브리서 13장) 등은 히브리서가 설교였음을 암시하는 요소들이다. 히브리서가 초기 고대 사본들에서 바울서신들 사이에 놓여 있었던 사실과 히브리서 자체가 서신적 말미를 지니고 있는 점은 히브리서가 서신이었을 것이라는 추측을 낳게 하는 요소들이지만, 위에 열거한 여러 요소들을 감안한다면 히브리서는 이것을 받아서 목소리로 크게 낭송되는 것을 듣게 될 수신자들을 위하여 준비된 설교, 즉 서신서의 말미가 덧붙여진 설교문이었을 것으로 보인다.

그래서 히브리서의 구조도 독특하게 여겨질 수밖에 없게 되었다. 히브리서의 장르와 구조에 대한 더 자세한 논의는 아래의 부록 II를 참조하기 바란다. 다음의 부록 II에서 논의한 대로 본인은 히브리서를 처음과 끝에 서론(히 1:1-2:4)과 결론(서신적 마무리가 약간 포함된 히브리서 13장)을 두고 그 사이에 구약을 인용하고 해석한 일곱 개의 작은 설교(강해)를 지닌 약 40-50분짜리 설교로 본다.

### 3. 히브리서의 기록 연대와 장소

히브리서에는 1) 두 가지 핍박, 즉 이전 핍박(히 10:32-34)과 임박한 핍박(히 1:2; 3:13; 10:25, 36; 12:4, 27)이 언급되고 있고, 2) 90년대 후반에 기록된 것으로 보이는 클레멘트 1서에 히브리서의 구절들이 인용되었으며, 3) 히브리서 저자가 제1세대 그리스도인은 아니고(히 2:3) 수신자들도 믿은 지 오래되었다는 사실(히 5:12; 10:32) 등을 고려한다면, 히브리서의 기록시기는 넓게 보아 60-90년대이다. 이때 다음과 같은 제안이 가능하다: 1) 로마에 보내졌다면, 64-68년(49년의 글라우디오 칙령, 행 18:2 - 네로의 핍박, 64-68년); 2) 팔레스타인에 보내졌다면, 60-70년(예수에 대한 핍박 - 예루살렘 멸망); 3) 로마에 보내졌다면, 80-90년(네로의 핍박, 64-68년 - 도미티안의 핍박, 90년). 예루살렘 성전 파괴(70년)를 중요한 기점으로 보아, 이에 대한 히브리서의 침묵 때문에 기록 년대를 60년대로 잡기도 한다. 그러나 히브리서 저자는 어디에서도 예루살렘 성전을 언급하지 않고 구약성경의 기록을 염두에 두고 있기 때문에 성전파괴시점이 중요한 기준이 될 수 없다. 또한 히브리서 내에서 제의를 현재형으로 표현되고 있는데(히 8:3; 9:7; 13:11), 이런 예는 성전파괴 20년 후에도 현재형을 사용하고 있는 요세푸스에게서 찾을 수 있기 때문에 이것도 히브리서의 저작시기가 성전파괴이전이라고 주장하는 근거는 될 수 없다.

기록장소로는 팔레스타인(예루살렘), 로마, 알렉산드리아, 에베소 등이 주장되고 있으나 모두 추측에 불과하다. 히브리서가 유대교 제의와 제사장 제도에 기초를 두고 있기 때문에 팔레스타인이나 예루살렘이 유력한 후보지이긴 하지만, 저자의 지식이 성전에 참여하는 것보다는 칠십인 역을 통한 구약성경에 기초한 것이기 때문에 이 제안도 설득력을 잃는다. 그리고 히브리서에서 칠십인 역이 주로 사용된 점과 알렉산드리아의 헬라 철학 사조가 엿보이는 점 등은 알렉산드리아에서 기록되었을 추측에 신빙성을 더하지만 이것 또한 추측이다.

## 4. 히브리서의 독자(청자) 및 정황과 목적

히브리서의 수신자와 수신지에 대하여 서신에는 명시되어 있지 않고, 현재 사용하고 있는 "히브리서" 혹은 "히브리인들에게"(ΠΡΟΣ ΕΒΡΑΙΥΣ)라고 하는 표제는 원저자가 붙인 것은 아닌 것 같다. 표제가 파피루스 $P^{46}$을 위시하여 주요한 대문자 사본에 나오고 있는 것으로 보아 약 200년경부터 이집트와 북아프리카에서 사용된 것으로 보인다. 이 표제가 암시하는 바는 히브리서가 유대 그리스도인들에게 보내졌을 것이지만, 히브리서에서 구약을 많이 인용한 것과 그 해석방법이 유대적이라는 것은 저자의 배경을 보여주는 것이지 청자/수신자를 암시하는 것은 아니다. 오히려 저자가 다루고 있는 내용이나 문제의 성격이 유대 그리스도인에게 보내졌을 것이라고 여기는 주된 이유이다. 히브리서의 수신지로는 팔레스타인(예루살렘), 알렉산드리아, 로마가 그 후보지로 논의되고 있고, 그 중에서 도시라는 암시(히 13:1-6)가 있는 것을 감안하여 예루살렘과 로마가 강력한 후보지로 주목을 받아왔다. 예루살렘이 주목을 받는 가장 큰 이유는 수신자들이 성전에서 계속되고 있는 성전제의를 보면서 유혹을 받았을 가능성이 높다고 여겼기 때문이다. 수신지를 예루살렘으로 볼 경우, 이달리야에 있는 그리스도인이 이달리야 그리스도인들로부터의 안부와 함께(히 13:24) 예루살렘에 살고 있는 유대계 그리스도인들에게 서신을 보낸 것이 된다. 하지만 히브리서 저자는 한 번도 예루살렘 성전을 언급하지 않았고 제의에 대하여는 칠십인 역을 의지한 성경지식에 의존하고 있기 때문에, 수신지가 예루살렘이라는 견해는 설득력이 없다.

히브리서가 로마에 보내졌다고 보이는 증거들이 여러 가지가 있다. 우선, 히브리서 10:32-34의 내용과 사도행전 18:2에 언급된 글라우디오 황제의 유대인 추방령(AD 49년) 사이에는 유사성이 있어서, 그때 유대인들과 함께 유대 그리스도인들도 추방되었다는 것을 충분히 짐작하게 한다. 또한 이달리야에서 온 자들이 문안한다는 언급(히 13:25)을 어떤 연유인지는 몰라도 로마를 떠나온 성도들이 로마의 성도들에게 안부하는 것으로 보는 것이 더 자연스럽다. 그리고 다가오는 더 심한 핍박(히 12:4)은 64-68년의 네로의 핍박이라고 볼 수 있다. 네로의 핍박을 이전에 당한 어려움으로 본다면, 90년대에 있었던 도미티안의 핍박일 것이다. 히브리서가 클레멘트 1서(로마의 클레멘트가 90년대 후반에 기록)에 인용되면서 로마에서 처음 알려지고 사용되었다는 사실도 히브리서의 수신지가 로마라는 것을 뒷받침해준다. 로마서 16장에 나타나는 것을 토대로 보면 로마에는 적어도 다섯 군데 이상의 가정 교회들이 있었고 그 구성원도 유대인, 이방인, 종, 자유자, 남녀노소의 다양한 구성원으로 되어 있는데, 히브리서는 이러한 로마의 가정 교회 중 유대계 그리스도인들로 구성된 모임에 보내졌을 수도 있다.

수신자들의 정황은 히브리서의 목적과 밀접하게 연관되어 있는데, 내적인 증거들을 통하여 수신자들에 대하여 우리가 알 수 있는 것이 몇 가지 있다. 첫째로, 그들은 성령의 역사와 표적을 통하여 비춤을 얻었으며 기독교 메시지를 받았고(히 2:3-4; 6:4-5), 유대교의 교육 혹은 기독교전도를 통하여 유대교의 제의에 대하여 잘 알고 있었고 또한 호감을 가지고 있었다. 둘째로, 그들은 그 뒤에 소유를 빼앗기고 감옥에도 가는 등의 핍박과 어려움을 당하였다(히 10:32-34). 셋째로, 히브리서가 기록될 즈음에는 더 심한 핍박의 위기가 다가오고 있었고(히 12:4; 13:13), 더 심각한 것은 수신자들은 "둔하거나" "게을러져서"(히 5:11; 6:12, 두 구절에 나오는 헬라어는 동일한 단어, νωθροί이다) 잘못된 생각을 하게 된 것이다. 특히, 어떤 이들은 기독교 선포의 유대교적 뿌리에 대한 과장된 향수를 가지고 유대교의 제의적 유산을 과대평가한 나머지 그리스도를 통하여 하나님께서 옛 언약을 폐하시고 새 언약을 이루신 엄청난 역사를 망각해 버릴 위험에 처하게 되었다. 그래서 수신자들 중 어떤 이들은 그리스도를 믿음으로 오는 부요함을 포기해 버리고 다른 그리스도인과 모임 갖는 것을 멈춰버리게 되었다(히 10:25). 이러므로 히브리서 저자는 이들이 당하였던 과거의 핍박을 상기시키며 더 심할 수도 있는 현재 다가오는 어려움 가운데 견고하게 인내하라고 격려할 목적으로 본서를 기록하였다. 그는 자신의 청중들에게 단순히 경고만 하는 것이 아니라 그들이 믿게 된 예수 그리스도의 인격과 사역을 깊이 이해하는 것을 통하여 그분께 더 견고히 헌신하도록 권면하고 있다.

# 부록 II[13]

## 히브리서의 구약인용과 해석
## (Citation and Interpretation of Old Testament in the Hebrews)

### 서 론

히브리서는 구약에 대한 해석 때문에 신약학자들에게 매력적인 상황을 연출한다. 신약에는 총 17권에서 구약 29권으로부터 312군데가 직접인용 되고 있다. 물론 암시는 이것보다 훨씬 많다. 이중에서 히브리서는 구약 11권에서 35군데를 직접인용하고 있어서, 양적으로는 히브리서가 서신서 중에서 로마서를 제외하고 구약을 가장 많이 인용하고 있다. 그러나 로마서 9-11장을 뺀다면, 히브리서가 양적인 면에서도 로마서를 능가한다. 히브리서에는 전체 13장 모두에서 구약이 한 군데 이상 인용되고 있기 때문에, 이런 예는 신약에서 히브리서가 유일하다. 구약인용의 양뿐만 아니라, 히브리서에서의 구약인용과 해석은 서신의 구조와 신학에 지대한 영향을 미치고 있다.

본 논문의 목적은 구약인용과 해석으로 가득 찬 초대교회의 전형적인 설교로 볼 수 있는 히브리서의 구약인용과 해석방식을 검토함으로써 히브리서의 구조와 신학이해, 더 나아가서는 현대 성경해석과 설교에 적용하고자함에 있다. 제일 먼저 히브리서의 구약 인용과 암시로 나누어서 현황을 조사해보고, 히브리서의 구약 인용방식과 해석법을 찾아보고, 구약이 히브리서의 구조와 신학에 미치는 영향에 대하여 각각 살펴볼 것이다.

## 1. 히브리서의 구약인용과 암시

이미 언급하였듯이 히브리서에는 매 장마다 구약이 한 군데 이상 인용되었다. 그 구체적인 규모는 구약의 직접 인용과 암시 혹은 평행어구를 모두 합한다면 200여 군데가 넘는다.

### 1) 직접인용(citation)

히브리서는 열한 권의 구약 책(창세기, 출애굽기, 민수기, 신명기, 사무엘하, 시편, 잠언, 이사야, 예레미야, 하박국, 학개)에서 모두 35군데를 인용하고 있다. 율법, 시편, 예언서에서 모두 인용한다. 다음의 표는 연합성서공회가 출판한 헬라어 신약성서에 기초하여 히브리서의 순서를 따른 구약인용 표이다:[14]

직접인용(Quotations)

| 히브리서 | 구약성경 | 히브리서 | 구약성경 |
|---|---|---|---|
| 1:5상 | 시 2:7 | 7:1-2 | 창 14:17-20 |
| 1:5하 | 삼하 7:14 | 7:17, 21 | 시 110:4 |
| 1:6 | 신 32:43(LXX) | 8:5 | 출 25:40 |
| 1:7 | 시 104:4(LXX) | 8:8-12 | 렘 31:31-34 |
| 1:8-9 | 시 45:6-7 | 9:20 | 출 24:8 |
| 1:10-12 | 시 102:25-27(LXX) | 10:5-7 | 시 40:6-8 |
| 1:13 | 시 110:1 | 10:16-17 | 렘 31:33-34 |
| 2:6-8 | 시 8:4-6(LXX) | 10:30 | 신 32:35-36 |
| 2:12 | 시 22:22 | 10:37-38 | 합 2:3-4(LXX) |
| 2:13상 | 사 8:17(LXX) | 11:5 | 창 5:24(LXX) |
| 2:13하 | 사 8:18 | 11:18 | 창 21:12 |
| 3:7-11 | 시 95:7-11 | 11:21 | 창 47:31(LXX) |
| 3:15 | 시 95:7-8(LXX) | 12:5-6 | 잠 3:11-12(LXX) |
| 4:3, 5 | 시 95:11 | 12:20 | 출 19:12-13 |
| 4:4 | 창 2:2 | 12:21 | 신 9:19 |
| 4:7 | 시 95:7-8(LXX) | 12:26 | 학 2:6(LXX) |
| 5:5 | 시 2:7 | 13:5 | 신 31:6, 8 |
| 5:6 | 시 110:4 | 13:6 | 시 118:6(LXX) |
| 6:13-14 | 창 22:16-17 | | |

위의 표를 중심으로 히브리서의 구약 인용을 분석해 보면, 우리는 몇 가지 중요한 사실을 발견할 수 있다. 첫째로, 히브리서 저자는 매 장에서 구약을 직접인용하고 있다는 사실이다. 그것도, 9장에서는 한 번이지만 그 외의 장에서는 두 번 이상 인용하고 있음을 발견한다. 이것은 신약의 어떤 책에서도 발견할 수 없는 현상이다. 14절로 이루

어진 1장에서는 무려 아홉 절에서 구약성경 일곱 군데를 연쇄인용하고 있고, 2, 3, 4, 8, 10장 등에서는 소위 덩어리 인용문(block quotation)들도 나온다. 히브리서는 신약에서 가장 긴 구약인용(렘 31:31-34)과 가장 긴 연쇄인용(히 1:5-13)을 포함하고 있다. 둘째로, 히브리서 저자는 율법서, 예언서, 성문서로 나뉘는 구약을 골고루 인용하고 있기 때문에, 구약성경 전체를 골고루 알고 있었음을 발견한다.

### 2) 암시(allusions)와 정경이외의 원천으로부터의 인용

암시는 어휘, 사상, 느슨한 기억에 의한 언급 등으로 나뉜다. 히브리서에는 구약의 문자적 인용이 서른 군데가 좀 넘지만, 암시된 곳은 180군데 가까이 된다.[15] 직접적인 인용은 주로 시편을 비롯한 열한 권의 책에서 이루어졌으나, 히브리서에서의 구약의 암시나 평행어구의 범위는 그 범위가 방대하다. 오경과 시편에 집중되었을 뿐만 아니라, 역사서와 예언서에 이르는 20여 권을 포함한다. 이 현상은 히브리서 11장에 집중된 듯하지만(구약의 믿음의 영웅들을 열거하면서 창세기 1:1부터 다니엘서 6:1-27에 이르기까지 무려 쉰 군데 가까운 곳이 암시되었다), 조금만 주의 깊게 살핀다면 모든 장에서 일어나고 있음을 알 수 있다. 대표적인 예로는, 히브리서 3-4장에는 시편 95편이 직접 인용되고 해석되고 있지만, 배후에는 출애굽기와 민수기, 그리고 창세기와 여호수아서가 암시되어 있다. 또한 히브리서 5-6, 9-10장에는 출애굽기와 레위기의 구절들이 집중적으로 암시되거나 평행어구들이 등장한다. 여기서 우리가 발견하는 것은 히브리서 저자는 각 장마다 혹은 각 부분마다 구약으로부터 오는 중요한 모티브를 지니고 있다는 것이다. 예를 들

자면, 히브리서 1장에서는 선지자들과 조상에게 말씀하신 하나님, 히브리서 2장에서는 인간 창조와 아브라함의 자손, 히브리서 3장에서는 출애굽 사건, 히브리서 4장에서는 창조의 안식과 여호수아의 가나안 진입과 안식, 히브리서 5장에서는 아론의 소명, 히브리서 6장과 7장에서는 아브라함의 약속과 승리, 히브리서 8장에서는 모세의 장막건설과 예레미야의 새 언약, 히브리서 9장과 10장에서는 장막구조와 구약의 제사제도, 히브리서 11장에서는 역사적 순서를 따라 나열된 믿음의 조상들, 히브리서 12장에서는 시내 산 선포, 히브리서 13장에서는 천사영접과 속죄일 제사 등이다.[16] 결론적으로 구약 없이는 히브리서가 무너지고, 히브리서에서 구약은 그리스도 안에서 새롭게 재해석된다.

더욱이 우리의 관심을 끄는 것은, 오늘날 우리가 구약의 정경으로 알고 있는 책 이외의 자료들의 내용이 히브리서의 여러 군데에 암시되었다는 사실이다. 주로 히브리서 11장에 집중되어 있는데, 히브리서 11:5은 에녹서 70:1-4과 벤시락 44:16, 그리고 지혜서 4:10이 동시에 암시된 곳이며, 히브리서 11:35-38은 마카비 2서 6:18-7:42의 요약이며, 히브리서 11:37은 모세 승천기 5:11-14의 암시이며, 히브리서 11:12과 6:14은 벤시락 44:21의 암시이다. 이래서 히브리서를 구약 정경의 틀에서만이 아니라 외경이나 위경도 모두 포함된 당대의 조건에서 논의해야 한다는 주장도 있지만,[17] 이 현상은 히브리서 저자가 다양한 형태로 순환되고 있던 공동 전승을 의지한 연고로 보는 편이 정당한 결론이다.

## 2. 히브리서의 구약인용방식과 해석

본 단락에서는 히브리서 저자가 사용한 구약본문과 그 인용방식의 독특함을 먼저 살펴볼 것이다. 이어서 히브리서 저자의 구약해석의 여러 경우를 살펴보고 그 독특함 또한 조사할 것이다.

### 1) 히브리서의 구약 인용방식

히브리서의 구약 인용방식은 신약의 다른 책들과 비교해서 아주 독특하다. 그것은 히브리서가 다른 신약성경의 책들에서 나타나는 인용방법과 상이한 독특한 차이를 보일 뿐만 아니라, 구약의 히브리어 본문이 아니라 헬라어 번역인 칠십인 역을 인용하고 심지어는 자신의 목적을 위하여 본문을 수정하는 경우도 있다는 점이다. 첫 번째 독특한 점은, 히브리서 저자는 구약의 책의 저자를 전혀 언급하지 않고, 바울이 애용하였던 "기록되었으되"(γέγραπται)와 같은 도입구문도 전혀 사용하지 않으며, 오히려 "말한다"(λέγω)라는 동사를 사용한 직접화법을 사용하고 있는 점이다. 즉, 청(독)자들에게 하나님(히 1:5, 6, 7, 8-9, 10-12, 13; 4:4; 5:5, 6; 6:14; 7:17, 21; 8:5, 8-12; 10:30, 37-38; 12:26; 13:5), 그리스도(히 2:12-13; 10:5-7), 성령(히 3:7-11; 4:3, 5, 7; 10:16-17)께서 직접적으로 말씀하신다는 표현을 쓰고 있다. 가끔씩 성경 자체가 "증거(하여 말)한다"(διεμαρτύρατο . . . λέγων, 히 2:6; μαρτυρεῖται, 히 7:17)라고 하면서 인용한다. 히브리서의 서른다섯 번의 구약 직접인용 중에서 문맥상으로 문법적 주어가 스무 번이 하나님, 네 번이 그리스도(아들), 다섯 번이 성령이시다. 히브리서는 구약을 인용하되, 과거의 기록(γράφειν)으로서의 말씀이 아니라 현재(동사의 현재형이나 현재분사 형을 선호한다) 생생하게 말씀하시는(λέγειν) 살아 있는 말씀(히 4:12-13)임을 표현해주는 연설의 형태로 주어진다. 이렇듯 히브리서 저자는 과거형보다는 현재형을, 수동형보다는 능동형을 더 좋아한다.[18] 그는 히브리서 서두에서 언급하듯이(히 1:1-2상), 과거에 말씀하셨던 하나님께서 지금 이곳에서도 말씀하고 계심을 말해준다.

둘째로 독특한 점은 히브리서 저자가 사용한 구약본문에 관한 것이다. 반대견해가 전혀 없는 것은 아니지만,[19] 히브리서 저자가 인용하는 구약본문은 히브리어 본문인 마소라 본문(Masoretic Text, MT)이 아니라 번역본인 헬라어 본문 즉 칠십인 역(LXX)이다. 그것도 4-5세기경의 대표적인 두 계열인 알렉산드리아 사본(A-text)이나 바티칸 사본(B-text)이전의 사본유형을 따르고 있다(물론 B-text보다는 A-text에 두 배정도 더 일치하지만).[20] 히브리서가 히브리어 구약본문보다는 칠십인 역 구약본문을 따르고 있는 증거는 여러 곳에서 발견된다. 가장 대표적인 예를 들면, 시편 8편 5절의 인용인 히브리서 2:7이다. 여기서 히브리서 저자는 "하나님"(אֱלֹהִים)과 "조금"(מְעַט)(MT)이 아니라 각각 "천사"(ἀγγέλους)와 "잠시"(βραχύ)로 번역한 LXX를 따른다. 또 다른 예로는, 창세기 47:31의 인용인 히브리서 11:21은 "침대"('미타' מִטָּה, MT) 대신에 "지팡이"('마테' מַטֵּה, LXX)가 사용되었다. "침대"와 "지팡이"는 히브리어에서 문자는 동일하지만 단지 발음만이 다를 뿐이다. 여기서 우리가 발견할 수 있는 중요한 사실은, 주후 700년경의 마소라 부호가 붙은 히브리어 성경보다 1,000년 정도 빠른 헬라어 번역본이 더 정확히 본문을 증거해줄 수도 있다는 것이다.[21] 원래는 칠십인 역이 번역될 때처럼 이 단어를 지팡이로 읽었으나 마소라 학자들이 "침대"로 발음기호를 붙였을 수도 있다는 의미이다. 아무튼 여기서도 히브리서 저자는 마소라 본문이 아니라 칠십인 역을 따라서 인용하고 있음을 알 수 있다. 또 다른 예는, 히브리서 3-4장에서 시편 95편의 지명(MT)을 의미(LXX)로 인용하고 있는 점이다.

히브리서의 구약인용의 세 번째 독특한 점은, 히브리어 본문도 아니고 칠십인 역도 아닌 자신만의 방식으로 본문을 바꾸기도 한 점이다. 예를 들면, 시편 40:7의 인용인 히브리서 10:5에는 "귀"(אָזְנַיִם, MT=LXX, ὠτία)대신 "몸"(σῶμα)이 선택되었다. 귀는 전체인 몸을 대표하는 부분이라고 보아, 히브리서 저자는 제유법(提喩法, synecdoche)을 사용하고 있다. 이는 일면에서 하나님의 명령의 목소리에 민감하고 들어야 하기 때문에, 여호와의 종의 전체 몸을 대표하는 귀를 강조했다고 볼 수 있다.[22] 이러한 예는 예레미야서 31:33-34을 여러 번 인용하는 곳에서도(히 8:10-12; 10:16-17) 나타나는데, 이는 히브리서 저자가 구약을 말 그대로 인용하지 않았거나 풀어썼거나 혹은 그 당시의 칠십인 역의 다른 이문을 활용하였을 가능성이 있기 때문이다.

### 2) 히브리서의 구약해석

구약에 대하여 "무엇이든지 전에 기록된 바는 우리의 교훈을 위하여 기록된 것이니 우리로 하여금 인내로 또는 성경의 위로로 소망을 가지게 함이니라"(롬 15:4)라고 선포된 신약에서는, 기독론적 해석을 근간으로 구약을 해석함에 있어서 당대의 유대교적 해석에 영향을 받은 또 다른 방법들이 적용되었다. 이러한 현상은 히브리서에서도 마찬가지여서, 구약인용의 횟수나 내용만이 다양한 것이 아니라 그 해석방법 또한 다양하다.

히브리서의 구약해석 방식을 유형별로 정리하면 다음과 같다:[23) 1) 혼돈을 방지하기(시편 8:4-6의 해석인 히브리서 2:8-9의 부가 언급); 2) 자신의 주장을 강화하기(히브리서 10:37-38의 이사야 26:20과 하박국 2:3-4를 동시에 약간 변형하여 인용하면서 자신의 권면을 강화함); 3) 암시된 것을 설명하기(히브리서 8:8-13에서 예레미야서 31:31-34를 인용하고 나서 13절에서 '새'라는 단어에 초점을 맞추어 암시된 것을 설명함); 4) 특정 단어나 어구의 문자적 의미에 호소하기(히브리서 3:7로부터 4:13에서는 시편 95:7의 '오늘'이라는 단어를, 히브리서 7:11에서는 시편 110:4의 '멜기세덱의 반차를 좇는'이라는 어구를, 히브리서 7:20-22에서는 시편의 같은 구절의 '맹세로'라는 어구를, 7장 23-25절에서는 시편의 같은 구절의 '영원히'라는 어구를, 히브리서 8:8-13에서는 예레미야서 31:31-34의 '새'라는 어구의 문자적 의미를 각각 붙잡고 있다); 5) 연쇄인용방법(히 1:5-13); 6) 예화 목록 열거(히브리서 11장); 이상의 첫 번째부터 여섯 번째까지는 예수님이나 다른 사도들 혹은 랍비들이 사용하였던 문자적-문맥적(literal-contextual) 해석방법과 원리-적용(principle-application interpretation) 해석방법의 범주에 속한다; 7) 당대의 랍비들이 사용하던 또 다른 두 가지 방법인 '작은 것에서 큰 것에게로 호소하기' (히 2:2-4; 9:13-14; 10:28-29 등)와 '어휘적 유사성이 있는 구절로 다른 구절을 설명하기' (히브리서 4:1-11에서 창세기 2:2와 시편 95:7-11의 '안식'; 히브리서 5:5-6에서 시편 2:7과 110:4의 '너'); 8) 모형론적 해석[24) (히브리서 3:12부터 4:11은 시편 95:7-11절의 모형론적 해석과 히브리서의 모형론적 해석의 백미인 히브리서의 핵심부분인 히브리서 8:1부터 10:18에서 나타난다); 9) 설교적 미드라쉬[25) (히 2:5-9; 3:7-4:13; 6:13-20; 7:11-25; 8:7-13;

10:5-10; 15-18; 35-39; 12:5-13; 25-29; 12:5-13 등인데, 가장 뛰어난 예는 우선 시편 110:4를 히브리서 5:6에서 처음으로 인용하고, 히브리서 5:10-11과 6:20에서 다시 한 번 암시하고, 드디어 히브리서 7:11-25에서 발전시킨 것이다) 등이다.

이처럼 히브리서 저자는 성경인용과 해석에서 동시대 디아스포라 유대인들의 유대주의(랍비문헌, 사해사본, 하지만 알렉산드리아의 필로의 풍유적 해석을 전혀 보이지 않는다[26]))와 유대 기독교의 주된 경향에 머물고 있었음을 알게 해준다. 히브리서 저자의 구약해석을 지배하는 요소는 구약을 다루는 방법론이라기보다는 역사, 종말, 계시 등의 관계 속에 있는 그의 기독교 신학이다. "히브리서는 구약의 빛 아래서 그리스도를 해석하고, 그리스도의 빛 아래서 구약을 해석한다."[27] 히브리서 저자는 그리스도의 사건의 빛 아래서 구약을 "다시 이야기해주고 있다"(retelling).[28] 예수에 대한 확신이 그의 해석에 영향을 미치고 있다. 이와 같이 그는 구약도 동일한 하나님의 말씀임을 강조하고 있으나(1:1-2), 아들, 그리스도를 통하여 말씀하시는 하나님의 결정적인 행위의 빛 가운데서 구약을 보아야 함을 강조한다. 과연 "히브리서 저자는 분명히 구약 내용과 해석의 달인이었다."[29]

## 3. 히브리서의 구조와 구약의 기능

히브리서는 저자, 수신자, 기록장소, 기록연대 등 여러 가지 면에서 수수께끼의 책인데, 그 장르와 구조 또한 그 항목에 속한다. 본 단락에서는 구약인용과 해석이 히브리서의 구조와 어떤 연관성이 있는가에 초점을 맞추었다.

### 1) 히브리서의 장르와 구조

수세기 동안 히브리서는 서두 부분이 없는 서신으로 여겨졌으나, 지난 200여 년 동안은 서신적 결론부를 지닌 설교라고 보는 의견이 일반적인 견해가 되었다. 그 이유는 히브리서 13:22의 "권면의 말씀"(τοῦ λόγου τῆς παρακλήσεως)이 사도행전 13:15(λόγος παρακλήσεως)의 표현처럼 초대교회의 회당설교를 지칭하는 말이었기 때문이다. 이뿐만 아니라 히브리서에는 문어적 요소보다는 구어적 요소들이 더 많다. 이러한 이유로 장르에 있어서 서신이라기보다는 설교라는 주장이 끊임없이 제기되었다.[30] 히브리서가 정경에 포함되어 있는 분류는 서신이지만, 그 당대에는 설교로 읽을 것을 전제로 기록되었다고 보아야 할 것이다.

히브리서의 장르와 구조에 대한 연구는 수많은 학자들에 의하여 다양하게 논의되었다.[31] 히브리서의 구조는 크게 다섯 가지로 대별된다. 첫째로, 전통적인 바울서신의 구조, 즉 교리적 부분(indicative section, 히 1:1–10:18)과 윤리적 권고 부분(imperative section, 히 10:19–13:25)으로 대별하는 방식이다. 그러나 위에서 언급한대로 히브리서는 권면 형식으로 구성되어, 선포/성서해석(exposition)과 권면/경고(exhortation)가 반복적으로 지속되고 있는 구조적 특성을 지닌다. 이처럼 히브리서는 저자가 청(독)자들을 염두에 두고 이루어지는 신학과 적용이 반복되는 구조를 이루고 있어서, 신학과 적용을 분리시키는 바울서신 구조로는 설명되기 힘들다.

둘째로, 또 다른 간단한 구조는 서론(히 1:1–4)과 결론(히 13:17–25) 사이에 세 부분으로 구성된 본론(1. 천사와 모세보다 뛰어난 예수: 히 1:4–4:13 /

2. 그리스도의 제사장직과 제사의 우월성: 히 4:14–10:18 / 3. 믿음과 순종에로의 권면: 히 10:19–13:16)으로 이루어지는 것이다. 공동체가 신앙고백을 굳게 붙잡고 있어야 된다는 두 번의 권면(히 4:14–16; 10:19–25)을 중심으로 나누는 방식이다. 그러나 이 방식은 히브리서 5:11–6:20의 긴 삽입구를 설명해 주지 못하고, 결론부에 대한 견해가 여럿인(히 10:18, 혹은 10:31, 혹은 10:39) 점이 약점이다.

셋째로, 교리적인 강조점을 중심으로 교차대구법처럼 나누는 방법이다: 즉, A. 천사보다 뛰어난 이름(히 1:5–2:18, 종말론); B. 예수, 충성스럽고 동정하시는 분(히 3:1–5:10, 교회론); C. 중심교리 해석(히 5:11–10:39, 희생제물); B'. 믿음과 견딤(히 11:1–40, 교회론적인 교훈); A'. 의의 화평한 열매(히 12:14–13:19, 종말론)로 나누는 것이다. 그러나 히브리서는 권면의 말씀, 즉 설교의 특성을 지니고 있기 때문에, 이렇게 중심을 강조하는 교차대구법보다는 선적인(linear) 구조로 되어 있기 쉽다.

넷째로, 설교는 연설과 유사한 점이 있다는 측면에 착안한 수사학적 구조이다.[32] 대표적인 예로, 최근에 히브리서 주석을 내놓은 Craig Koester는 히브리서는 고대 수사학 교본에 나오는 세 가지 범주(과거에 초점을 맞추는 법정적[judicial] 수사학, 미래에 초점을 맞추는 심의적[deliberative] 수사학, 그리고 현재의 가치에 초점을 맞추는 교훈적[epideictic] 수사학) 중에서 두 번째와 세 번째 중의 하나 혹은 두 개가 합쳐진 형태라고 제안한다.[33] 설교가 되었든 연설이 되었든 구두적인 요소를 강조하는 면에서 동등하나, 히브리서 구조에 대한 이러한 접근법은 당대의 연설 혹은 수사학의 틀 안에서 설명하기 위하여 히브리서의 장르와 구조를 너무 일반화한 점과, 목회적인 목적을 가지고 구사된 히브리서의 수사학에 맞는 수사학 종류에 대한 학자들의 공통된 의견이 부재

한다는 점이 약점으로 대두된다.

다섯째로, 구약인용과 해석의 설교적 구조로 Lane, Attridge 등이 대다수의 히브리서 주석학자들이 주장하는 구조이다. 이 접근법은 히브리서의 장르, 논증에 동원된 구조적 특성(연속적인 권면-성경해석의 구조), 목회적 목적으로 동원된 수사학, 구약인용 등의 특성을 모두 살려주는 가장 이상적인 방법이다. 이에 대하여는 다음 단락에서 좀 더 자세히 논의될 것이다.

### 2) 히브리서의 구조에 미치는 구약의 기능

위에서 논의한대로 히브리서 구조를 접근하는 다양한 방식이 있지만, 구약이 히브리서에 미치는 영향을 기반으로 접근하는 방식이 설득력을 얻고 있다. 우선, 히브리서의 내용을 보면, 구약인용/해석과 히브리서의 구조와의 관계가 분명해진다. 즉, 히브리서 1장은 서론이자 구약 일곱 군데의 연쇄인용이다. 히브리서 2장은 시편 8편의 인용과 해석이며, 히브리서 3:7-11(시 95:7-11)에서 히브리서 4:7(시 95:7-8)까지는 시편 95편의 인용과 해석이다. 히브리서 5:6(시 110:4)부터 히브리서 7:21(시 110:4)까지는 창세기 14장과 더불어 멜기세덱이 나오는 유일한 두 구절(시편과 창세기)의 해석이다. 히브리서 8:8(렘 31:31-34)부터 히브리서 10:17(렘 31:33-34)까지, 즉 히브리서의 중심부분은 예레미야 31장의 인용과 해석이다. 히브리서 10:37-38에 인용된 하박국 2:3-4(LXX)은 히브리서 11장 전체와 12장 초반에 걸치는 내용의 핵심을 차지하고 있다. 그리고 12장은 잠언과 출애굽기의 인용과 해석이며 마지막 결론부인 히브리서 13장에도 역시 구약 인용이 두 군데 이상이 있다.

이러므로 히브리서를 구약에 기초한 초대교회 설교의 관점에서 본 다양한 접근이 이루어졌다. Buchanan은 히브리서가 70년 이전에 작성된 "시편 110편에 기초한 한편의 설교적 미드라쉬(homiletical midrach)"이며, 히브리서 13장은 차후에 '서신'으로서 정경에 포함시키기 위하여 첨가되었다고 주장하였다.[34] 그러나 이보다 오래 전에 Caird는 히브리서는 크게 네 부분으로 나눠지는데 그 각 부분은 구약 인용과 해석에 기초한다고 주장하였다.[35] 그 네 부분은 각각 구약성경 시편 8, 95, 110편과 예레미야 31장이다. Longnecker는 이러한 Caird의 견해를 발전시켜 히브리서는 다음과 같이 구약해석에 기초한 다섯 편의 설교에 히브리서 11-13장이 첨가된 것으로 보았다: 1) 히 1:3-2:4(=시편, 사무엘 하 7장, 신명기 32장의 연쇄인용과 그에 대하여 기독론적으로 해석함); 2) 히 2:5-18(=시 8:4-6을 해석함); 3) 히 3:1-4:13(=시 95:7-11을 해석함); 4) 히 4:14-7:28(=시 110:4를 해석함); 5) 히 8:1-10:39(=렘 31:31-34를 해석함).[36] 그러나 이 세 학자의 견해는 모두 히브리서 11-13장을 논의에서 제외하고 있는 약점을 지니고 있다.

이와는 양상을 조금 달리하여 Wills는 사도행전 13:14-41의 바울의 설교와 비교하면서, 히브리서를 여러 단편의 설교들이 모아진 회당설교의 전형으로 보았다.[37] 물론 이에 대한 찬반의 의견을 불러일으키고 있으나,[38] 그의 주장은 이미 언급한 학자들과 그 뒤를 따르는 학자들에 의하여 지지를 받고 있다. 즉, Walters는 히브리서를 여섯 편의 구약인용과 해석으로 구성되었다고 제안한다:[39] 그는 히브리서를 서론(히 1:1-2:4); 1) 시편 8편(히 2:5-18); 2) 시편 95편(히

3:1-4:13); 3) 시편 110편(히 4:14-7:28); 4) 예레미야 31장(8:1-10:31); 5) 하박국 2장(히 10:32-12:2); 6) 잠언 3장(히 12:3-13:19); 결론(히 13:20-21)으로 나누었다. 그러나 Walters의 약점은 12장과 13장을 뭉뚱그려 한 단위로 본 점과 각 부분의 경고나 삽입구들을 구별하지 않은 점이다. 이를 보완하여 일곱 편의 구약인용과 해석으로 본 학자가 있다.

France는, 필자의 판단으론 Walters의 견해를 살펴본 것 같지는 않지만, Longnecker의 견해를 두 가지 측면에서 수정한다. 첫째는, France는 Walters처럼 서론(히 1:1-2:4)이 두드러진 한 군데의 구약인용과 그 해석이 아니기 때문에 그냥 서론으로 본다. 둘째로, 그는 Longnecker가 소홀히 한 히브리서 11-12장에서 세 개의 구약인용과 해석을 끌어내면서 Walters의 견해를 포함하면서 더 발전시켰다.[40] 즉, France는 히브리서를 일곱 편의 구약인용과 해석으로 보면서 그 구조를 다음과 같이 제안한다:[41] [서론: 1:1-2:4]; 제1해석(2:5-18: 시편 8:4-6에 대하여); [예수와 모세: 3:1-6]; 제2해석(3:6-4:13: 시편 95:7-11에 대하여); [예수 대제사장: 4:14-5:4]; 제3해석(5:5-7:28: 시편 110:4에 대하여); 제4해석(8:1-10:18: 예레미야 31:31-34에 대하여); [권면/경고: 10:19-31]; 제5해석(10:32-12:3: 하박국 2:3하-4에 대하여); 제6해석(12:4-13: 잠언 3:11-12에 대하여); [추가 권면: 12:14-17]; 제7해석(12:18-29: 시내 산에 대하여); [권면/결론: 13:1-23] 등이다. 이 구조는 히브리서의 설교적인 특징, 수사학, 구약인용과 해석의 특성들을 가장 잘 살려내는 최선의 대안으로 보인다.

그러나 이러한 France의 구조에도 아쉬운 점은 있다. 서론과 결론을 제외하고도 중간에 네 개의 삽입문단을 독립시키면서도, 정작 삽입문단(경고문단 포함)으로 알려진 히브리서 5:11-6:20이나 경고문으로 알려진 히브리서 2:1-4; 3:7-19 등은 독립시키지 않고 성경해석문단에 포함시키고 있다. 이러한 삽입문단들은 Wills가 이미 지적하였듯이 각 문단의 서론적 언급이거나 결론적 권면으로서 윗 문단이나 아랫 문단에 연결되는 것이 더 자연스럽다. 예를 들면, 그 내용의 유사성에 의하여 모세(후에는 여호수아)보다 뛰어나신 예수 그리스도를 언급하는 히브리서 3:1-6은 출애굽 모티브로 이루어진 시편 95:7-11의 강해 부분(히브리서 3-4장)에, 대제사장 예수 그리스도를 언급하는 히브리서 4:14-5:4는 4:14-16과 5:1-4로 나누어서 각각 위(시편 95:7-11의 강해 부분)와 아래(시편 110:4의 대제사장 강해 부분)에 편입시킬 수 있다. 그리고 나머지 두 개의 경고문단인 히브리서 10:19-31과 12:14-17도 그렇게 할 수 있다. 첫 번째 경고문단인 히브리서 10:19-31은 둘(히 10:19-25와 10:26-31)로 나누어 각각 윗 문단(히 8:1-10:18)의 결론적 권면과 아랫 문단(히 10:32-11:40)의 경고적 서론으로 편입시키고, 두 번째 경고문단인 히브리서 12:14-17은 히브리서 12:18-29의 경고적 서론으로 편입시킬 수 있다. 그러므로 필자는 다음과 같은 히브리서의 구조를 제안한다:

| | |
|---|---|
| 서론: | 히 1:1-2:4(구약의 일곱 말씀의 연쇄인용을 통하여) |
| 제 1 강해: | 히 2:5-18(시편 8:4-6에 대하여-시 22:22; 사 8:17-18과 함께) |
| 제 2 강해: | 히 3:1-4:16(시편 95:7-11에 대하여-창 2:2와 함께) |
| 제 3 강해: | 히 5:1-7:28(시편 110:4에 대하여-창 14:17-20과 함께) |
| 제 4 강해: | 히 8:1-10:25(예레미야 31:31-34에 대하여-시 40:6-8과 함께) |
| 제 5 강해: | 히 10:26-11:40(하박국 2:3하-4에 대하여) |

제 6 강해: 히 12:1-13(잠언 3:11-12에 대하여)
제 7 강해: 히 12:14-29(출 19:12-13을 중심으로 시내 산과 시온 산에 대하여)
결론: 히 13:1-23(구약의 두 말씀 인용과 암시들을 통하여)

이상을 통하여 볼 때, 히브리서 저자는 지신이 설교할 회중의 당면 상황을 생각하며 구약의 말씀들을 미리 선정하여 순서를 정해 놓고, 서론적/전이적 언급과 더불어 본문을 제시하고, 강해하고, 권면/경고하기를 반복하면서 히브리서라는 한 편의 감동적인 설교문을 작성해 나갔던 것으로 보인다.

## 4. 히브리서의 신학과 구약의 기능

"히브리서의 중심 주제는 성경과 기독교 설교행위에 존재하는 하나님의 음성을 듣는 것의 중요성"임이 서론에서 선포되고(히 1:1-2상), 이 중심주제는 히브리서 전반에 지속되고(히 2:1-4; 3:7하-4:13; 5:11; 10:23; 35-39; 11:11), 그 때마다 회중을 위하여 성경이 인용되고 해석된다(예를 들면, 히 2:5-9; 3:7하-4:11; 8:6-13; 10:5-10, 15-18; 12:26-29).[42] 그리고 히브리서의 다양한 신학적 주제 중에서 두드러진 주제는 기독론, 구원론, 종말론, 구약의 인용과 그 해석이 두드러진다는 것은 주지의 사실이다.[43] 즉, 기독론에서 제사장 기독론은 신약에서 유일하고, 구원론은 배도와 연관한 구원의 상실 가능성을 언급하는 것으로 독특하고, 구약해석은 그 다양성 면에서 또한 독특하다. 이중에서 히브리서의 가장 뛰어난 주제를 잡는다면 기독론이 될 것이다.

### 1) 히브리서의 기독론

히브리서의 기독론은 여러 면에서 독특하다.[44] 본서에는 그리스도라는 메시아적 호칭보다(12회: 히 3:6, 14; 5:5; 6:1; 9:11, 14, 24, 28; 10:10; 11:26; 13:8, 21) 예수라는 인간적 호칭이 더 많이(14회: 히 2:9; 3:1; 4:8, 14; 6:20; 7:22; 10:10, 19; 12:2, 24; 13:8, 12, 20, 21) 나오지만, 신성을 강조하는 고기독론(high Christology, 서론을 포함한 1장에서)과 인성을 강조하는 저기독론(low Christology, 시편 8편의 인용과 해석이며 새로운 인간의 선구자[혹은 '구원의 창시자' ; ὁ ἀρχηγὸς τῆς σωτηρίας, 히 2:10]로 묘사된 히브리서 2장에서)이 균형 있게 나타난다. 히브리서의 기독론은 처음 다섯 장에서 두드러지는 '더 나은 아들(The Superior Son) 예수'와 중심부분(히 5:11-10:39)에서 두르러지는 '대제사장(The Great High Priest) 예수' 개념이다(실제로는 히브리서 2장 결론 부분부터 소개되는 이 대제사장 기독론은 신약성서에서 히브리서에만 나타나는 독특한 주제이다). 그리고 이 모든 것 가운데서 수신자들의 삶의 정황에 맞추어 예수의 인격과 사역을 해석하는 기독론을 보여줌으로써 목회적인 관심이 본서 전반에 흐르고 있어서, 히브리서의 기독론은 본서의 권면을 위한 기반이 되고 있다.

### 2) 히브리서의 신학형성에 미친 구약의 기능

히브리서 저자는 자신의 구속신학을 펼쳐나가는 과정에서도 다른 디아스포라 유대인 회당설교의 유형처럼 모세오경과 시편을 의지한다. 즉, 히브리서 3:7-4:13의 논의가 시편 95:7-11을 인용하고 해석하는 것에만 의지하는 것 같지만, 곧 민수기 13-14장을 이어서 연상하게 만든다.

히브리서의 가장 두드러진 신학적 주제인 기독론은 구약 없이는 형성될 수 없다. 모든 면에서 구약인용 및 해석과 연결되어 있다. 두드러진 예만 보더라도 우선, 히브리서 2장의 소위 '아르케고스'('구원의 창시자'; ὁ ἀρχηγὸς τῆς σωτηρίας, 히 2:10) 기독론은 시편 8편의 인용과 해석에 기초하고 있다. 신약성경에서 유일하며 히브리서의 중심부는 물론 전체를 장악하고 있는 대제사장 기독론은 구약의 유일한 두 구절 시편 110:4과 창세기 14:17-20의 반복적인 인용과 해석에 기반을 두고 있다. 그리고 히브리서 1장(5절)과 5장(5절)에 인용된 시편 2:7은 시편 110:4과 더불어 히브리서의 기독론 형성에 중요한 역할을 한다.[45]

전반적으로 히브리서 저자는 시편을 많이 의지하는 편이다. 그는 히브리서에서 시편을 열일곱 번 직접인용하고, 열일곱 번 이상 암시하고 있다. 이래서 Kistemaker는 시편의 네 구절(시 8:4-6; 95:7-11; 110:4; 40:6-8)이 히브리서에서 가장 두드러지며, 예레미야서 31:31-34만 제외하고 다른 구약인용들은 이 네 구절에 부수적으로 딸려오는 것이라고 주장하기까지 했다.[46] 이상에서 우리는 히브리서에 구약성경이 모세오경, 시편(12장에 인용된 잠언도 포함하여), 예언서(히브리서 2장에 인용된 이사야, 히브리서 8-10장에 걸친 예레미야, 히브리서 10-12장에 중요한 영향을 미치는 하박국)에 걸쳐서 골고루 동원되었고, 히브리서 저자의 신학형성에 근간을 이루고 있다는 결론을 내릴 수 있다.

## 결론: 적용과 제안

이상에서 우리는 크게 네 부분으로 히브리서의 구약인용과 해석의 문제를 살펴보았다. 즉, 히브리서의 구약인용 상황 및 해석의 특성, 히브리서 장르/구조 및 신학과 구약인용/해석과의 관계 등이다. 본 논고를 마무리하면서 다음과 같은 몇 가지 결론과 제안을 제공할 수 있다고 본다.

첫째로, 히브리서 저자는 자신의 목회적 권면과 신학적 주제의 핵심을 그리스도에게 두면서, 철저하게 성경에 그 기반을 두고 있음을 발견한다. 선호한 성경구절이나 책이 있다고도 볼 수 있지만, 그가 구약의 모세 오경, 역사서, 예언서, 시문서를 전반적으로 알고 있고, 심지어는 정경외적인 문서에도 지식이 있었음을 알 수 있다.

둘째로, 히브리서의 구약 인용과 해석은 본서(설교)의 장르, 구조, 신학에 지대한 영향을 미치고 있다. 또한 기독교 신앙이 저자의 구약해석을 주도하고 있음을 알 수 있다. 히브리서에서는 구약이 그리스도의 빛 아래서 해석되고 그리스도는 구약의 기반에서 설명된다. 본 연구에서는 이 근간이 되는 신학을 위하여 히브리서 저자가 구약 인용과 해석으로 이루어진 일곱 성경 강해(Bible exposition)를 근간으로 한 한편의 설교(homily)를 구성하였다는 결론을 얻었다.

셋째로, 현대설교에의 적용을 위한 제안들이다. 이상에서 살펴본 대로 구약은 히브리서의 장르, 구조, 신학에 지대한 영향을 미치면서, 다양하게 해석되었다. 저자는 주로 기독론적으로 해석하면서 다양한 해석방법을 동원하였다. 특히 히브리서가 초대교회 회당설교의 전형을 보여주면서 구약을 인용하고 해석한 이러한 예에서 우리가 현대설교에 적용할 수 있는 점은 다음과 같이 요약할 수 있다. 신약에서는 구약본문이 그리스도의 사건을 해석하는 중요한 근거가 되고 있다.

히브리서의 경우도 기독론적 해석이 그 주를 이룬다. 그러므로 설교자는 분명한 근간(根幹)이 되는 신학을 정립해야 하는 동시에 설교는 상황에 맞추는 성경본문의 해석과 적용으로 이루어져야 한다. 그 다음은, 히브리서에서 구약본문을 모두 다 기독론적으로만 해석한 것은 아니다. 구약이든 신약이든 그들 본문의 원래 위치가 존중되고 그 메시지가 들려져야 한다. 그러므로 설교자는 성경의 모든 본문에서 그 원래의 의도된 메시지를 끌어내되, 청자들의 정황에 맞는 원리와 교훈을 이끌어내고 선포해야 한다. 마지막으로, 설교자는 다양한 해석방법에 능숙해야 한다. 히브리서 저자와 같이 창조적이어야 하지만, 자의적인 방법에 치우치는 일은 위험한 일이다.

# 주(註)

1) 일반서신(General/Universal Epistles) 혹은 공동서신(Catholic Epistles)이란 흔히 야고보서, 베드로전후서, 요한 1, 2, 3서, 유다서를 함께 지칭하는 용어이다. 이 용어는 아폴로니우스(Apollonius, 184년경에 사망)가 최초로 사용한 이후 몇몇 교부들이 사용한 적이 있지만(알렉산드리아의 클레멘트는 사도행전 15장 22-29절을, 오리겐은 요한 1서와 베드로 전서를 그렇게 불렀다), 신약정경의 이 일곱 권을 모두 다 포함하여 지칭한 것은 아타나시우스(373년 사망)가 처음이었다. 일반서신에 속하는 일곱 서신들은 대체적으로 어느 특정한 교회나 개인이 아니라 교회일반에 보내져서 회람서신의 성격이 있다(요한 2, 3서는 예외). 최근에는 요한 서신들은 요한문서에 편입하는 경향이 있다.

2) 게르트 타이쎈, 「그리스도인 교양을 위한 신약성서」, 노태성 역 (서울: 다산글방, 2005), 185.

3) 바나바 린다스, 「히브리서 신학」, 장동수 역 (서울: 한들출판사, 2002), 11.

4) 히브리서의 일반적인 개론적 사항인 이하의 부분은 본인의 글, "제15장 히브리서와 일반서신" in 김경희 외 12인, 「신약성서개론」(서울: 대한기독교서회, 2002), 475-85의 내용을 요약하고 정리하였으므로 더 자세한 것은 그 글을 참조하기 바람.

5) 바울서신의 최고(最古)의 모음집인 파피루스 사본 $P^{46}$(주후 200년경)에는 히브리서가 로마서와 고린도전서 사이에 놓여 있고, 주후 4-5세기 사본이며 역시 최고(最古)의 대문자 사본들인 시내사본(א), 알렉산드리아 사본(A), 바티칸 사본(B), 에프라임 사본(C) 등에는 데살로니가후서와 디모데전서 사이에 놓여 있다.

6) 히브리서와 누가복음-사도행전의 어휘, 문체, 그리고 사상의 유사성을 들어서 칼빈과 몇몇 현대학자들이 주장하였으나, 초대교회의 외적인 증거가 전혀 없다.

7) 클레멘트 1서 36:1-5는 히브리서 1:3-5, 7, 13과 흡사하고, 믿음에 대한 구약의 목록인 히브리서 11장은 클레멘트 1서 10-12, 17장에 나타나고 있다. 그러나 시기적으로 클레멘트가 히브리서를 보았다고 하는 것이 합당하다.

8) 하르낙이 아굴라의 도움을 받아 여성인 브리스길라가 히브리서를 기록하였다고

주장하였으나, 히브리서 11:32에는 히브리서 저자가 남성단수(διηγούμενον, '내게 시간이 부족하리로다')임을 암시하고 있다.

9) 실라는 베드로전서를 대서한 사람이고, 히브리서는 베드로전서와 유사점이 있다고 보기 때문에 발생한 주장이다.

10) 히브리서 11:32에서 저자가 "-을 말하려면 내게 시간이 부족하리로다"(ἐπιλείψει με γὰρ διηγούμενον ὁ χρόνος)라고 말할 때 사용한 "말하려면"(διηγούμενον)이라는 분사형이 남성 단수형이기 때문에 히브리서의 저자는 적어도 남성이었다고는 분명히 말할 수 있다.

11) 예를 들면, 두운법(히 1:1), 수구반복(anaphora, 히브리서 11장에서 열여덟 번이나 나오는 πίστει), 대조법(히 7:18-21; 10:11-12), 연결사 생략법(히 11:33-34, 37), 교차대구법(히 2:8-9; 7:23-24; 10:38-39), 수사적 의문법 혹은 디아트리베 논쟁법(diatribe, 히 3:16-18), 생략법(히 12:25), 리듬(히 1:1; 1:6; 2:1; 2:8) 등이 있다.

12) 히브리서에 사용된 1,083개의 어휘 중에서 신약성경의 소위 "하팍스 레고메나"(ἅπαξ λεγόμενα)는 169단어에 이르며, 그 중에는 히브리서 저자에 의하여 직접 조어된 어휘들도 많다.

13) 이 부록 II는 본인의 이미 출판된 논문, "히브리서의 구약인용과 해석,"「복음과 실천」, 35 (2005, 봄): 41-67을 출판사의 허락을 받아 약간의 수정을 가하여 수록하였다.

14) Barbara Aland, Kurt Aland, Johannes Karavidopoulos, Carlo M. Martini, and Bruce M. Metzger, eds., *The Greek New Testament*, 4th rev. ed. (Stuttgart: Deutsche Bibelgesellschaft, United Bible Societies, 1993), 890; 이와 유사한 분석에 대하여는, George Guthrie, "Old Testament in Hebrews," *Dictionary of the Later New Testament & Its Development* ed. Ralph P. Martin and Peter H. Davids (Downers Grove: InterVarsity Press, 1997), 846-9; Gleason L. Archer, and Gregory Chirichigno, *Old Testament Quotations in the New Testament* (Chicago: Moody Press, 1983); George Howard, "Hebrews and the Old Testament Quotations," *Novum Testamentum* 10 (1968), 208-16; J. C. McCullough, "The Old Testament Quotations in Hebrews," *New Testament Studies* 26 (1979-80), 363-79 등을 보라.

15) 참조, *The Greek New Testament*, 891-901.

16) 조병수, "히브리서에 나타난 구약성경 인용에 대한 연구,"「그 말씀」, 127 (2000, 1), 83-4.

17) H. Anderson, "The Jewish Antecedents of the Christology in Hebrews," In *The*

*Messiah: Developments in Earliest Judaism and Christianity*, ed. James H. Charlesworth (Minneapolis: Fortress Press, 1987), 529-30.

18) M. Barth, "The Old Testament in Hebrews: An Essay in Biblical Hermeneutics," in *Current Issues in New Testament Interpretation*, ed. W. Klassen and G. F. Snyder (New York: Harper & Row, 1962), 58-9.

19) Howard, 215-6; McCullough, 378-9; R. Timothy McLay, *The Use of the Septuagint in New Testament Research* (Grand Rapids: Eerdmans, 2003), 169-73.

20) F. F. Bruce, *The Epistle to the Hebrews*. 2d ed. The New International Commentary on the New Testament (Grand Rapids: Eerdmans, 1990), 26; Lane, *Hebrews, 1-8*, cxvii-cxviii.

21) Archer and Chirichigno, 12-13.

22) Ibid., 69.

23) Lane, *Hebrews 1-8*, cxix-cxxiv; Guthrie, "Old Testament in Hebrews," 842-5.

24) 모형론(typology)은 구속사의 틀 속에서 더 후대 역사의 하나님의 행위를 예표하고 있는 영감된 모형(type)들을 찾아내려는 해석으로, 이 모형들은 구약의 사건, 인물, 대상, 제도, 그리고 사상 속에 나타나고 있다고 믿는 해석방법이다. 즉, 모형론적 해석방법의 전제는 보다 초기의 인물/사건/제도/사상은 보다 후대의 인물/사건/제도/사상 속에서 반복된다는 생각이며, 이러한 해석 기법은 신약과 구약의 사상과 사건들 사이의 유사성에 대한 설득력이 강해서 신구약의 통일성을 돋보이게 한다. 모형론적 해석과 풍유적(allegorical) 해석이 핵심적으로 다른 점은, 전자는 보통 구약과 신약의 역사적인 관계를 전제로 하여 구약의 의미를 신약에서 그리고 신약을 구약에 비추어 해석하는 반면, 후자는 이러한 구약과 신약의 관계와는 상관없이 성경의 문자적인 배후에 담겨 있다고 믿는 이중적 혹은 삼중의 영적인 의미를 찾아내는 방법이다.

25) 미드라쉬(midrash)는 랍비들의 핵심적인 성경해석방법으로 현대의 성경주석과 유사하지만, 종종 큰 차이를 보이기도 한다. 미드라쉬는 보통 선택된 구절들만을 다루지만 때때로 한 구절씩 성경구절들을 설명하기도 하는데, 랍비들은 성경의 실제적인 어구들 속에 내재해 있는 보다 깊은 의미들을 드러내는데 목적을 두었으며 그들의 궁극적인 동기는 목회적이었다. 신약에서 설교적 미드라쉬의 대표적인 예는 사도 바울이 변증적-목회적 목적을 가지고 아브라함의 경우를 창세기 15장 6절을 인용하여 해석하고 적용하는 로마서 4장에서 발견할 수 있다.

26) Bruce, 27.

27) Koester, 117.

28) Pamela Michelle Eisenbaum, *The Jewish Heroes of Christian History: Hebrews 11 in Literary Context* (Atlanta: Scholars Press, 1997), 89-133.

29) de Silva, 32.

30) Swetnam이 지적하듯이(James. Swetnam, "On the Literary Genre of the "Epistle" to the Hebrews," *Novum Testamentum* 11 (1969): 261-2), 히브리서가 설교라고 Hartwig Thyen(1955)에 의하여 주장된 이래, Margaret D. Hutaff, "The Epistle to the Hebrews: An Early Christian Sermon," *The Bible Today* (December, 1978), 1816-24; M. Cahill, "A Home for the Homily: An Approach to Hebrews," *Irish Theological Quarterly* 60 (1994), 141-48; W. R. Stegner, "The Ancient Jewish Synagogue Homily," in *Greco-Roman Literature and the New Testament: Selected Forms and Genres*, ed. D. E. Aune (Atlanta: Scholars, 1988), 51-69 등과 Lane, Attridge, Koester 등의 주석에서 지속적으로 주장되고 있다.

31) 대표적인 예는 Steve Stanley, "The Structure of Hebrews from Three Perspectives," *Tyndale Bulletin* 45.2 (1994): 245-71; George H. Guthrie, *Structure of Hebrews* (Grand Rapids: Baker, 1998); Daniel E. Buck, "The Rhetorical Arrangement and Function of OT Citations in the Book of Hebrews: Uncovering Their Role in the Paraenetic Discourse of Access," Dissertation, Dallas Theological Seminary, 2002 등이며, 히브리서의 대표적인 주석들이 이 문제에 많은 지면들을 할애하고 있다: Lane, *Hebrews 1-8*, lxix-ciii; Koester, 79-96 등을 보라.

32) 연설의 수사학에 기초한 히브리서 해석과 주석의 대표적인 예는, David A. de Silva, *Perseverance in Gratitude: A Socio-rhetorical Commentary on the Epistle to the Hebrews* (Grand Rapids: Eerdmans, 2000); Craig R. Koester, *Hebrews*, The Anchor Bible (New York: Doubleday, 2001) 등이다.

33) Koester, 82.

34) G. W. Buchanan, *To the Hebrews*, The Anchor Bible (New York: Doubleday, 1972), XIX, 243-45.

35) G. B. Caird, "Exegetical Method of the Epistle to the Hebrews," *Canadian Journal of Theology* 5 (1959), 47-51.

36) Richard Longenecker, *Biblical Exegesis in the Apostolic Period* (Grand Rapids:

Eerdmans, 1975), 174-185.

37) 그는 이러한 설교의 유형은 크게 세 부분, 즉 1) 성경인용, 과거나 현재의 권위 있는 예들, 혹은 신학적인 관점들에 대한 강해 등으로 이루어진 직설법 혹은 예증부분("exempla")-히브리서 1:5-13; 3:1-4:13, 8:1-10:18; 11:4-38 등; 2) 예증에 근거한 결론(conclusion)-히브리서 1:14, 4:14상; 10:19-21; 12:1상 등; 3) 주로 명령법이나 권유법으로 이루어지는 권면(exhortation)-히브리서 2:1-4; 4:14하-16; 10:22-25; 12:1하-3 등으로 이루어진다고 주장하면서 히브리서에서 이와 같은 유형들은 일곱 개 이상 발견할 수 있다고 제안한다: Lawrence Wills, "The Form of the Sermon in Hellenistic Judaism and Early Christianity," *Harvard Theological Review* 77:3-4 (1984), 277-99.

38) C. Clifton Black, "The Rhetorical Form of the Hellenistic Jewish and Early Christian Sermon: A Response to Lawrence Wills," *Harvard Theological Review* 81:1 (1988), 1-18.

39) J. R. Walters, "The Rhetorical Arrangement of Hebrews," *The Asbury Theological Journal* 51 (1996), 59-70, 특히 64-6.

40) R. T. France, "The Writer of Hebrews as a Biblical Expositor," *Tyndale Bulletin* 47.2 (1996), 255-60.

41) Ibid., 259-60.

42) Lane, *Hebrews 1-8*, cxxvii.

43) Lane, *Hebrews 1-8*, cxxv-cl; Koester, 96-129.

44) 히브리서의 기독론의 성격에 대하여는, 장동수, "히브리서 기독론의 성격과 목적," 「복음과실천」, 33 (2004, 봄), 33-57을 보라.

45) Gert J. Steyn, "Psalm 2 in Hebrews." *Noetestamentia* 37 (2) (2003): 262-282.

46) Kistemaker, S. *The Psalm Citations in the Epistle to the Hebrews* (Amsterdam: Van Soest, 1961), 12, 129-31; G. W. Grogan, "The New Testament Interpretation of the Old Testament: A Comparative Study," *Tyndale Bulletin* 18 (1967), 62-4.

# 참고자료[1)]

비평본문(Critical Edition of the New Testament)

Aland, Barbara, Kurt Aland, Johannes Karavidopoulos, Carlo M. Martini, and Bruce M. Metzger, eds. *The Greek New Testament*. 4th rev. ed. Stuttgart: Deutsche Bibelgesellschaft, United Bible Societies, 1993.

연구서 및 주석(Books and Commentaries)

권오현. 「시편탐구」. 서울: 대한기독교서회, 2004.

김경희 외 12인. 「신약성서개론: 한국인을 위한 최신연구」. 서울: 대한기독교서회, 2002.

류호준. 「우리와 같은 그분이 있기에: 히브리서」. 서울: 크리스챤다이제스트, 1998.

게르트 타이쎈. 「그리스도인 교양을 위한 신약성서」. 노태성 역. 서울: 다산글방, 2005.

바나바 린다스. 「히브리서 신학」. 장동수 역. 서울: 한들출판사, 2002.

바이저, A. 「시편(I)」. 김이곤 역. 서울: 한국신학연구소, 1992.

_______. 「시편(II)」. 김이곤 역. 서울: 한국신학연구소, 1992.

브루스 M. 매츠거. 「신약 그리스어 본문주석」. 2판. 장동수 역.

서울: 대한성서공회 성경원문연구소, 2007.

오. 헬레스비, 「양심」. 이현주 역. 서울: 대한기독교출판사, 1982.

오토 미헬. 「히브리서」. 강원돈 역. 국제성서주석. 서울: 한국신학연구소, 1987.

에일린 빈센트, 「C. T. 스터드와 프리실라: WEC창설자 부부의 전기」, 조은혜 역. 서울: 죠이선교회, 1994.

이호기 역주, 「히브리서」. 왜관: 분도출판사, 1998.

Archer, Gleason L. and Gregory Chirichigno. *Old Testament Quotations in the New Testament*. Chicago: Moody Press, 1983.

Attridge, Harold W. *A Commentary on the Epistle to the Hebrews*. Hermeneia. Philadelphia: Fortress Press, 1972.

Bateman, H. W. *Early Jewish Hermeneutics and Hebrews 1:5-13*. New York: Lang, 1997.

Black, Matthew. *An Aramaic Approach to the Gospels and Acts*. 3rd ed. Peabody: Hendrickson, 1998.

Bruce, F. F. *The Epistle to the Hebrews*. 2d ed. The New International Commentary on the New Testament. Grand Rapids: Eerdmans, 1990.

Buchanan, G. W. *To the Hebrews*. The Anchor Bible. New York: Doubleday, 1972.

Craigie, Peter C. *Psalms 1-50*. Word Biblical Commentary. Waco: Word Books, 1983.

de Silva, David A. *Perseverance in Gratitude: A Socio-rhetorical Commentary on the Epistle to the Hebrews*. Grand Rapids: Eerdmans, 1993.

Eisenbaum, Pamela Michelle. *The Jewish Heroes of Christian History: Hebrews 11 in Literary Context*. Atlanta: Scholars Press, 1997.

Ellingworth, Paul. *Commentary on Hebrews*, NIGTC. Grand Rapids: Eerdmans, 1993.

Elliott, John. H. *Home for the Homeless: A Social-Scientific Criticism of 1 Peter, Its Situation and Strategy*. The Anchor Bible. New York: Doubleday, 2000.

Fitzmyer, Joseph A. *The Essays On the Semitic Background of the New Testament*. Wimbledon: Scholars Press, 1974.

Guthrie, Donald. *Hebrews*. Tyndale New Testament Commentary. Leicester: Inter-Varsity Press, 1983.

Guthrie, George H. *Structure of Hebrews: A Text-Linguistic Analysis*. Grand Rapids: Baker, 1998.

________. *Hebrews*. The NIV Application Commentary. Grand Rapids: Zondervan, 1998.

Hagner, Donald A. *Hebrews*. New International Biblical Commentary. Peabody: Hendrickson, 1990.

Hughes, P. E. *A Commentary on the Epistle to the Hebrews*. Grand Rapids: Eerdmans, 1977.

Käsemann, Ernst. *The Wandering People of God: Investigation of the Letter to the Hebrews*. Minneapolis: Augsburg, 1984.

Kidner, Derek. *Psalms 1-72*, Tyndale Old Testament Commentaries. Downers Grove: Inter-Varsity Press, 1973.

________. *Psalms 73-150*. Tyndale Old Testament Commentaries. Downers Grove: Inter-Varsity Press, 1975.

Kistemaker, S. *The Psalm Citations in the Epistle to the Hebrews*.

Amsterdam: Van Soest, 1961.

Koester, Craig R. *Hebrews*. The Anchor Bible. New York: Doubleday, 2001.

Kraus, Hans-Joachim. *Psalms 1-59*. Minneapolis: Augsburg, 1988.

_______. *Psalms 60-150*. Translated by Hilton C. Oswald. Minneapolis: Augsburg, 1993.

Lane, William L. *Hebrews 1-8*. Word Biblical Commentary. Waco: Word Incorporated, 1991.

_______. *Hebrews 9-13*. Word Biblical Commentary. Waco: Word Incorporated, 1991.

Longenecker, Richard. *Biblical Exegesis in the Apostolic Period.* Grand Rapids: Eerdmans, 1975.

Marshall, I. H. *The Pastoral Epistles*. ICC. London: T&T Clark, 1999.

McLay, R. Timothy. *The Use of the Septuagint in New Testament Research*. Grand Rapids: Eerdmans, 2003.

Moulton, J. H. and G. Milligan. *The Vocabulary of the Greek Testament*. Peabody: Hendrickson, 1997.

Tate, Marvin E. *Psalms 51-100*. Word Biblical Commentary. Waco: Word Books, 1990.

Vine, W. E. *Vine's Complete Expository Dictionary*. Nashville: Thomas Nelson Publishers, 1984, 1996.

Weiser, Arthur. *The Psalms*. Old Testament Library. London: SCM, 1962.

Wenham, Gordon J. *Genesis 1-15*. Word Biblical Commentary. Waco: Word Books, 1983.

Zuntz, Günter. *The Text of Epistles: A Disquisition upon the Corpus Paulinum.* London: Oxford University, 1953.

정기간행물(Periodical Articles)

장동수. "히브리서 기독론의 성격과 목적." 「복음과 실천」, 33 (2004, 봄): 33-57.

_______. "신약성서의 신적 δεῖ에 관한 연구." 「복음과 실천」, 31 (2003, 봄): 33-58.

조병수. "히브리서에 나타난 구약성경 인용에 대한 연구." 「그 말씀」, 127 (2000, 1): 82-88.

Black, C. Clifton. "The Rhetorical Form of the Hellenistic Jewish and Early Christian Sermon: A Response to Lawrence Wills." *Harvard Theological Review* 81:1 (1988): 1-18.

Cahill, M. "A Home for the Homily: An Approach to Hebrews." *Irish Theological Quarterly* 60 (1994): 141-48.

Caird, G. B. "Exegetical Method of the Epistle to the Hebrews." *Canadian Journal of Theology* 5 (1959): 44-51.

Fitzmyer, Joseph A. "Melchizedek in the MT, LXX, and the NT." *Biblica* 81 (2000): 63-9.

France, R. T. "The Writer of Hebrews as a Biblical Expositor." *Tyndale Bulletin* 47.2 (1996): 245-276.

Grogan, G. W. "The New Testament Interpretation of the Old Testament: A Comparative Study." *Tyndale Bulletin* 18 (1967): 245-276.

Howard, George. "Hebrews and the Old Testament Quotations." *Novum Testamentum* 10 (1968): 208-16.

Hutaff, Margaret D. "The Epistle to the Hebrews: An Early Christian Sermon." *The Bible Today* (December, 1978): 1816-24.

Jobes, K. H. "Rhetorical Achievement in the Hebrews 10 'Misquote' of Psalm 40." *Biblica* 72 (1991): 387-96

Koester, Craig R. Charles H. "Hebrews, Rhetoric, and the Future of Humanity." *The Catholic Biblical Quarterly* 64 (January 2002): 103-23.

McCullough, J. C. "The Old Testament Quotations in Hebrews." *New Testament Studies* 26 (1979-80): 363-79.

Motyer, Stephen. "The Psalm Quotations of Hebrews 1: A Hermeneutic-free Zone?" *Tyndale Bulletin* 50.1 (1999): 3-21.

Stanley, Steve. "The Structure of Hebrews from Three Perspectives." *Tyndale Bulletin* 45.2 (1994): 245-71.

Steyn, Gert J. "Psalm 2 in Hebrews." *Noetestamentia* 37(2) (2003): 262-282.

Swetnam, James. "On the Literary Genre of the "Epistle" to the Hebrews." *Novum Testamentum* 11 (1969): 261-9.

Wills, Lawrence. "The Form of the Sermon in Hellenistic Judaism and Early Christianity." *Harvard Theological Review* 77:3-4 (1984): 277-99.

Walters, J. R. "The Rhetorical Arrangement of Hebrews." *The Asbury Theological Journal* 51 (1996): 59-70.

### 학위논문, 사전이나 책의 글(Theses, Dictionary and Book Articles/Essays)

Anderson, H. "The Jewish Antecedents of the Christology in Hebrews." In *The Messiah: Developments in Earliest Judaism and*

*Christianity.* Edited by James H. Charlesworth. Minneapolis: Fortress Press, 1987: 512-35.

Baltz, Horst. "παρρησία." *EDNT.* III: 44-7.

Barth, M. "The Old Testament in Hebrews: An Essay in Biblical Hermeneutics." In *Current Issues in New Testament Interpretation.* Edited by W. Klassen and G. F. Snyder. New York: Harper & Row, 1962: 53-78.

Broer, I. "ἄγγελος" *EDNT.* I: 13-16.

Buck, Daniel E. "The Rhetorical Arrangement and Function of OT Citations in the Book of Hebrews: Uncovering Their Role in the Paraenetic Discourse of Access." Dissertation, Dallas Theological Seminary, 2002.

Guthrie, George. "Old Testament in Hebrews." *Dictionary of the Later New Testament & Its Development.* Edited by Ralph P. Martin and Peter H. Davids. Downers Grove: InterVarsity Press, 1997.

Hofius, Otfried. "κατάπαυσις, καταπαύω," *EDNT.* II: 265-6.

Michel, Otto. "Μελχισέδεκ," *TDNT.* IV: 568-71.

Müller, Paul-Gerd. "ἀρχηγός" EDNT, I: 163-4

Newman, Carol A. "Angels"(Old Testament), *ABD* I: 248-53.

Priesker, H. "νωθρός." *TDNT.* IV: 1126.

Stegner, William Richard. "The Ancient Jewish Synagogue Homily." In *Greco-Roman Literature and the New Testament: Selected Forms and Genres.* Edited by D. E. Aune. Atlanta: Scholars, 1988: 51-69.

Watson, Duane F. "Angels"(New Testament), *ABD* I: 253-5.

* 또한 본서가 출판된 이후에 출판되거나 저자가 research를 하는 가운데 발견한 히브리서에 대한 좋은 연구서들을 소개하면 다음과 같다.


Allen, David M. *Deuteronomy and Exhortation in Hebrews: A Study in Narrative Re-presentation*. Tübingen: Mohr Siebeck, 2008.

Bateman, Herbert W., IV(ed.). *Four Views on the Warning Passages in Hebrews*. Grand Rapids: Kregel Publications, 2007.

Bauckham, Richard, Daniel Driver, Trevor Hart, and Nathan MacDonald, eds. *A Cloud of Witnesses: The Theology of Hebrews in its Ancient Contexts*. London: T&T Clark, 2008.

________. *The Epistle to the Hebrews and Christian Theology*. Grand Rapids: Eerdmans, 2009.

Gelardini, Gabriella, ed. *Hebrews: Contemporary Methods-New Insights*. Leiden: Brill, 2005.

Gheorghita, Radu. *The Role of the Septuagint in Hebrews: An Investigation of its Influence with Special Consideration to the Use of Hab 2:3-4 in Heb 10:37-38*. Tübingen: Mohr Siebeck, 2003.

Johnson, Dennis E. *Him We Proclaim: Preaching Christ from All the Scriptures*. Phillipsburg: P&R Publishing Company, 2007.

Levine, Lee I. *The Ancient Synagogue: The First Thousand Years*. 2d ed. New Haven: Yale University Press, 2005.

Westfall, Cynthia Long. *A Discourse Analysis of the Letter to the Hebrews: The Relationship between Form and Meaning*. London: T&T Clark, 2005.


## 주(註)

1) 본 참고자료는 원래의 논문의 참고자료와 함께 본서에서 추가적으로 사용된 자료들을 첨가하였다.

"그런즉 우리도 그의 치욕을 짊어지고
영문 밖으로 그에게 나아가자"(히 13:13).

# 히브리서: 해석과 설교
# 영문 밖으로 예수께 나아가자


지 은 이 장 동 수
발 행 인 이 형 원
초판발행 2008년 2월 18일
2쇄발행 2010년 8월 20일
3쇄발행 2017년 10월 30일
등록번호 출판 제6호(1979. 9. 22)
발 행 처 침례신학대학교 출판부
주 소 대전광역시 유성구 북유성대로 190 (34098)
전 화 (042)828-3255, 3257/E-mail:public@kbtus.ac.kr
팩 스 (042)828-3256 홈페이지 http://kbtus.ac.kr

값 12,000원

ISBN 978-89-87763-92-7 93230